Johannes Beck/Heide Wellershoff
SinnesWandel

Johannes Beck
Heide Wellershoff

SinnesWandel

Die Sinne und die Dinge
im Unterricht

scriptor

CIP-Titelaufnahme der Deutschen Bibliothek

Beck, Johannes:
SinnesWandel: Die Sinne und die Dinge im Unterricht / Johannes Beck;
Heide Wellershoff. – Frankfurt am Main: Scriptor, 1989
ISBN 3-589-20865-1
NE: Wellershoff, Heide:

1. Auflage 1989
5. 4. 3. 2. 1. | Die letzten Ziffern bezeichnen
93 92 91 90 89 | Zahl und Jahr des Druckes.

© 1989 Scriptor Verlag GmbH & Co., Frankfurt am Main
Umschlagentwurf: Lochmann's Studio, Frankfurt am Main unter Verwendung
einer Zeichnung von Marie Marcks
Satz: Computersatz Bonn GmbH, Bonn
Druck und Bindearbeiten: Clausen & Bosse GmbH, Leck
Vertrieb: Cornelsen Verlagsgesellschaft, Bielefeld
Printed in West-Germany
ISBN 3-589-20865-1

Inhalt

FÜR SVANTE, KATRIN UND LARS –
AUS VOLLEM HERZEN

Vorsätze

Vorsätze

Bildung geschieht im Umgang mit den Dingen und Vorgängen, die als Sinneseindrücke, Zeichen der Erkenntnis und als Werkzeuge des Ausdrucks wirksam sind. Unsere Sinne ermöglichen die Vermittlung der wahrnehmbaren Wirklichkeit mit dem uns eigenen Empfindungs-, Vorstellungs-, Erkenntnis- und Gestaltungsvermögen. Sie verhalten sich dabei nicht als neutrale Wahrnehmer. Zur Wirklichkeit können sie sich nur menschlich verhalten, wenn sich diese Wirklichkeit zu uns menschlich verhält. Also bedeutet Bildung – auch der Sinne –, die Dinge und Verhältnisse, dort wo wir sind, menschlich zu gestalten. Solche Bemühungen sind in der ganzen Menschengeschichte wirksam geworden. Dazu mögen unsere Sätze etwas beitragen.

Unser Interesse am Thema wurde durch Beobachtungen ausgelöst, die wir seit 1984 als Lehrerin an einer Schule für „Lernbehinderte" und als Lehrer an einer Universität gemacht haben. Uns kam es so vor, als würden sich die Menschen im Umgang mit den Dingen mehr auf gängige Klischees und Interpretationen verlassen, als auf ihre eigenen Sinne, Vorstellungen, Einsichten und Wünsche. Es sah aus, als würden sie ihren eigenen Augen nicht recht trauen und in den Dingen nur Zeichen für irgendwelche vorgegebenen Zwecke erkennen. Die Sprache der Dinge schien nur vermittelt über deren Käuflichkeit, über Medien und andere Autoritäten an ihr Ohr zu dringen. Und doch war der Wunsch nach eigenen bedeutsamen Erfahrungen, Erkenntnissen und Wirkungen wahrzunehmen. Im Winter 1988/89 – während wir unseren Text zu Ende schrieben – wurde dieser Wunsch an einigen „Ober- und Hochschulen" durch eine neue Bewegung deutlich zum Ausdruck gebracht.

Uns beschäftigten diese anfänglichen Beobachtungen, weil wir hinter ihnen ein Schwinden des Vertrauens in die eigene Wahrnehmungs-, Erkenntnis- und Handlungsfähigkeit, einen Verlust an Selbstbewußtsein, Phantasie und Eigensinn befürchteten. Wie sollten sich diese Fähigkeiten bilden, wenn das Verhältnis zur gestaltbaren Mitwelt und zu sich selbst so passiv, also erleidend erlebt wird? Was hilft alles Wissen, wenn es nur eingetrichtert wird und nicht auf sinnlichen Erfahrungs- und Erkenntniswegen entdeckt werden kann; wenn sich die eigene Tätigkeit in „richtigem" Reagieren erschöpft?

Uns ist bekannt, welche Rolle die Schule mit den in ihr wirksamen Mechanismen und Verwertungswissenschaften bei der Entstehung von Gleichgültigkeit und Passivität gegenüber den Dingen „spielt". Aber das tut sie schon lange. Die von uns vermuteten Veränderungen müssen demnach noch andere Gründe haben.

In der neueren Literatur war die Rede vom Verschwinden der Wirklichkeit und der Kindheit, vom Leben aus zweiter Hand, von der Einebnung der Geschlechterdifferenz, von einem tiefen Bruch zwischen den Generationen, von unserer Entmachtung durch Experten, vom Schwinden der Sinne und von der übergangenen Sinnlichkeit. Aber es war auch die Rede von der Wiederkehr des Körpers und der Phänomene, von einer Schule der Sinne, vom Sinnenbewußtsein und einer neuen Sprache der Dinge. Die meisten Autoren waren übrigens keine Pädagogen.

Ein Ergebnis dieser Lektüre, unseres Nachdenkens und unserer praktischen Versuche ist die Hoffnung, daß es möglich sein möchte, an der Bildung der Sinne selbst im Rahmen der Hoch- und „Nieder"-Schulen zu arbeiten, um die Dinge halbwegs lebendig zur Sprache zu bringen. Keinesfalls wollen wir mit unseren Ideen an einer weiteren Verschulung mitwirken. Weil uns das Gegenteil im Sinn liegt, streiten wir für menschlichere Verhältnisse auch an diesen Orten unseres Lebens.

In der etablierten Didaktik, also auch in den Schulbüchern, fanden wir nur wenige Anregungen für unser Vorhaben. Dort beherrschen noch immer Unterrichtsformalismus und selbstbesorgtes Zweckdenken die Szene. Die Dinge werden zu Objekten, die Sinne zu Mitteln und selbst die Freiheit zum Lernziel reduziert. Dagegen hat die alte und neue reformpädagogische Bastelei — mit ihrem theoretischen Leichtsinn und ihrer politischen Ambivalenz — ganz praktisch anderes zu bieten. Da soll wenigstens gegenwärtig gelebt und nicht nur auf irgendein Leben vorbereitet werden. Der gewöhnliche Lebenszusammenhang der Menschen ist nicht bloß ein Thema, sondern auch Ort der Bildung. Unsere praktischen Vorschläge sind sicher in diesem widersprüchlichen Kontext angesiedelt.

Bildungstheoretisch half uns die Besinnung auf die Möglichkeit umfassender Bildung. Sie ist in den holprigen Wegen zur erhofften Freiwerdung der Menschen noch immer uneingelöst angelegt. Die

mühsamen Wege einer Dialektik der Aufklärung und Bildung wei-
terzugehen, ist ohne Risiko nicht möglich. Das gilt in unserer Thematik auch deshalb, weil wir uns in theoretisch vernachlässigtem
Gelände bewegen, das emotional sehr aufgeladen ist und vor allem
deshalb der gierigen Kulturindustrie anheimfallen konnte.

Bei den Versuchen, den Zusammenhang der Dinge mit den Sinnen
in bildungspraktischer Absicht zu begreifen, fanden wir wichtige
Helfer:
- Die geschichtlichen Zeichen, die uns vom Wandel der Dinge
  und der Sinnestätigkeit erzählen konnten.
- Die Sprache der Dinge und der Sinne, die wir verstehen wollten, weil wir uns mit ihr ausdrücken mußten, und die uns doch
  immer anregend vorausblieb.
- Die Schülerinnen und Schüler, Studentinnen und Studenten,
  mit denen wir zusammen gearbeitet haben, die unsere fragwür-
  digen Ideen aufgenommen und in eigene Fragen, Gespräche
  und Projekte verwandelten.
- Die Frauen und Männer, die vor uns über die Sinne und die
  Dinge nachgedacht und geschrieben haben, die dafür sorgten,
  daß wir nur wenig Neues mitteilen können.

Was wir nun aufgeschrieben haben, betrachten wir als Vorstellung
aus unserem kleinen Atelier der Bildung.
   Bildung sehen wir als eine Schwester der Kunst. Deshalb der
Name. Dieses Atelier war in unseren eigenen Räumen, in der
Schule, der Universität oder wo wir uns sonst mit den Sinnen und
den Dingen gerade befaßten. Zuletzt am Schreibtisch.
   Dort erlebten wir die Brüche zwischen den bildungsphiloso-
phischen oder ästhetischen Zugängen zu unserem Thema, dem spiele-
rischen Vagabundieren in der Sprache der Sinne und den beschei-
denen Vorschlägen, die sich für eine pädagogische Praxis formulie-
ren ließen. Diese Brüche spiegeln sich im Text. Wir wollten sie
nicht verspachteln.
   Auch wo der einen von uns die täglich erlebten Kinder, und dem
anderen die philosophierenden Studentinnen und Studenten die
Feder führten, haben wir unsere jeweiligen Sätze möglichst belas-
sen. So können wir sie gemeinsam verantworten (s. Anmerkung
Nr. Null). Zuerst schrieben wir den Mittelteil, dann das Ende und
zuletzt den Anfang. Warum sollten sich also die Leser an die vorgegebene Seitenfolge halten?

Bildungstheoretische Zugänge

Die Sprache der Dinge

„Je näher man ein Wort ansieht, desto ferner sieht es zurück", meinte Karl Kraus. Können Wörter sehen? Dinge sprechen?

Wenn es diese „Sprache der Dinge" gibt, müssen die Objekte zugleich Subjekte sein. In der Tat, so ist es, und auch umgekehrt. Unsere Sprache enthält davon mehr als nur eine Ahnung:

Die Dinge kommen auf uns zu.

Gut Ding will Weile haben.

Blumen und Augen sprechen zu uns.

Eine Wohnungseinrichtung finden wir ansprechend.

Die Dinge nehmen ihren Lauf.

Die vielen Dinge machen arm.

Es geht nicht mit rechten Dingen zu.

Ein Kunstwerk hat etwas zu sagen, es berührt, ja es fesselt uns.

„Die Umwelt schreit nach Investition", sagte H. J. Vogel am 24. 11. 1987 im Bundestag.

In solchen Sätzen sprechen wir den Dingen eine eigenwillige aktive Fähigkeit zu. In der Grammatik erscheinen die „Dingwörter" oft als Subjekte mit Geschlecht. Die Frage nach der Aktivität des Verbs heißt: „Was tut das Ding?" Die Antworten lauten: „Der Baum blüht, die Sonne lacht, das Haus wackelt, der Blitz blitzt."

Aus der eigenen Erfahrung wissen wir, daß die Dinge, die wir durch die Sinne unserer Empfindung und Einsicht vermitteln, etwas mit uns machen. Sie verändern uns, wie wir sie verändern. Sie berühren uns, lassen uns nicht gleichgültig, auch wenn wir so tun, als seien sie nur Objekte unseres Handelns.

Auf dieses Vermögen der Phänomene hat Goethe als Kritiker der bis heute noch vorherrschenden Naturwissenschaft (Newton) in seiner Farbenlehre sehr eindringlich hingewiesen. Marx hat die Wechselwirkung zwischen den Dingen, den Menschen und der Gesellschaft herausgearbeitet. Pasolini nahm diesen Faden von der ästhetischen Seite her auf. Dagegen hat die gängige Pädagogik und Instruktionsdidaktik die Phänomene zu Objekten, zu totem Lernstoff degradiert. Die instrumentelle Unvernunft triumphiert.

In den von Menschen hervorgebrachten, veränderten oder wahrgenommenen Dingen ist die ganze Menschengeschichte durch lebendige Tätigkeit vergegenständlicht und wirksam geworden. Von Kunstwerken sagen wir, daß sie an ihren Wirkungen zu erkennen seien. Wir müssen nicht fragen, was uns die Künstler damit sagen wollten. Bei den Werkzeugen und Gebrauchsgegenständen ist das ähnlich. Sie sprechen für sich zu uns. Wer den Hammer richtig gebraucht, hat ihn als Werkzeug und als Symbol „begriffen", also seine Sprache verstanden.

Wir werden der spekulativen Frage, ob es das „Ding an sich" gibt (Kant), nicht nachgehen und auch eine allgemeine Idee der Dinge (Platon) diesen weder überstülpen noch unterstellen. Uns interessiert die Frage, was die Dinge für sich, für mich, für uns oder gegen uns sind, wie sie wirken, was sie uns und wir ihnen auf welche Weise bei-bringen. Wir wünschen uns eine materielle Phänomenologie, die uns inbegriffen sieht. Nur in ihrem Sinne könnten „uns" die Dinge als Objekte entfremdet und vorgegeben sein, aber auch begreiflich und veränderbar werden.

Dieses „uns" gibt es allerdings nur in der abstrakten Konstruktion der Menschheit oder weniger abstrakt in Gruppen, deren Mitglieder „wir" sagen, wenn sie von „sich" sprechen. Die Menschen sind in Kulturen, Klassen, Geschlechtern und Generationen, aber auch als Personen verschieden. Ihr Verhältnis zu den Dingen, deren Bedeutung für sie, ihre Wahrnehmungsweisen und Möglichkeiten folgen diesen Unterschieden.

Eine Villa zum Beispiel wirkt auf ihre Bewohner anders als auf anatolische Bauern, Wohnblockbewohner oder Obdachlose. Frauen richten ihre Zimmer oft anders ein als Männer, Kinder sehen die Räume größer als Erwachsene, mich spricht die Villa anders an als dich.

Dieses vereinfachte Beispiel mag banal erscheinen. Seine politischen und pädagogischen Implikationen sind es gewiß nicht. Wenn die Dinge in so verschiedenen Sprachen sprechen, also ihren widersprüchlichen gesellschaftlichen Charakter ausdrücken, dann bedeutet die Durchsetzung einer ihrer Sprachen und Ansichten die Unterdrückung der anderen. In den Schulen sind es die Ansichten der Ober- und Mittelschichten, die die anderen deklassieren.

Da aber die Dinge, mit denen die Kinder und Jugendlichen umgehen, und von denen sie umgeben sind, zu deren bedeutendsten

„Lehrern" gehören, die einem heimlichen Lehrplan der Kultur folgen, gilt es, ihren differenzierten Lehren zuzuhören und gerecht zu werden. Wenn in den Schulen die Schülerinnen und die Schüler das Wort hätten, würden diese verschiedenen Sprachen der Dinge durch sie zum Ausdruck kommen.[1]

Zwischen den Generationen

Eine Differenz dieser Sprache wollen wir etwas genauer betrachten. Es ist die zwischen den Generationen, auf die allein sich der pädagogische Betrieb gründen könnte. Auch hier werden die Dinge als Lehren den Jungen von den Alten und der ganzen Geschichte vorgesetzt.

Aber es könnte sein, daß die Lehren der Dinge denen der Schullehrer vorausgeeilt sind. Dann wäre Nachhilfe durch die Schülerinnen und Schüler zu erbitten. Es könnte ja sein, daß die Sprache der Dinge, die wir verstehen, für die junge Generation unverständlich geworden ist.

Und es könnte sein, daß wir die Sprache nicht verstehen, in der die Dinge zu den jungen Leuten sprechen. Vielleicht haben sich die Dinge selbst verändert? Wäre dies der Fall, dann hätte es weitreichende Folgen für eine „Kultur- und Bildungsarbeit" zwischen den Generationen, die im Umgang mit den Dingen, den Phänomenen geschehen soll.

Die Aufmerksamkeit für diese Frage verdanken wir dem 1975 in Ostia ermordeten Pier Paolo Pasolini, der in seinen feinsinnigen Filmen und Texten die Dinge zum Sprechen bringen konnte, wie kaum ein anderer. Als intellektueller Künstler ist er Lehrer, der er einmal war, im besten Wortsinn geblieben. Kein Zufall, daß einer seiner letzten Texte ein breit angelegtes Erziehungstraktat war, das leider Fragment bleiben mußte. Im Frühjahr 1975 schrieb der fünfzigjährige Pasolini seine Briefe an einen erdachten fünfzehnjährigen Jungen aus Neapel, den er Gennariello nannte. Ihm wollte er seine Sicht der Dinge erklären, ohne die des Gennariello verstehen zu können.

Wir möchten Pasolini mit einem längeren Zitat aus diesem Text und zu unserer Frage würdigen:[2]

Die Hilflosigkeit gegenüber der pädagogischen Sprache der Dinge

Nichts zwingt so sehr, die Dinge genau zu betrachten, wie das Filmen. Der Blick eines Schriftstellers, der eine Landschaft betrachtet — gleichgültig ob ländlich oder städtisch – klammert unendlich vieles aus und läßt von der Vielfalt nur das übrig, was der Stimmung oder Beschreibung dient. Der Blick eines Regisseurs auf die gleiche Landschaft muß stattdessen alle Einzelheiten in Form einer riesigen Aufzählung registrieren. Während für einen Schriftsteller die Dinge zu Wörtern, d. h. Symbolen werden müssen, bleiben die Dinge in der Darstellung des Regisseurs immer Dinge: Die ‚Zeichen‘ der verbalen Kommunikation sind immer symbolisch, sie sind Übereinkünfte, während die ‚Zeichen‘ der filmischen Kommunikation die Dinge selbst sind, in ihrer ganzen Dinglichkeit und Wirklichkeit. Sie werden zwar – das stimmt – zu ‚Zeichen‘, aber sie sind sozusagen die lebendigen ‚Zeichen ihrer selbst‘. All das gehört zu einer Wissenschaft, der sogenannten Semiologie, die du, Gennariello, wenigstens dem Namen und der populärwissenschaftlichen Bedeutung nach kennen mußt, wenn du meinen Ausführungen folgen willst: Besonders jenen über die elementare Sprache der Dinge und ihre daraus resultierende Gewalttätigkeit. Wäre ich in den Yemen als Schriftsteller und nicht als Regisseur gereist, so wäre ich mit einer völlig anderen Vorstellung vom Yemen zurückgekommen. Wobei ich nicht weiß, welche Vorstellung richtiger ist, die des Schriftstellers oder die des Regisseurs. Als Schriftsteller wäre ich mit der erhebenden und zugleich statischen Vorstellung eines Landes zurückgekehrt, das in seiner Mittelalterlichkeit wie kristallisiert ist: Mit seinen hohen und engen roten Häusern, in die weiße Friese wie grobe Goldschmiedearbeiten eingemeißelt sind, aufgetürmten Häuser in einer dunstigen Wüste, deren gleichzeitige Klarheit sich fast schmerzhaft in die Hornhaut eingräbt: Und da und dort kleine Täler mit Dörfern, in denen sich die architektonischen Formen der Städte wiederholen, eingebettet zwischen kleinen terrassierten Gärten mit Weizen, Gerste und Rebstöcken. Als Regisseur habe ich stattdessen in all dem die „sprechende" gräßliche Gegenwart der Moderne gesehen: Ein lepröses Geflecht von chaotisch verstreuten Laternenpfählen – elende Hütten aus Zement und Wellblech, sinnlos hingebaut, wo früher einmal die Stadtmauern waren – öffentliche Gebäude in einem grauenhaften arabisch-modernistischen Baustil usw. usw. Und natürlich *konnten* meiner Aufmerksamkeit andere, kleinere oder ganz unscheinbare Dinge nicht entgehen: Krimskrams aus Plastik, Konservendosen, billigstes Schuhzeug, Baumwollfetzen, Büchsenobst (aus China!), kleine Transistorradios. Ich habe, kurz gesagt, die Koexistenz zweier semantisch völlig verschiedener Welten gesehen, vereint in einem einzigen babylonischen Zeichensystem.

Selbstverständlich erschien einem Mann *wie mir* der moderne Teil dieses linguistischen Systems völlig verfehlt und verkommen. Aber er war es auch, ganz objektiv – das ist die simple Wahrheit –, eben weil er so armselig und schäbig war; weil er hemmungslos das absehbare schamlose Ende verkündete. Der Yemen ist vorläufig nur ein kleiner, praktisch unbedeutender Markt für westliche Industrieprodukte. Daher nimmt ihn niemand ernst, man reduziert ihn objektiv auf eine lächerliche Sache. Sein Verfall erscheint nur natürlich. Daß dies die Yemeniten geradezu zwingt, ihre ganze Tradition zu verleugnen, finden die deutschen und italienischen Geschäftsleute die natürlichste Sache der Welt: Die Yemeniten müssen mit ihrer Vernichtung voll einverstanden sein, ihrer kulturellen und physischen, wenn auch nicht notwendigerweise tödlichen Vernichtung, wie in den Lagern.

Aber zurück zu den Dingen. Die Sprache der neuen Dinge, die im Yemen – und in meiner Kindheit – eine Art Gestammel war, ist für dich, Gennariello, eine artikulierte, logische und normale Sprache geworden. Auch wenn da noch etwas *Trennendes* dazwischen ist, weil du Napolitaner bist.

Ich will dich ja nicht mit meinem sündhaften Ästhetizismus anstecken. Möge dir die Meute von Moralisten erspart bleiben mit ihrem Anklagegeheul, das ihnen geradewegs aus den Hoden hochkommt; ziemlich abstoßenden übrigens (anders als deine, jungen, oder meine, die nichts mit dem zu tun haben, was der anmaßende und ordinäre ‚Geist des Gesetzes‘ in ihnen sieht).

Mein Ästhetizismus ist untrennbar von meiner Kultur. Warum soll meine Kultur auf eines ihrer Elemente verzichten, selbst wenn es nicht ganz stimmt oder vielleicht sogar überflüssig ist? Es rundet ein Ganzes ab: Und ich habe keine Skrupel, darüber zu reden, da mir in den letzten Jahren immer klarer geworden ist, daß Armut und Rückständigkeit keineswegs das größte Übel sind. Da haben wir uns alle geirrt. Die modernen Dinge, die der Kapitalismus im Yemen eingeführt hat, haben die Yemeniten nicht nur physisch lächerlich, sondern vor allem unglücklich gemacht. Iman (der verjagte König) war schrecklich, aber dieser jämmerliche und kleinkarierte Konsumismus, der heute herrscht, ist nicht weniger schlimm. Das gibt mir das Recht, mich meines ‚Schönheitsgefühls‘ nicht zu schämen. Ein Mensch von Kultur kann seiner Zeit nur weit voraus oder weit hinterher sein (oder vielleicht sogar beides gleichzeitig wie in meinem Fall). Daher muß *er* gerade gehört werden: Denn seiner Aktualität, seiner Unmittelbarkeit d. h. seiner Präsenz gegenüber kann sich die Realität nur noch mit der Sprache der Dinge äußern, kann nur gelebt erlebt werden.

Der wesentliche Punkt ist der: meine Kultur (mit ihren ganzen Ästhetizismen) zwingt mich zur Kritik an den modernen ‚Dingen‘, sofern ich sie als linguistische Zeichen verstehe. Deine Kultur dagegen läßt dich die modernen Dinge als etwas ganz Natürliches akzeptieren und läßt dich ihren Lehrern zuhören, als wären sie etwas Absolutes.

Ich werde versuchen, das, was dir Eltern, Lehrer, Fernsehen, Zeitungen und vor allem deine Altersgenossen beibringen, etwas anzukratzen. Aber ich bin völlig hilflos gegenüber dem, was die Dinge gelehrt haben und lehren. Ihre Sprache ist unartikuliert und rigide: Daher ist der Geist deiner Ausbildung und deiner nicht verbalisierbaren Ansichten, die sich durch diese Ausbildung in dir langsam entwickelt haben, ebenfalls unartikuliert und völlig rigide. An diesem Punkt bleiben wir zwei Fremde, die sich in keiner Weise näher kommen können.

17. April 1975

Wir sind zwei Fremde: Die Teetassen sagen es.

Ich werde nie müde werden, es zu wiederholen: Vielleicht bringe ich die Kraft auf, beim Reden mit dir all das zu vergessen, was mir Wörter beigebracht haben – oder ich kann wenigstens versuchen, es vergessen zu wollen. Aber ich werde nie vergessen können, was mir die Dinge beigebracht haben. Uns trennt im Bereich der nicht verbalen Sprache ein Abgrund, genauer gesagt, der tiefgehendste Generationsbruch, den die Geschichte kennt. Was mir die Dinge durch ihre Sprache beigebracht haben, ist vollkommen anders als das, was dir die Dinge beibringen. Dennoch ist es nicht die Sprache der Dinge, lieber Gennariello, die sich verändert hat. *Verändert haben sich die Dinge selbst.* Und zwar radikal.

Du wirst mir sagen: Die Dinge ändern sich immer. ‚'O munno cagna' (Napolitanisch: Die Welt verändert sich). Richtig. Die Welt ist eine einzige, ewige, unerschöpfliche Veränderung. Alle paar tausend Jahre jedoch geht die Welt unter. Und dann, allerdings, ist die Veränderung total. Zwischen uns beiden – ich 50 Jahre alt und du 15 – steht ein solcher Weltuntergang. Meine Rolle als Lehrer ist daher hoffnungslos in Frage gestellt. Man kann nicht lehren, wenn man nicht gleichzeitig lernt. Ich kann dich heute nicht die ‚Dinge' lehren, die mich erzogen haben, und du kannst mich nicht die ‚Dinge' lehren, die dich ständig erziehen (eben all das, was du lebst). Wir können sie uns aus dem einfachen Grund nicht gegenseitig vermitteln, weil sich ihr Wesen nicht nur in ein paar Äußerlichkeiten, sondern radikal in seiner Gesamtheit verändert hat.

Nehmen wir ein scheinbar unbedeutendes Phänomen als Beispiel: Seit einiger Zeit sind ‚Objekte' der dreißiger und vierziger Jahre wieder Mode. Ich selbst bin gerade dabei, einen Film zu drehen, der 1944 spielt. Das zwingt mich täglich, mit jenem erbarmungslosen und registrierenden Blick, den das Kino verlangt, die „Objekte" anzusehen, die ich filme. Da ich zur Zeit gerade eine Szene drehe, in der ein paar bourgeoise junge Damen Tee trinken, mußte ich neben vielen anderen Objekten auch ein paar kleine Teetassen genau anschauen.

Mein Bühnenbildner Dante Ferretti hatte alles perfekt arrangiert, u. a. hatte er für diese Szene ein sehr wertvolles Teeservice beschafft mit kleinen, hell dottergelben Tassen, auf die reliefartig Tupfer aufgemalt sind. Da sie zum Stil des Bauhauses und der Bunkerarchitektur gehörten, wirkten sie bedrückend. Ich konnte sie nicht anschauen, ohne einen Stich in der Brust zu spüren, begleitet von einem tiefen Unbehagen. Dennoch war in diesen Täßchen ein mysteriöses Etwas, wie in dem ganzen übrigen Mobiliar, in den Teppichen, Kleidern, Damenhüten, in jeder Kleinigkeit bis hin zum Tapetenpapier. Und dieses mysteriöse Etwas tat nicht weh, verursachte keine heftige Regression – die kam bei mir dann erst nachts im Traum – in frühere gräßliche Zeiten. Im Gegenteil, es beglückte. Das Geheimnisvolle in all diesen Dingen war das Handwerkliche, das es bis in die fünfziger und frühen sechziger Jahre gegeben hatte, als die Dinge noch von Menschenhänden geschaffen wurden: von geduldigen Schreiner-, Schneider-, Tapezierer- und Töpferhänden. Und es waren immer Dinge mit einer menschlichen, d. h. persönlichen Bestimmung. Aber dann hat das Handwerk, oder sein Geist, schlagartig aufgehört. Genau zu dem Zeitpunkt, als du anfingst zu leben. Eine Kontinuität zwischen diesen Täßchen und einem billigen, serienmäßig hergestellten Väschen ist in meinen Augen nicht möglich.

Der Bruch zwischen konsumistischer und frühindustrieller Welt ist jedoch viel tiefgreifender und totaler als der Bruch zwischen frühindustrieller und vorindustrieller Welt. Die letztere ist, genau betrachtet, erst heute endgültig überwunden, abgeschafft und zerstört worden. Bis heute war sie es, die der frühkapitalistischen Bourgeoisie menschliche Lebensformen und Werte geliefert hat, selbst wenn diese sie mystifiziert, verfälscht und grauenhaft pervertiert hat (wie der Faschismus und alle klerikal-faschistischen Mächte). Aber auch wenn sie im Bereich der Macht mystifiziert, verfälscht und grauenhaft pervertiert worden sind, so blieben sie doch für die Unterdrückten unverändert: eine Welt, die sich bei der großen bäuerlichen und handwerklichen Mehrheit der Bevölkerung praktisch erhalten hatte.

Seit du auf der Welt bist, sind diese menschlichen Lebensformen und alten Werte für die Machthaber bedeutungslos geworden. Warum? Weil sich die Produktionsweise *quantitativ* verändert hat.

Wir müssen uns folgende Wahrheit eingestehen: Die neue Produktionsweise der Dinge und damit die Veränderung der Dinge vermittelt dir eine originäre und profunde Schulung, die ich nicht begreifen kann (und auch nicht begreifen will), und das impliziert eine Fremdheit zwischen uns beiden, die mehr ist als die alte Fremdheit, die für Jahrtausende Väter und Söhne getrennt hat.

24. April 1975

Soweit Pasolini.

Er zeigt uns Beispiele für die veränderte Sprache der Dinge, die er als Veränderung der Dinge selbst versteht. Er führt uns in seine Kinderstadt Bologna und läßt diesen Ort sprechen. Er erzählt, was ihn dessen Peripherie gelehrt hat, und er fragt sich, wie der Fünfzehnjährige diese Peripherie mit all den neuen und veränderten Dingen, die sie ausmachen, heute erleben und erfahren muß. Er sagt auch, daß er diese Lehrzeit nie geliebt hat, daß sie ihm aber eine Sicherheit vermittelte, die er bei den Jungen nicht mehr finden kann. Und er will schließlich den neuen konsumistischen Umgang mit den Dingen nicht erlernen, weil er ihm als großer Verlust erscheint.

Die neue Art der Produktion hat die Menschen zu Opfern ihrer eigenen Verhältnisse gemacht, zu Produkten ihrer Maschinen, deren Produzenten und dann Anhängsel sie einst waren. Die Produkte der Ökonomie sind selbst zu einer Art Natur geworden, die als unabänderliche Bedingung des Lebens konsumierend hingenommen wird – vielleicht so ähnlich wie einst die Bedingungen der Natur und der Arbeit hingenommen worden sind. Damals waren in den produzierten Dingen noch die Bauleute zu erkennen, die die Werke geschaffen haben, auch wenn sie bereits industriell erzeugt worden sind. Da waren die Hände am Werk noch sichtbar, Raum und Zeit der Produktion noch lokalisierbar, auch die Brutalität der Arbeitsverhältnisse lag offen. Jetzt scheint das alles hygienisch weggeputzt zu sein. Die Spuren dieser Veränderungen sind am grausamsten in der sogenannten Dritten Welt zu lesen, aber sie reichen bis in die innere Kolonisierung von uns selbst.

Der Bruch zwischen den Erfahrungsweisen im Umgang mit den Dingen wird auch pädagogisch bedeutende Folgen haben. Unsere Rolle als Lehrerinnen und Lehrer, als Künstlerinnen und Künstler ist in Frage gestellt. Denn wie sollten wir lehren, wenn wir nicht gleichzeitig lernen? Wenn wir uns über und durch die Dinge nicht mehr in einer Sprache verständigen können?

Die Dinge zur Sprache bringen

Wir können uns damit nicht abfinden. Deswegen erforschen wir Wege, auf denen der gestörte Dialog zwischen den Generationen über die Dinge und ihre Lehren neu erfunden werden kann. Zuerst sollten wir vielleicht die Kinder und Jugendlichen fragen, was die Dinge ihnen heute sagen und beibringen. Dies wäre dann auch endlich einmal eine „Lehrerfrage", auf die nur die „Schüler" eine Antwort wissen können.

Wir haben so etwas mit Schülerinnen und Schülern an einer Sonderschule sowie mit Studentinnen und Studenten an einer Universität gemacht. Die Dinge, die schweigend zwischen uns standen, konnten dabei zur Sprache gebracht werden.

In einem schlechten Sprachbuch fanden wir die Aufgabe: „Der Eisenbahnwagen/der Grabstein/die Uhr/unsere Straße/usw. erzählt". Die „Lernenden" sollten nun so tun, als seien sie der Eisenbahnwagen/der Grabstein/die Uhr/unsere Straße/usw., und als könnten sie deren Geschichte in der ersten Person erzählen. Identität war gefragt, nicht der Dialog mit den Dingen. Wir versuchten nun diese dumme Aufgabe in eine kluge Frage zu verwandeln, die

auch wir als „Lehrende" zu beantworten hatten. Es ging weniger darum, sich in die Dinge zu versenken, sondern aufmerksam auf sie zu hören, ihnen zuzuschauen, ihre Wirkungen zu beschreiben, die Spuren ihrer Herkunft zu suchen, ihre Bedeutung „für sich und uns" zu erfragen. Die Antworten zeigten ganz praktisch, in welch unterschiedlichen Sprachen die Dinge zu uns sprechen. Es waren scheinbar dieselben Dinge, die Kindern, Erwachsenen, Frauen und Männern mit verschiedenen sozialen Erfahrungen völlig unterschiedliche Geschichten erzählten. Wenn diese Geschichten über die wirklichen Erfahrungen der Menschen mit den Dingen erzählen, stehen sie gleichberechtigt im Raum. Ihre Analyse, Interpretation und Kritik sind nur auf dieser Basis möglich. Als pädagogische Bescheidwissenschaftler haben wir uns zunächst einmal zurückzuhalten.

Eine unvollkommene Methode

Wir haben eine bescheidene und noch unvollkommene Methode erarbeitet, mit deren Hilfe wir die Dinge immer genauer zur Sprache bringen konnten: Beobachtungen stehen am Anfang, sie leiten zu Einsichten, zu neuen Beobachtungen und Tätigkeiten über usw.

„Jedes Ding hat zwei Seiten", sagt man. Wir fanden wenigstens drei Dimensionen. Auf dem flachen Papier sieht das so aus:

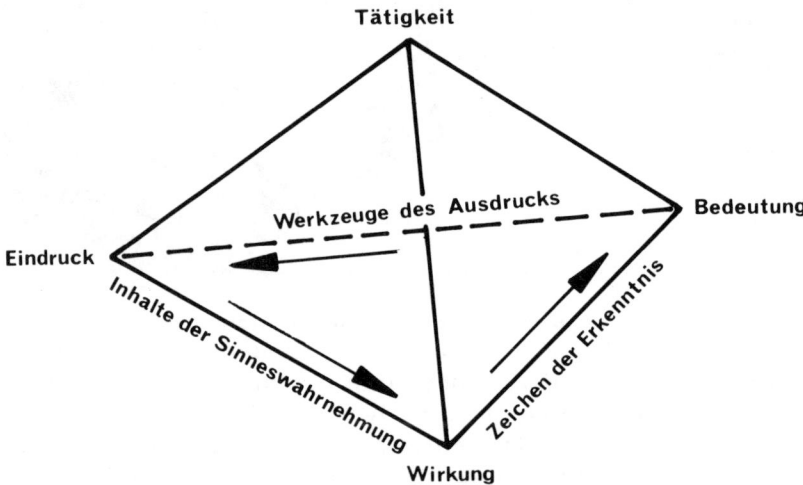

Die Dinge sprechen als Inhalte der Sinneswahrnehmung, als Zeichen der Erkenntnis und als Werkzeuge des Ausdrucks.[3] Ihr Gebrauch als Werkzeuge des Ausdrucks mit Hilfe des Verstandes bringt neue, veränderte Dinge hervor, die selber wieder Inhalte der Sinneswahrnehmung werden. Dieser Vorgang kann nicht gradlinig als Folge kausal verknüpfter Ereignisse gedacht werden. Zwischen den drei Seiten und Ecken der Dinge gibt es Beziehungen in allen Richtungen, wie in einem Geflecht oder in einem Knäuel.

Da wir Wörter und Sätze nur „eins nach dem anderen" sagen können, während die Dinge zu allen Sinnen zugleich und durcheinander zu sprechen vermögen, bleibt uns nur die Möglichkeit zur Analyse und Synthese der komplexen Ein- bis Ausdrücke.

Plastik, Malerei, Musik und alle handwerklichen Künste können da andere Wege gehen. Diese Wege sind allerdings in der bildhaft sinnlichen Assoziationskraft und Genauigkeit unserer Sprache auch angelegt. Um sie zu gehen, sollten wir uns der Sprache nicht nur bedienen, sondern ihr auch dienen. Sie bleibt uns dennoch unbeherrscht voraus.

Also bescheiden wir uns gegen die Logik des „eins nach dem anderen" und skizzieren Elemente einer Methode in Form eines Sprachbildes. Jedes Wort kann mit jedem in jeder Richtung über, unter und durcheinander verbunden werden. Nur die Hauptlinien haben wir geordnet. Daraus läßt sich kein Curriculum machen. Nur die Wirkung der Phänomene wird sichtbar.

Die Dinge sprechen als:

Inhalte der Sinneswahrnehmung:	Zeichen der Erkenntnis:	Werkzeuge des Ausdrucks:
Eindrücke Bilder, Geräusche, Gerüche, Berührungen, Geschmack, Bewegung — Veränderung, Stimmung, Empfindung, Ahnung, Gefühl, Leid & Glück.	**Bedeutungen** Zeichen wofür? **Kulturgeschichte** Entziffern: Spuren — Lesen, Sprache, Mundart Schrift, Symbol, Zeichen Fetisch, Ware, Gabe.	**Schöpfungen** Lebensmittel, Spiel, Darstellung Vorstellung. Begriffe, Entscheidungen, Werkzeuge, Produktionen.
Wunsch und Begehren	**Enttäuschung-Hoffnung**	**Anwendungen**
Wahrnehmung Nachsicht/Vorsicht/Rücksicht (Körper/Seele)	**Erkenntnis** Einsicht, Begriff, Widerspruch (Körper-Geist)	**Gebrauch** Absicht, Geschick (Körper-Hand)
Schein Anblick	**Wesen** Durchblick	**Zweck** Hinblick
Weg & Zeit	**Ort & Zeit**	**Ziel & Zeit**
Es wirkt. Neugier →	Es bedeutet. Interesse →	Es bewirkt. Wirkung →

Unter dem Aspekt der Kultur-Geschichte gilt die besondere Aufmerksamkeit: der Kategorie der Dinge, ihren Gebrauchswert- und Tauschwerteigenschaften, ihrer Zugänglichkeit oder Knappheit, ihrer Klassen-, Geschlechts- und Generationsbedeutung, ihrer Wortgeschichte und der ihrer Bezeichnungen, ihrer Fremdheit und Nähe, ihren tatsächlichen Wirkungen, Bedeutungen und Ansichten. Es geht also um die ganze Geschichte ihrer „Hervorbringung" bis zu dem, was die Dinge heute für uns sind oder zu sein scheinen.

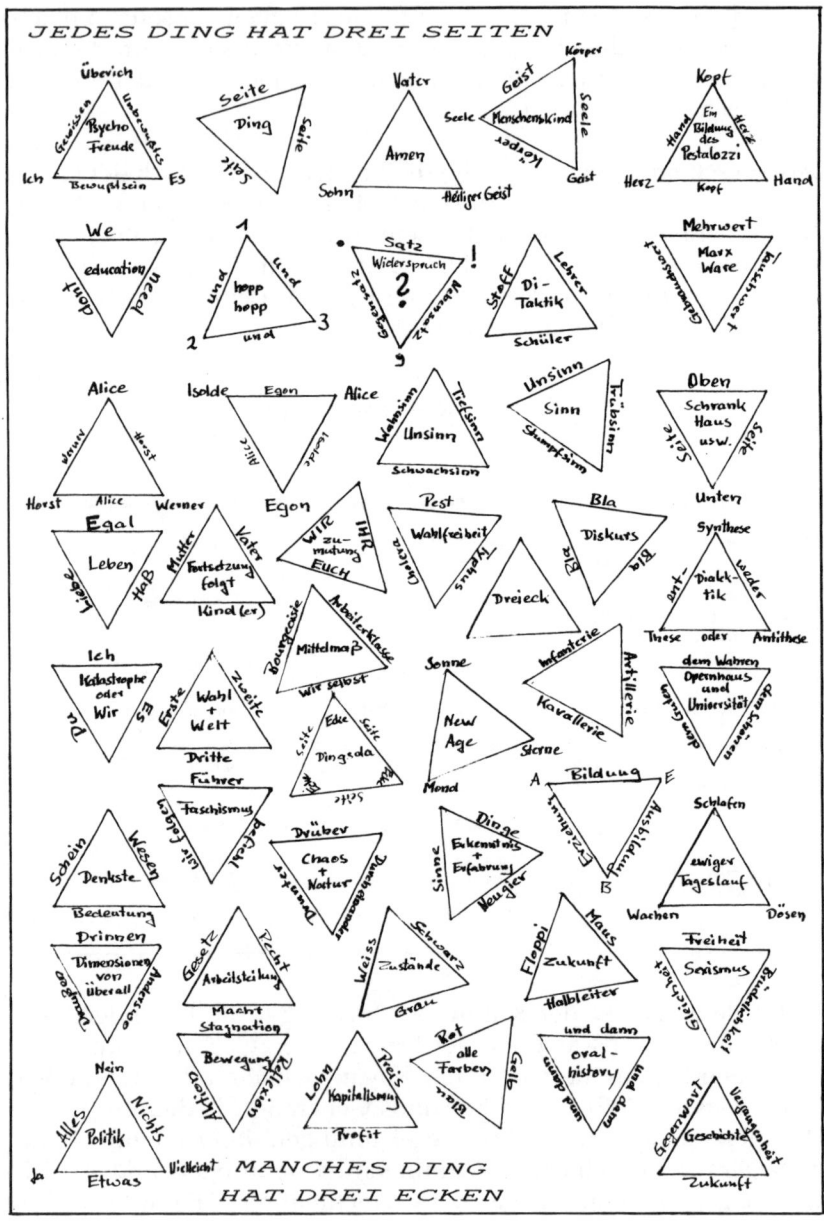

JEDES DING HAT DREI SEITEN

MANCHES DING
HAT DREI ECKEN

Vielleicht begännen die Nachforschungen der „Antiken-Lehrer" dann mit einer erschütternden Entdeckung: „Auch die Akropolis war einmal neu". Den Rekonstrukteuren der Geschichte dürfte das bekannt sein. Mit solcher Einsicht beginnt die Vorstellung.

Es ist also eine gewisse Distanz zu den Dingen empfehlenswert. Wer ihnen zu nahe kommt, sieht, hört, fühlt, riecht und bewegt nichts mehr vor lauter Nähe. Das Wesen der Dinge ist dann zu groß und zu weit weg, um es noch erkennen zu können. Für den Frosch im Brunnen ist der Himmel tagsüber ein helles Loch, das gleich am Ende der Röhre beginnt. Dieses Loch hielte er für den Rest der Welt. Wir sehen vielleicht weiter. Doch haben auch die Teleskope und Mikroskope den Dingen ihre Geheimnisse nicht entreißen können. Nur ihre Wirkungen können wir mit unseren Sinnen und unserem Verstand wahrnehmen.

In unserer unvollkommenen Methode kann es uns selbstverständlich nie gelingen, alle Fäden im Sprachbild zu verknüpfen. Aber es ermöglicht immerhin eine Orientierung im Dschungel der Wirkungen zwischen uns und den Dingen.

Irritationen: Das unerhörte Schweigen der Dinge

Vielleicht sind unsere Versuche, die Dinge zur Sprache zu bringen, schon antiquiert. Vielleicht beschäftigen wir uns nur mit ihrem historischen Echo, das wir für den O-Ton halten, während der wirkliche Ton der Dinge sich auf einer ganz anderen Welle senden läßt: Kein Anschluß unter dieser Nummer.

Was heißt es für die Bildung, wenn die schöpferischen Hände, Vorstellungen, Hoffnungen, die Veränderungsmöglichkeiten und Leiden als Ausdruck sichtbarer Tätigkeit aus den gemachten Dingen getilgt worden sind — wie Pasolini behauptet? Was bedeutet es, wenn die Dinge in Systemen versteckt worden sind, die als Superdinge unangreifbar erscheinen? Welche Zukunft hat da begonnen?

Bewegung auf den Wegen wurde zum Transport- und Verkehrssystem, Gespräche verschwanden in Kommunikations- und Informationssystemen. Und was wurde alles in Sicherheitssystemen, Lohn-, Versorgungs-, Energie-, Beziehungs-, Bildungs-, Theorie-, Beschäftigungssystemen bereits versteckt, verdinglicht und uns entrückt? Was sind diese Systeme und Strukturen als Lehrer, was sind ihre Lehren?

Oder denken wir an die neue Künstlichkeit des Wassers oder der Bäume mit ihrer fünfundzwanzigtausendjährigen Halbwertzeit. Wer hat die Wiese zum Grünland, die Stadt zum Großsiedlungsraum, den Tod zum Restrisiko, den Mangel zum Bedürfnis und die Vernichtung zur Verteidigung verklärt?

Je unmenschlicher die Dinge werden, desto göttlicher sind ihre Namen: Ariadne, Jupiter, Apollo heißen die Reste der humanistischen Bildung auf den Startrampen.

Die Dinge, die die Welt verändert haben, sind produziert worden. Die erste Natur ist zur zweiten geworden, die heute als pervertierte erste wieder erscheint. Fast scheint es, als sei Entfremdung zwischen Natur und Menschenwerk um den Preis ihrer vollständigen restrisikoreichen Vergesellschaftung aufgehoben. Ein beispielloser Vorgang der scheinbaren Entdinglichung wird sichtbar, der den veränderten Dingen die alte bekannte Sprache verschlagen haben könnte. In ihrer neuen „Natürlichkeit" schweigen die Dinge in vielen Fremdsprachen. Aber noch tun sie es. Rückübersetzungen, Entzifferungen werden notwendig sein, um die neue Sprache des Schweigens sichtbar, hörbar, wahrnehmbar werden zu lassen. Dann könnte es sein, daß diese scheinbare Entdinglichung als subtilere Perfektion der Verdinglichung alles Lebendigen zu erkennen sein wird.[4]

Fernsehen: Je näher sich ein Ding ansehen läßt, desto ferner sieht es zurück!

Wenn wir dennoch versuchen, den monströsen Formen der Entfremdung zu trotzen, die Wirkungen der Dinge oder Phänomene in den Vordergrund unseres Interesses zu rücken, und nicht nur deren Funktionieren und ihre vermeintliche Bedeutung zu interpretieren, dann kann dieser Versuch glücken, wenn wir uns auf die vermittelnden Fähigkeiten unseres Erkenntnisvermögens, also auch unserer Sinne besinnen. Deren umfassendes Vermögen aber scheint im Schwinden zu sein, weil es nur noch sehr einseitig gebraucht wird in einer Welt, in der wir uns mit Hilfe von Simulation, Meßinstrument, Piktogramm, Gebrauchsanweisung, Meinungsumfrage und Programmvorhersage orientieren lassen. Wer die Sinne verliert, könnte bald vollends von Sinnen sein. Deshalb gilt ihnen jetzt unsere Aufmerksamkeit.

Die Bildung der Sinne

Die menschlichen Sinne

Sich auf seine Sinne zu verlassen ist alter Brauch. Was sinnlich erfahrbar und ausdrückbar war, ist historisch und kulturell immer Gegenstand unterschiedlicher mythologischer oder theoretischer Deutungen gewesen. Erst die Aufklärung wollte den Sinnen als Teil des Erkenntnisvermögens trauen und hat sie zugleich den Verstandesfähigkeiten untergeordnet.[5]

Die zu bewußten Vorstellungen und Begriffen verarbeitete sinnliche Wahrnehmung hat diese im Laufe der Geschichte so verändert, wie die veränderte Wahrnehmung die Empfindungen, Vorstellungen und Begriffe. Beide Seiten gehören zusammen und sind unbedingt mit den wirklichen Lebensverhältnissen in den Kulturen oder Epochen verbunden. Selbst wo Übersinnliches „wahrgenommen" oder zur Deutung der Welt herangezogen wurde, war dessen Gestalt durch die Sinnesvorstellung in ihren kulturgeschichtlichen Möglichkeiten und Grenzen bestimmt. Sinnestätigkeit ist aktiver Austausch mit dem, was uns umgibt, was wir sind, sein wollen oder sein können. Insofern ist sie körperlicher Teil des Dialogs, des Stoffwechsels zwischen dem Einzelnen, den natürlichen oder gemachten Dingen und der sozialen Welt, einschließlich ihrer besseren Möglichkeiten.

Immer kann gesagt werden, daß sich unser wandelbares Verhältnis zu den Dingen der Welt, zur Natur, wie zu uns selbst über unsere Sinne mit Empfinden und Verstand vermittelt. Das verweist direkt auf Bildung, in der nichts anderes geschieht. Rousseau meinte gleich am Anfang seines Émile's: „Die Natur oder die Menschen oder die Dinge erziehen uns. . . . Wir haben also dreierlei Lehrer."[6]

Die vermittelnde Sinnestätigkeit findet ihre Ein- und Ausdrücke in unseren Handlungen: Im Wahrnehmen, Phantasieren, Produzieren, Wünschen und Hoffen, Erinnern, Vorstellen, Erkennen, Ich-wir-du-sagen, im Sprechen, Genießen, Arbeiten, Ruhen, Freuen, Trauern, Sich ängstigen, Lieben, Leiden, Hassen, Spielen oder Träumen, im Hören, Sehen, Fühlen, Bewegen, Schmecken, Riechen, Denken, Sprechen.

Andersherum: in all diesen Tätigkeiten geschieht die Bildung der Sinne.

In der gängigen Vorstellung von den fünf voneinander getrennten Sinnen ist kaum noch eine Andeutung dieses Zusammenhangs der ganzen Bewegung von Wahrnehmung, Empfindung, Erkenntnis, gestaltender Tat und Bildung vorhanden. Die Tätigkeiten der Sinne scheinen auf die spezialisierte Wahrnehmungsfähigkeit durch einzelne Organe beschränkt zu sein. Ihre wissenschaftliche Beleidigung in der Bezeichnung „Rezeptoren" ist schwer zu entschuldigen. Die dialektische Beziehung der Ein- und Ausdrucksfähigkeit der Sinne zwischen dem Innen und Außen der ganzen Person, also in deren Beziehung mit der durch sie wahrgenommenen, begriffenen, gestalteten, erlittenen und erhofften Welt, die ihrerseits diese Person bildet, bleibt dabei ausgeblendet.

Blendet man sie ein, so muß sogar von gesellschaftlichen Sinnen gesprochen werden. Dieses Verständnis beziehen wir einmal auf die gesellschaftliche Bedeutung der menschlichen Sinnes-Tätigkeit, aber auch auf die anderen Sinne, die in der zweiten Natur des Menschen ihre „Organe" haben. Beispielsweise schaffen sich Menschen in der Zusammenarbeit an einem Werk gemeinsame Wahrnehmungs- oder Ausdrucksmöglichkeiten, also gemeinsame Organe.[7]

Die problematische Rede von den „Vereins- oder Staatsorganen", also von den „Organisationen", zeigt, daß die Sprache solche Einsicht schon enthält. Die Sicherheitsorgane eines Staates können beispielsweise schnüffeln, sogar im Dunkeln sehen, Spuren lesen, beschatten, abhören, sensibel reagieren, Bewegungen festhalten, etwas in Erfahrung bringen, was sie dann als „Erkenntnisse" bezeichnen. Diese können sie zum Eingreifen veranlassen.

In der Sprache finden wir auch die enge Verbindung des individuell erscheinenden Sinnes- und Erkenntnisvermögens mit seinen gesellschaftlichen Bewegungen und Bewertungen. Die Wortgeschichte des Sinns und der Sinne zeigt ihre Anfänge in Tätigkeiten, die alle etwas mit Bewegung, Reisen, Beistehen, Widersinn, Gehen, Achtgeben, also mit einem Ortswechsel zu tun haben. (s. Grinm, Wörterbuch Bd. 16, S. 1103 ff.) Der Sinneswandel des Wort-Sinns hat bis heute zu einer gesellschaftlichen Aufladung mit Bedeutungen, Eigenschaften und Bewertungen geführt, die zahlreiche „Sinnstiftungen" enthalten.

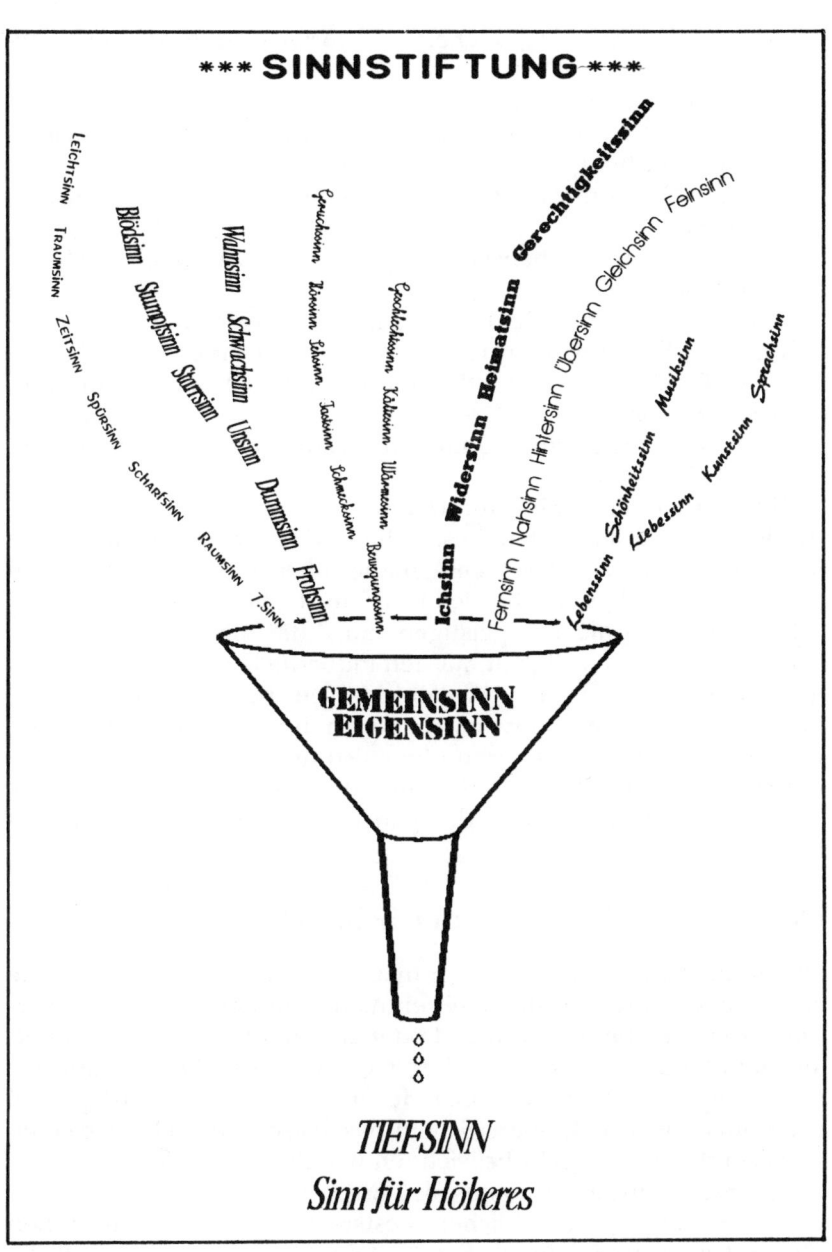

Eine kleine Sammlung solcher Sinnwörter mag dieses verdeutlichen:

Eigensinn, Gemeinsinn.

Stumpfsinn, Wahnsinn, Starrsinn, Schwachsinn, Dummsinn, Unsinn und Blödsinn, Frohsinn und Tiefsinn.

Feinsinn, Nahsinn, Hintersinn, Übersinn, Gleichsinn, Fernsinn, Nachsinn.

Schönheitssinn, Lebenssinn, Sprachsinn, Kunstsinn, Musiksinn, Liebessinn.

Gerechtigkeitssinn, Heimatsinn, Ichsinn, Widersinn.

Tastsinn, Sehsinn, Wärmesinn, Kältesinn, Geruchssinn, Gehörsinn, Geschmackssinn, Bewegungssinn, Gleichgewichtssinn, Geschlechtssinn.

Leichtsinn, Scharfsinn, Spürsinn, Traumsinn, Zeitsinn, Raumsinn, Schwersinn.

Sinn für Höheres, Sinn für Tieferes.

All diese Wörter enthalten Geschichten, die noch zu erzählen wären. Die *Sprache der Sinne* weiß genauer über ihre Vielfalt Bescheid als die Wissenschaften, die sich ihrer nur bedienen.

Die gesellschaftlichen, geistigen, kurz die menschlichen Sinne sind in praktischer Tätigkeit mit den individuellen, physischen Sinnen durch das Wünschen, Wollen, Hassen, Bewerten, Herrschen, Leiden, Lieben, Trauern usw., aber auch durch Meinungen, Erfahrungen und Erkenntnis verbunden; also durch all das, was sie im Umgang mit den Dingen und Verhältnissen bildet. „Die *Bildung* der 5 Sinne ist eine Arbeit der ganzen bisherigen Weltgeschichte."[8]

Der Schein trügt; trügt der Schein?

Im Bild der fünf Sinne, derer wir mächtig sein wollen, ist auch eine naive Vorstellung von der Welt enthalten, in der Schein und Wesen der Dinge übereinstimmend oder gar identisch sind. Ein direkter unmittelbarer, eben sinnlicher Zugang zu den Dingen und Erscheinungen wird ersehnt. Gerade der aber ist fragwürdig, weil der sinnlich wahrnehmbare Schein das Wesen oft mehr verschleiert als enthüllt. Zu Recht bezeichnen wir Unerkanntes, Unverstandenes, nur Wahrgenommenes als „Erscheinungen".

In der umgangssprachlichen Feststellung „außen hui, innen pfui" oder „mehr Schein als Sein" ist das Wissen um die mögliche Differenz zwischen Erscheinung und Wesen noch enthalten. Und doch gibt es den Wunsch, daß in der schönen Hülle auch eine schöne Seele wohnen möge.

In diesem Zusammenhang ist an die beiden großen Paradigmen der dinglichen und der sinnlichen Welt zu erinnern. Wir meinen die „Weltbilder" des Ptolemäus und des Kopernikus. Das Bild des Ptolemäus war das Bild des wahren Scheins. Er hatte ja nicht Unrecht: Die Sonne geht auf, die Sonne geht unter. Die Sterne drehen sich um uns. So sehen wir das heute noch. Und wir können es genießen. Trotzdem kann man das als die perfekteste Simulation des Weltalls zur Täuschung unserer Sinne begreifen. Was wird uns hier vorgespielt? In Wirklichkeit ist doch alles vollkommen anders. In Wirklichkeit dreht sich die Erde um die Sonne und diese mit den Planeten um... usw., usw. Der Schein trügt, trügt der Schein? Warum sollten die Sterne lügen? Täuschen uns die Sinne? Es ist alles ganz anders, ist es das?

Obwohl wir nun mittlerweile die Erkenntnis des Kopernikus besitzen, sehen wir es trotzdem so: Die Sonne geht im Osten auf und im Westen wieder unter. Das eine ist die Wahrnehmung, die ptolemäische, und das andere ist die Erkenntnis, die kopernikanische.

Der Blick hinter den Schein ist ohne den Schein nicht möglich. Es ist nur die Frage, was wir hinter ihm erkennen. Beides, der Genuß und die Wahrnehmung des Scheins, sowie die Erkenntnis seines Grundes haben in unserem Leben und seiner Bildung ihren Platz. Was wäre eine Erkenntnis, wenn sie den Schein mittels des Verstandes nicht durchschaut hätte? Was wäre eine Sinneswahrnehmung, wenn sie den Schein durch alle Sinne nicht wahrnähme?

Sinnliche Wahrnehmung, wenn es sie „an sich" gäbe, bliebe reaktiv und dumpf, also bewußtlos. Erst auf den Wegen der Empfindung, Erkenntnis und Gestaltung bekommt sie „für sich", also für uns, ihre menschliche Bedeutung. Erkenntnis ohne die wachen Sinne allerdings bleibt instrumentell unmenschlich; sie gerät zu gegenstandsloser Abstraktion.

In den Schulen und Universitäten der Gegenwart kommt es vor, daß man im Umgang mit den Dingen gleich mit dem Wissen über sie anfängt. Die wirklichen Erscheinungen werden gar nicht mehr zur Kenntnis genommen, also als nicht wahrnehmbar ,wahrgenommen'. Was dabei herauskommt, sind Köpfe, die von der Körperlichkeit ihres wirklichen Seins abgekoppelt zu sein scheinen. Doch auch ihre „Wirklichkeit" ist im Wesentlichen eine Wirklichkeit des Scheins.

Wir diffamieren den Schein nicht. Der Schein ist das Fluidum, in dem wir leben. Ihm wieder zu seinem Recht zu verhelfen, im Bewußtsein, daß er Schein ist, und nicht in unschuldiger naiver Weise, das wäre es, worauf es gegenwärtig ankäme.

Was nützte es, wenn wir alles über Sexualität und Erotik wüßten, und nicht mehr lieben könnten? Sicher, wir können über das Wesen der Liebe philosophieren. Wir können über die Funktion der Sexualität soziologisch, psychologisch, physiologisch usw. forschen. Aber wir können damit nicht die Realität ersetzen, die Liebe und Sexualität ausmachen.

Diese Gedanken sprechen nicht gegen die wissenschaftliche Erkenntnis dessen, was zum Beispiel Liebe sein könnte, aber sie sprechen gegen den Glauben, daß ein Wissen über ihre Realität die konkrete Gestaltung dieser Realität überflüssig machen würde.

Es sollte deutlich geworden sein, daß wir nicht vom „Wahrheitsgehalt" der Sinneswahrnehmung oder der Phänomene allein ausgehen, also auch eine strikte sensualistische oder phänomenologische Position nicht teilen. Die Sinneswahrnehmung kann erst durch Vermittlungen im Bewußtsein mit Hilfe des Verstandes in Erkenntnis gewandelt werden. Der Wandel der Zeichenbedeutungen zeichnet die historische Spur dieses Vorgangs. Weil es eine Wechselbeziehung zwischen Sinneswahrnehmung, Bewußtsein und kultureller Bedeutung der Dinge gibt, sind auch die Sinne selbst nicht „neutrale Wahrnehmer", sondern mit dem gesellschaftlichen Zustand kritisch verbunden.

„Die *Sinne* sind daher unmittelbar in ihrer Praxis Theoretiker geworden. Sie verhalten sich zu der *Sache* um der Sache willen, aber die Sache selbst ist ein *gegenständliches menschliches* Verhalten zu sich selbst und zum Menschen, und umgekehrt. (Ich kann mich praktisch nur menschlich zu der Sache verhalten, wenn die Sache sich zum Menschen menschlich verhält.)"[9]

Entfaltung der Sinne hieße von daher — auch in den Schulen und Universitäten — die Dinge und Verhältnisse menschlich zu entfalten. Solange dies in umfassender Weise dem Einzelnen unmöglich ist, kann Sinnesentfaltung nur heißen, die Sinne zu Kritikern und Genießern zugleich werden zu lassen. So kann die Option auf menschliche Verhältnisse körperlicher Teil von uns selbst sein. Dazu können wir einiges tun.

Allerdings gibt es da eine Schwierigkeit: Wo gegenwärtig von vielen Dingen durch die quantitative Ausweitung medialer „Wahrnehmung" nur noch ein entfremdeter Schein als ästhetisches Zeichen der Verdinglichung gesendet wird, da müssen hinter ihm die Dinge selbst sogar in ihrer körperlichen Erscheinung wieder rekonstruiert werden. Rückübersetzungen sind notwendig. Anderenfalls kann Erkenntnis kaum in der kritischen Auseinandersetzung mit der wirklichen Welt und ihrer bewußten Gestaltung geschehen.

Die Gefährdung der Sinne durch die Veränderung der Dinge

Nun wäre es zu schön, wenn wir nur den Schein zu rehabilitieren brauchten, um der Wirklichkeit und ihrer sinnlichen Wahrnehmung Genüge zu tun. Aber es ist eben der Wahnsinn in dieser Wirklichkeit selbst, der uns die Sinne raubt und sie auf die „Funktion" der Schmerz- und Lustmacher reduziert. Sie werden in einer ihrer bedeutsamsten Fähigkeiten behindert, die darin besteht, Ereignisse und Gefahren wahrzunehmen, die dann erkannt und gebannt werden können. Spätestens seit Tschernobyl, seit dem Jahr 1986 wissen wir, daß wir das nicht mehr können. Wir können es nicht riechen, wir können es nicht hören, nicht sehen, nicht fühlen, nicht schmecken, aber es ist da. Und es hat Folgen. Es bringt uns aus dem Gleichgewicht. Um es zu erkennen, müssen wir unsere Sinne durch komplizierte Meßinstrumente in der Hand von Experten und politischen Organisationen ersetzen. Oder hat jemand die todbringenden Strahlen wahrgenommen? Wer nicht hören kann, wird fühlen müssen – aber dies erst in späteren Jahren, wenn die Krankheit im Körper ausbricht. Die technologische Veränderung der Welt, die Neuproduktion der Wirklichkeit stellt unsere Sinne vor Aufgaben, denen sie nicht gewachsen sind. Deswegen können wir uns heute auf Erkenntnis, die sich auf Sinneswahrnehmung als Voraussetzung allein bezieht, nicht mehr verlassen. Und das ist etwas radikal Neues. Wir müssen sehen, daß die gemachten Dinge nicht mehr das sind, was sie durch ihren Schein zu sein scheinen. In gewisser Weise sind die Dinge und die Sinne antiquiert gemacht worden.

Damit hat sich auch das Verhältnis der Menschen zu den Dingen, die ein Fundament der Bildung waren, grundlegend gewandelt. Der erste Wandel geschah durch die frühe Industrialisierung, als die Dinge zu Waren wurden. Damit war ihre Bedeutung nicht mehr durch den Wert für den Gebrauch, ihren Gebrauchswert zu schätzen, sondern vor allem durch ihren Tauschwert bestimmt. Das war eine handgemachte große Täuschung, nicht nur der Sinne. An ihrem Täuschwert waren die Waren zu erkennen. Aber die Dinge waren noch von vorstellbaren Menschen gemachte Dinge, also wahrnehmbar und erkennbar.

Nun haben sie sich radikal verändert. Die nicht nur symbolischen Tschernobyls, Ozonlöcher und umgekippten Gewässer stehen dafür. Sie sind unser Erbe an die, die nach uns kommen. Ein Erbe, an dem unsere Generation sicher nicht leichter zu tragen haben wird als die unserer Eltern am Erbe des Faschismus.

Die Welt ist also nicht mehr einfach nur da. Wir leben unter der von den Menschen gemachten atomaren Situation.[10] Sie ist Realität und Symbol. Unter der atomaren Bedrohung haben sich die Vorzeichen der Dinge geändert. Wir können nicht mehr mit der Naivität oder Selbstverständlichkeit, mit der man es in früheren Jahren konnte, die natürliche Welt voraussetzen. Die gemachte Welt des Scheins hat sich monströs und häßlich ausgedehnt, um sich selbst ihr Wesen zu verbergen. Sie übersteigt die Fähigkeiten unserer Sinne und unseres Vorstellungsvermögens und erscheint nicht zuletzt deshalb als undurchschaubar. Unterwerfung und ohnmächtige Schreie sind die Folgen. Aber die atomare Situation ist nur die äußerste Steigerung der monströs veränderten Dingwelt einer zweiten Natur. Diese droht zur ersten zu werden, um in einer scheinbar entdinglichten Gestalt der perversen Unmittelbarkeit des medialen Genusses besichtigt zu werden.

Gegenwärtig wird viel über eine zunehmende Medialisierung und Mediatisierung der Welt, über das Schwinden der Sinne, der Dinge und der Wirklichkeit geschrieben. Die Liste der Verluste oder Verwandlungen ist lang.[11] Mitunter wird im postmodernen Jargon darüber lamentiert, daß die simulierte Wirklichkeit zur eigentlichen geworden sei: Die Welt als Simulation? Ist auch diese These nur eine simulierte? Sie gehört doch zur Welt. Kopieren geht über Studieren.

Jenseits aller Spitzfindigkeiten verweisen solche Ansichten auf einen möglichen Realitätsverlust der „mündigen Bürger" gegenüber der wahrnehmbaren und gestaltbaren Wirklichkeit. Die Auslagerung unseres Sinnes-, Erkenntnis- und Gestaltungsvermögens in Apparate und Systeme wird Folgen für dieses Vermögen haben.

So können wir wahrscheinlich eine Abnahme der Gedächtnistätigkeit und Fähigkeit in dem Maße annehmen, wie Tonband, Terminkalender, Film, Datenspeicher und Computer das Gedächtnis mit der zu seiner Bildung notwendigen Sinnes- und Ausdruckstätigkeit ersetzen. Hier scheint sich eine Entwicklung fortzusetzen, die mit der Verschriftlichung des Denkens und der Archivierung des Gedächtnisses nach Erfindung der Buchdruckerkunst begann, und deren Folgen mit der modernen Datenspeicherung und Informationsverarbeitung noch lange nicht abzusehen sind.[12]

Die differenzierte Hör- und Sehfähigkeit ertrinkt in einer Flut von Tönen und Bildern, die Auge und Ohr nicht mehr ruhen lassen und die übrigen Sinne nicht mehr beanspruchen. Das Auge bekommt nichts zu hören, das Ohr nichts zu fühlen, die Haut nichts zu sehen. Erkenntnis scheint durch Wissensvermittlung ersetzt zu sein. Auch die Natur kommt vorwiegend medial vermittelt ins Haus. Direkte sinnliche Erfahrung aus zweiter Hand aber ist unmöglich. Wahrnehmung und Erfahrung werden damit entzeitlicht, enträumlicht und entsinnlicht. Das selbstgestaltete Leben schwindet mit den vorgesetzten Dingen, die es jetzt ausmachen. Damit schwindet auch die Herausforderung an die Sinne, die mehr und mehr durch technische Apparaturen ersetzt werden.

Die Schule ist als eine „als ob"-Realität an dieser Abschaffung der Dinge und an der Ausschaltung der Sinne beteiligt. Es erscheint paradox: Dieses „Schwinden" geschieht in einer Situation, in der die gemachten Dinge, die Apparate, die Maschinerie mächtiger denn je zur Bestimmung unseres Lebens eingesetzt werden. Von „Schwinden" keine Spur.

Konzentrieren wir uns bei den Versuchen, diese schöne neue Welt zu durchschauen, allerdings nur auf die Bedrohungen, die von ihr ausgehen, dann versäumen wir deren Basis selbst kennenzulernen: Wer von den neuen Formen kapitalistischer Industrialisierung und Totalisierung der Welt sowie unseres sinnlichen Vermögens nicht reden will, wird über die Ursachen der Misere, die Verluste des Fortschritts und die möglichen Änderungen nicht viel Wichtiges zu sagen haben. An diesem Diktum halten wir fest, auch wenn ein neuer, sich sinnlich gebender Ökokapitalismus diese „Entwicklung" modifizieren sollte. An der Richtung seines Fortschritts ändert er wenig.

Die jetzt notwendigen Rückübersetzungen des Unvorstellbaren in unser sinnliches Vorstellungsvermögen werden schmerzen. Viel-

. . . natürlich . . . alles Plastik . . . in Bewegung . . .

leicht können wir die Schmerzen lindern, wenn wir die Ästhetik des Grauens nicht noch museal, pädagogisch oder therapeutisch verdoppeln. Diese Ästhetik hat schon viel zu viele Räume besetzt. Eher käme es darauf an, diese Räume zu ent-setzen.

Wir wünschen uns, daß die Menschen bei Sinnen sein oder gar zur Besinnung kommen sollten, daß die Fähigkeiten, selbst wahrzunehmen, selbst zu urteilen, zur Bildung der Person und des werdenden Subjekts mit eigensinniger Urteilskraft gehören mögen. Entfaltung der Sinne im Umgang mit den Phänomenen wird Teil der Selbstbehauptung des Subjekts, vor allem gegenüber den Dingen, die seine eigenen Produkte sind.[13]

Es könnte allerdings sein, daß Menschen mit wachen Sinnen den reibungslosen Ablauf des unsinnigen Tuns und Funktionierens stören. Der seiner Möglichkeiten bewußte Mensch wird diese auch gestalten wollen.

Als Praktikanten einer Ästhetik des Widerstehens könnten selbst Pädagogen als Politiker und Künstler die besseren historischen Möglichkeiten entdecken und in ihrer Praxis entwerfen. Vielleicht ist das erst einmal alles, was wir zu dem „Kunstwerk der politischen Freiheit" beitragen können, von dem Schiller einst wenigstens noch träumen konnte.[14]

Die Aufspaltung des Menschen und die Sehnsucht nach Ganzheit

Seit der Antike spricht man von den fünf Sinnen: sehen, hören, schmecken, riechen sowie fühlen und tasten. Sie werden den Organen Auge, Ohr, Mund, Nase und Haut zugerechnet. Mit dieser Aufteilung und Zuordnung ist der Anfang einer folgenreichen theoretischen Aufsplitterung der „Ganzheit Mensch", in der Körper, Seele und Geist eine Einheit bilden, zu vermuten. Ohne auf das organologische und physiologische Problem der Sinneseinteilung genauer einzugehen, kann gesagt werden, daß die Aufsplitterung auch von ihren eigenen Voraussetzungen her problematisch ist. Selbst wenn die Einteilung der Sinne weiter differenziert wird und Gleichgewicht, Hunger, Geschlecht, Sprache oder Rhythmus eingegliedert werden sollten, bliebe doch das Verbindende der Sinne, also ihre Haupttätigkeit, ausgegrenzt.

In der heute gängigen wissenschaftlichen Terminologie werden die Sinne als „Rezeptoren" verzeichnet. Dieser passive Begriff unterschlägt die Ausdrucksfähigkeit der Sinne völlig. Daß mich Augen ansehen können, ich jemandem mein Ohr leihen und die Hand reichen kann, scheint den Sinnen dieser Wissenschaft entgangen zu sein. Warum sollten unsere Nerven „als Ganzes" kein Sinnesorgan sein, das unseren Eigensinn enthält?[15]

Die „Erfindung" der fünf Sinne wird Aristoteles zugeschrieben. In seiner Tradition sah sich eine Naturwissenschaft, die spätestens seit der Renaissance immer mehr als Voraussetzung der Naturbeherrschung — auch am Menschen — verstanden worden ist.[16]

Seit Leonardo da Vinci und Albrecht Dürer wurde die Vermessung der äußeren Gestalt des Menschen in der Malerei sichtbar. Ihr sollte durch die instrumentelle Psychologie und Medizin die Vermessung des inneren Menschen folgen. Die Natur des Menschen wurde beherrschbar gemacht. Was bei Leonardo noch als ganze Gestalt mit beschreibbaren Teilen gesehen werden konnte, wurde zunehmend nur als Summe von Teilen verstanden. Diese machten jetzt das Ganze aus. Der Mensch wurde zur Maschine mit funktionierenden oder zu reparierenden oder zuzurichtenden Teilen. Der normgerechte Mensch wurde erschaffen oder produziert. Auch die Zucht durch Erzieher sollte den Schöpfer korrigieren.

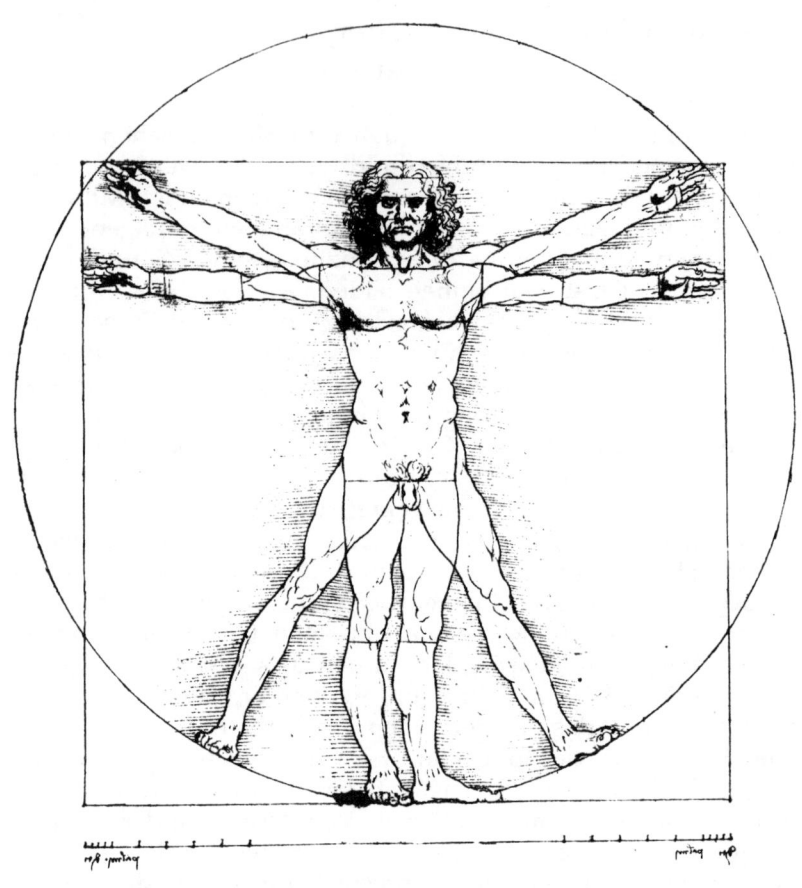

Vermessenheit (Leonardo da Vinci)

Philosophisch wurde diese Entwicklung in der Folge von Descartes und ökonomisch schließlich von Taylor auf einen praktischen industriellen Begriff gebracht. Der Positivismus, die Wissenschaft der partikularen Unvernunft, konnte zur Denkweise der Naturbeherrschung werden. Ihr liegt ein technisches Erkenntnisinteresse zugrunde, daß der Frage nach dem Sinn — auch der Sinne —, nur noch im Funktionieren der Apparate und Systeme nachgehen kann.[17] Die vorherrschende Schulmedizin hat dieser Mechanisierung und Aufsplitterung der scheinbar äußeren Natur des Menschen durch ihr funktional-mechanistisches Menschenbild und ihre Reparaturverfahren präzise assistiert. Die positivistische Psychologie, vor allem aber der Behaviorismus hat die innere Mechanisierung und Beherrschung zu begründen und handhabbar zu machen versucht. Auch Wahrnehmung und Sinnestätigkeit wurden dabei auf Gehirnfunktionen und Reaktionen der Maschine Mensch reduziert. Der „Stoffwechsel mit der Natur", der auch ein geistig-seelischer ist, konnte auf einen physiologischen Vorgang verkürzt werden.

Es ginge hier zu weit, genau aufzuzeigen, wie die Ökonomisierung des Lebens, des Leibes, der Psyche, also auch der Erziehung und Bildung mit dem ökonomisch-industriellen Kampf gegen die Natur und mit der Herausbildung der Nationalstaaten einherging.[18]

Die Aufarbeitung dieses Zusammenhangs könnte deutlich machen, warum gerade jetzt die Diskussion um den Körper, die Sinne, unser Verhalten zur Welt, zur Geschichte, zu verlorenem Wissen neu geführt wird. Diese Diskussion entsteht in einer Zeit, in der die alten Werte sogar für die Herren der Neuen Welt fragwürdig geworden sind: die Grenzen des Wachstums der Wirtschaft, die Grenzen des Fortschritts werden sichtbar. Mehr scheint weniger zu werden. Nicht nur das ökologische, sondern auch das menschliche Gleichgewicht droht durch das ökonomisch-staatlich-militärische Gleichgewicht des Schreckens umzukippen. Die Verelendung der Dritten Welt korrespondiert mit der Verschwendung in den Industrieländern.

In dieser historischen Situation wächst die Sehnsucht vieler Menschen nach Unmittelbarkeit in dem Maße, wie sie verschwindet. Es gibt eine weit verbreitete Sehnsucht nach „heiler Natur" und Lebenssinn, nach Identität und Ganzheit, nach anderen Formen des Zusammenlebens und Wirtschaftens, nach einem neuen Verhältnis zu anderen und zu sich selbst. Auch Therapie-Boom, Sekten oder Tourismus in andere Kulturen zeigen dies. In sozialen Bewegungen der Gegenwart wenden sich Menschen gegen die Zerstörung der Lebensbedingungen, weisen auf neue Fragen hin, beginnen eigenmächtig und gemeinsam zu handeln. Eine andere Aufmerksamkeit und Denkweise tut sich kund. Die auf dieser „Welle" vorgelegte Literatur über Wendezeiten, verlorenes Wissen, vergangene Kulturen, Ökologie, Gesundheit, Intensität und Selbsterfahrung hat die bisherige Fortschrittsliteratur verdrängt.

Dabei besteht allerdings die Gefahr, daß die tatsächlichen Ereignisse gelungener Aufklärung übersehen werden. Wo durch okkulte oder mythologische Spekulation die Aufklärung abgelöst werden soll, weil deren Widersprüche nicht ausgehalten werden, können am Ende neue Abhängigkeiten, Irrationalitäten und Unmündigkeit stehen.

Die Verluste der „Entwicklung" in ihrem historischen Widerspruch zur geschichtlich möglichen Mündigwerdung des Menschen aufzuarbeiten, könnte den Blick für eine falsche Richtung auch des pädagogischen Fortschritts öffnen. Änderung wird dann wenigstens denkbar. Die verschütteten Lebensdimensionen, die in traditionellen Kulturen vor allem in deren Verhältnis zum Körper und zur übrigen Natur vermutet werden, könnten dann vielleicht in aufgeklärter Weise entdeckt werden.[19]

Unsere wachen Sinne und die Dinge (Werkzeuge, gestaltbare Orte . . .), die wir zu dieser Entdeckung brauchen, drohen dem profitablen Fortschritt zum Opfer zu fallen, indem sie durch unvorstellbare Maschinen und Systeme ersetzt werden. Pädagogik, die an der Bildung des ganzen Menschen, an seiner Freiwerdung mitarbeiten will, kann dieser „Entwicklung" gegenüber nicht gleichgültig bleiben oder ihr gar assistieren. Sie wird den mühsamen Weg einer Dialektik der Aufklärung zwischen Bildung und Herrschaft weitergehen müssen. Sie wird an der Utopie der Freiheit, der Ganzheit, der Versöhnung festhalten und für sie streiten. Bis dahin liegt Identität im Nichtidentischen: „Es gibt kein richtiges Leben im falschen."[20]

Aber: indem wir Befreiung als Weg begreifen, den wir gehen wollen, enthalten unsere Schritte zumindest eine Ahnung von diesem möglichen Kunstwerk der Freiheit. Wir wollen den Augenblick unseres Lebens nicht nur einer Zukunft opfern, die so, wie sie erwartet und versprochen wird, vielleicht gar nicht stattfindet.

Im Rahmen der Schule

Bildung als Entfaltung oder Behinderung

Die Geschichte der praktisch betriebenen Pädagogik seit etwa fünfhundert Jahren folgt der zuvor skizzierten Entwicklung. Sie kann als gesellschaftliche Antwort auf die ins Bewußtsein gelangte und zum Problem gemachte Entwicklungstatsache des Menschen interpretiert werden.

Die Entstehung eines Begriffs von Kindheit als eigener Lebensphase, in der die Kleinen noch nicht als richtige Menschen gesehen wurden, zeigt einen Wandel in der Vorstellung vom Menschen in dieser Zeit an. Erziehung sollte jetzt das Werk des Schöpfers vollenden, und das Kind zum Menschen machen, also zu dem in der Ökonomie, Familie und Staat funktionierenden Berufsinhaber, zu Mutter oder Vater, zum Staatsbürger.

Die sich herausbildende bürgerliche Gesellschaft mit ihrer Ökonomie und ihrem Staat mußte die äußere und innere Natur der Heranwachsenden so zähmen und formen, daß diese in das arbeitsteilige und hierarchische Gesellschaftsleben als Produzenten, Staatsbürger und Konsumenten möglichst „reibungslos eingepaßt" werden konnten. Die Begriffe aus der Mechanik bezeichnen diesen Prozeß ideologisch richtig.

Primat der Ökonomie hieß, den Menschen zu ihrem Teil zu machen: durch Einübung von Arbeitstugenden (Zeitökonomie, Abstraktion, Entfremdung, Zielorientierung, sich zum Mittel machen, Gehorsam), durch die Hierarchisierung der Menschen aufgrund angeblicher Leistungen, durch die Trennung von Hand- und Kopfarbeit. Erziehung war immer auch Einübung in die Ideologie der neuen selbstgemachten Sachzwänge.

War der Mensch zu Beginn dieser Entwicklung noch Produzent der Maschinen, so ist er dann doch zum Anhängsel der Maschinen geworden. Heute erscheint er immer mehr als deren Produkt. Die Legende vom Zauberlehrling, der die Geister rief, und deren Knecht er schließlich werden sollte, kann als Metapher für diese Situation verstanden werden. Nur: „meistern" müssen wir sie selbst.

Die institutionalisierte Erziehung nach dem Zucht- und Arbeitshaus zu Beginn der Industrialisierung, vor allem die Schule, hat
die Integration der jungen Menschen in die neuen Zwänge weitgehend geleistet. Dabei war die Wirksamkeit des heimlichen Lehrplans, also insbesondere der Mechanismus der Selektion bedeutsa-
mer als die Wirkungen des offiziellen Lehrplans. Pädagogische Di-
daktiker haben die neue Erziehung oft praktisch oder moralisch begründet, und mit den hohen Zielen der Menschenbildung gerecht-
fertigt.[21]

Zu Unrecht beriefen sie sich dabei auf Pestalozzis Bildung von
Kopf, Herz und Hand, in der ja gerade der Zusammenhang der
jetzt getrennten Dimensionen des menschlichen Subjekts in der sozialen Realität betont wurde. Zu Unrecht beriefen sie sich auf
Rousseaus Hinführung des Menschen zu seiner wahren Natur in
der Gesellschaft der Bürger, auf Goethes Wilhelm Meister, der
doch im ersten Buch noch im Leben selbst lernte, auf Humboldts
oder Marx' Forderung nach der allseitigen Entfaltung und Bildung
der Persönlichkeit. Die Werke dieser Autoren waren selbst bereits
Reaktion auf die neuen Verhältnisse und sie enthalten diesen Widerspruch.

Im Bildungsbegriff der sich durchsetzenden bürgerlichen Gesellschaft war emphatisch die freie Entfaltung der ganzen Persönlichkeit angelegt. Damit waren sowohl ihre intellektuellen wie schöpferischen und sensitiven Dimensionen gemeint. Jenseits aller theo-

42

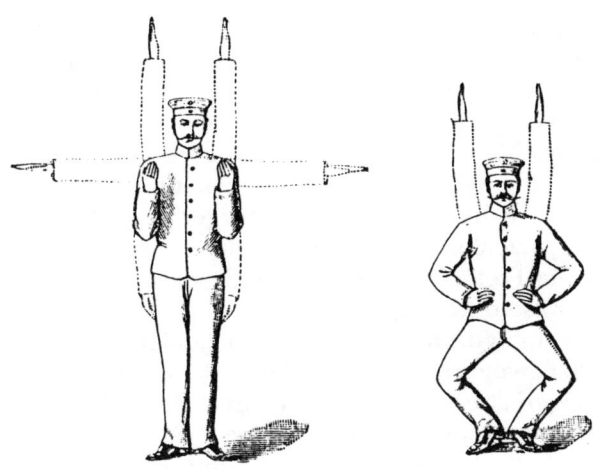

retischen und politischen Differenzen gab es in dieser Forderung eine grundlegende Übereinstimmung zwischen den oben genannten Autoren. Ihre Differenzen lagen nicht so sehr in der mit Bildung verbundenen Emanzipationshoffnung, sondern im Begriff der Gesellschaft, in der sie erfüllt werden sollte. In ihr standen sich Adelige oder Bürger, Bürger oder Proletarier gegenüber, als „gleiche" Individuen und als Mitglieder antagonistischer Klassen zugleich. Daraus ergaben sich Unterschiede in Ziel, Inhalt und Vorgang der allseitigen Entfaltung, je nach politischer und sozialer Interessenlage. Festzuhalten bleibt, daß in ihren Zukunftswünschen jenseits aller politischen Differenzen Bildung umfassender gesehen wurde als bei denjenigen, die beanspruchten, ihre Ziele durchzusetzen; umfassender auch als in den heutigen Versuchen, Bildung in einen planbaren Lernprozeß einzugrenzen.

Bei diesen Denkern war zumindest eine Vorstellung von der möglichen Ganzheit des Menschen und ihrer Behinderung durch die sich entwickelnde neue Realität vorhanden.[22]

Diese mögliche Ganzheit wurde durch die öffentlichen Erziehungsinstitutionen zum Teil brutal eingeschränkt. Daß Bildung trotzdem stattfand, war im Widerspruch von Bildung und Herrschaft begründet, der mit dem Widerspruch in der bürgerlichen Gesellschaft bis heute untrennbar verbunden ist. Auch die Bildung des Knechts ist eben Bildung. In seiner Unterdrückung ist die Möglichkeit, der Wunsch auch nach Emanzipation noch enthalten. Wer lesen lernen muß, damit er ökonomisch brauchbar wird, muß nicht nur Verordnungen lesen. Wer sehen lernt, kann auch lernen, hinter die Dinge zu schauen. „Wer Ohren hat zu hören, der höre." Als Möglichkeit erschließt sich dabei Empfindsamkeit und Bewußtwerdung, aber auch Widerstand gegen das erlittene Unrecht. Solche Bildung ist niemals neutral. Erfahrenes und beobachtetes Leid konnten mit den hohen Zielen der bürgerlichen Gesellschaft und ihren Bildungszielen konfrontiert werden, wenn der Widerspruch zwischen dem Freiheitsanspruch der Gesellschaft und ihrer Realität ins Bewußtsein gelangte.

So ist es kein Wunder, daß gerade diejenigen Menschen Träger der Freiheitsbewegungen waren (1848, 1918, 1968), denen die Privilegien bürgerlicher, vor allem historischer und literarischer Bildung zuteil geworden waren. Aber auch bei diesen Privilegierten blieb der Bereich körperlicher Bildung und damit auch der Sinnesbildung weitgehend ausgeblendet. Die körperlich-sinnlichen Fähigkeiten konnten mit der Bildung des Bewußtseins nicht einhergehen. Ihre Entfaltung blieb theoretischer Anspruch. Die wirkliche Körperlichkeit verfiel der schwarzen Pädagogik und dem heimlichen Lehrplan. Dogmatisierung, fehlendes Einfühlungsvermögen, ästhetisches Desinteresse bei vielen der politisch bewußten und aktiven Menschen könnte hierin eine Ursache haben. Der Ausgang des Menschen aus seiner selbst verschuldeten Unmündigkeit blieb also im Sinne einer ganzheitlichen Bildung noch immer als Option auf ein uneingelöstes Zukunftsversprechen der bürgerlichen Gesellschaft bestehen, und geht damit als eine offene Wunde auch an die Pädagogik der Gegenwart über.

Leib, Seele und Geist und die sie vermittelnden Sinne konnten in der bürgerlich-revolutionären Bildungsvorstellung noch als Einheit gesehen und programmatisch zusammengehofft werden. Bildung sollte helfen, die Zukunftshoffnungen über die nachfolgenden Generationen zu erfüllen. Heute, nachdem der reale Fortschritt seine Folgen zeigt, ist nach der Gültigkeit dieser Bildungsvorstellungen zu fragen.

Wir möchten thesenhaft antworten: Dieser Fortschritt hat sie nicht erfüllt. Teile des Bildungsbegriffs wurden zur Begründung von Herrschaft eingespannt. Spezialisierung, vor allem die des Kopfes und der Hand, die Funktionalisierung der Fähigkeiten für die ökonomischen und die politischen Zwecke, haben auch die Verwirklichung demokratischer Bildungsvorstellungen behindert.

Das muß aber nicht an ihnen gelegen haben. Auch der Widerspruch und die Vorstellung von einer besseren Welt ist in dieser Bildung enthalten. Die Hoffnung, an deren Erfüllung Bildung mithelfen sollte, muß und darf gegenwärtig allerdings nicht auf eine Elite beschränkt bleiben. Der Reichtum ist für alle da.[23]

Das verweist auf die Kinder in aller Welt, denen noch immer die Möglichkeit einer umfassenden Entfaltung ihrer verschiedenen Fähigkeiten vorenthalten bleibt, weil ihnen eine lebenswerte Welt mit liebenswerten Dingen verwehrt wird. Erst in ihr könnte Bildung frei werden.

Kein Sinn bildet sich allein

Wir können bei allen Menschen von einer breit angelegten Sinnesfähigkeit ausgehen. Sie hält Psyche, Bewußtsein, soziales Handeln und körperliche Befindlichkeit zusammen. Sinnestätigkeit ist untrennbar mit den übrigen Lebenstätigkeiten verbunden. Erst ihre umfassende und ausgeglichene Inanspruchnahme in sinnvollen Handlungen führt zu ihrer vollen Entfaltung.

Aktivität und Entfaltung der Sinne mit den Dingen stehen also in einer unbedingten Wechselbeziehung. Das bedeutet: Es gibt keine Entfaltung der Sinne für sich, sondern nur im Zusammenhang mit den Lebenstätigkeiten, in denen man seiner Sinne mächtig, bei Sinnen sein will. Selbst im Schlaf gibt es Bilder, die Geschichten erzählen und so den Tag verarbeiten.

Allen Lebensäußerungen, also auch denen der Sinne, ist eine eigene Ästhetik zu eigen: Da gibt es schöne und schlechte Gerüche, Anblicke, Geräusche, Gefühle, Geschmacksrichtungen oder Bewegungen. Ihr Kunstwerk besteht im Zusammenspiel. So spricht das Ohr durch den Mund, Gefühle kann das Auge ausdrücken, die Haut wird zum Geruchsausdruck. Daß die Hand sehen, das Auge hören und die Nase fühlen kann, ist schon gesagt worden. Entfaltung der Sinne geschieht in ihrer gemeinsamen Tätigkeit.[24]

Das bedeutet nicht, daß einzelne Sinnesfähigkeiten durch gezielte Übungen nicht gestärkt werden könnten. Dies geschieht aber immer in ihrer Verflechtung mit zusammenhängenden sinnvollen Wahrnehmungen und Ausdrücken und nicht durch deren Isolation. Wie das im Unterricht geschehen kann, ist Thema des zweiten Teils dieses Buches.

Curriculum macht Kinder dumm

Gegenüber einer umfassenden Sicht der Persönlichkeitsentfaltung hat die fachsystematisch und lerntheoretisch vorgehende Didaktik und Schulpädagogik die Dimensionen menschlicher Subjektivität stets zerlegt — auch dort, wo sie sich auf umfassende ganzheitliche philosophische Ansätze zu Unrecht berief. Sie hat die Teile des zerlegten Subjekts getrennt zu züchten gesucht: den Leib in der Leibeserziehung, den Geist in den „Lernfächern", die Psyche, das Gemüt und die Sinnesfähigkeiten in den musischen Fächern. Die Ungleichgewichtigkeit dieser drei Bereiche tat ein übriges zur Verletzung der Sinnesfähigkeit und der ganzen Person. Kein Wunder, daß es da der „Pause" und „Unterrichtsstörung" bedarf, um diesen Einseitigkeiten zu widerstehen.

Wo emotional Sinnliches beispielsweise unter dem Aspekt der Motivation in die didaktische Konzeption der sogenannten Lernfächer einging, hatte es Zubringer-Funktionen, mehr nicht. Die musischen Fächer, also die Musik-, Kunst-, Werk- und Leibeserziehung hatten entsprechend kompensatorische Funktionen für die Anstrengungen oder Zumutungen in den Lernfächern. Diese Indienstnahme der scheinbar nicht-kognitiven Bereiche setzt sich bis heute — nicht nur in der Schule — fort.[25]

Die sich wissenschaftlich gebärdenden Lerntheorien haben bei dieser Reduktion assistiert: So instrumentalisiert die behavioristische Lernpsychologie zum Beispiel in Form der Verhaltensmodifikation die nicht-kognitiven Bereiche, also Gefühl, Glück, Leid, Angst, Hoffnung und Wünsche für den „optimalen Ablauf gewünschter Lernprozesse". Die eigene Lebensbedeutung von Gefühlen oder Wünschen wird dabei in verächtlich machender Weise nicht respektiert.[26] Ähnliches gilt für die Rolle von Arbeit, Gefühl und Handlung im Prozeß der Begriffsbildung bei der „kritischen Psychologie" und bei den Lerntheorien, die sich der „kulturhistorischen Schule" zurechnen. Emotionale „Faktoren", Sinneseindrücke und Handlungen haben hier lediglich eine „Funktion" für die Begriffsbildung in der Ausbildung von Gehirnfunktionen.[27]

In den lerntheoretischen Grundlagen der neueren Curriculumtheorien wird tatsächlich an einen Zusammenhang verschiedener Dimensionen der Person erinnert. In den praktisch erarbeiteten und dann lehrplanmäßig vorgeschriebenen Curricula der Schulen fallen die Zusammenhänge jedoch wieder hierarchisch auseinander. „Affektive und haptische Lernziele" – was immer das sein soll – gibt es mehr nebenbei und wiederum nur als Verstärker zur Erfüllung angeblich kognitiver Lernziele, also zur effektiven Auffüllung der Hirncontainer. Die durch irgendwelche Curricula nicht aufzuhebende Zersplitterung des bildenden Lebenszusammenhangs in Fächer und Zeitbrocken, Teillernziele und Kursprofile zeigt die Unfähigkeit solcher Konstrukteure didaktischen Ingenieurwissens, Bildung als gemeinsame Tätigkeit von Geist, Körper und Seele zu respektieren und zu unterstützen, anstatt sie zu kontrollieren. Lernen erscheint diesen Spezialisten als Lehren von Stoff auf vorgegebene Ziele und Erfolgskontrollen hin, und kaum als freie Eigentätigkeit der Lernenden für ihre Wünsche, Interessen und Ziele, in denen ja die Vorgaben der Generationen noch enthalten sind. In ihrer Angst vor der Freiheit installieren sie ohne Not das lernzielkontrollierte Mißtrauen gegen die nachfolgende Generation in den Schulen.[28]

Wir kritisieren in Bildungsinstitutionen die ungleichgewichtige und kompensatorische Funktionalisierung der Sinnestätigkeit im musischen Bereich, die versuchte Stillegung des Körperlich-Seelischen und die damit verbundene Beschädigung des Bewußtseins. Schule produziert in solchen Prozeduren ihre „Lernbehinderten" selbst. Eine umfassende Entfaltung der Sinne mit den Dingen könnte im gestörten Gleichgewicht der Schulopfer heilend wirken.

Nun könnten wir versucht sein, unsere Vorschläge mit den Ergebnissen der neueren Hirnforschung und Sinnesphysiologie zu legitimieren. Danach soll eine „ganzheitliche und multisinnliche" Beanspruchung des Gehirns bessere Lernergebnisse hervorbringen, weil die emotionsrelevante rechte Gehirnhälfte den kognitiven Leistungen der linken Seite funktionale Unterstützung leisten könnte. „Superlearning" blüht und führt mit Barockmusik zum Fremdsprachenerfolg in der Zeitungsanzeige. Wir weisen diese Superhilfe zurück! Es ist zwar schön, daß die Physiologen jetzt auch herausfinden, was die Philosophen des frühen 19. Jahrhunderts über die Sinne, das Bewußtsein und das Gefühl schon wußten, nämlich, daß sie zusammengehören. Sie wußten aber auch, daß keiner dieser Bereiche dem anderen geopfert werden darf. Genau das aber tun die neuen Lerntheoretiker der rechten Gehirnhälfte. Was bedeutet es, wenn jetzt die rechte Gehirnhälfte funktional curricularisiert wird und die Physiologen morgen eine untere, hintere, obere, vordere, drüber- oder drunterige Hirnhälfte mit ihren Zuständigkeiten finden? Sollen wir sie dann verklagen wegen Körperverletzung oder nur, weil sie an den Menschen einseitig herumgebildet haben? Die Forschungsfortschritte in allen Ehren, aber ihre Ausbeutung für die Praxis folgt dem alten kapitalistischen Paradigma. Es ist die Aufspaltung und Arbeitsteilung zur Effizienzsteigerung. Superlearning als Fitnesstraining.

Der äußeren Disziplinierung des Menschen soll jetzt offenbar die innere Kolonisierung zur besseren Ausbeutung seiner individuellen Ressourcen folgen (J. Habermas). Dagegen enthalten unsere Vorschläge eine geschichtlich begründete Bildungstheorie, die sich der technischen Operationalisierung widersetzt, wie die Ästhetik, die Phantasie, die Liebe oder der Widerspruch. Wir wünschen ein gutes Leben, das seine Bildung enthält. Solange uns das verweigert bleibt, müssen wir für die Freiheit streiten an jedem Ort, an dem wir sind. Trotz alledem.

Vielfalt der Fähigkeiten contra Einfalt der Norm

Noch immer entfalten die Mechanismen des heimlichen Lehrplans der Schule eine große „Bildungsmächtigkeit". Wo Aussonderung geschieht, und diesem Zweck dienen hierarchisch gegliederte Schulen, ist die Idee allseitiger Bildung nur Etikette und zugleich Widerspruch. Privilegierung Weniger und Ausschluß Vieler von den besseren Möglichkeiten erlaubt auch den privilegierten, selbst ernannten „Eliten" nur eine reduzierte und asoziale Bildung auf Kosten anderer.

Wo Selektion in Institutionen der Allgemeinbildung betrieben wird, verfügen die dafür Verantwortlichen offenbar über ein Menschen- und Leistungsbild, das zur Norm zu erheben, sie die Macht haben. Darin interessieren nicht die allgemeinen und besonderen Fähigkeiten der Menschen, sondern nur die, die diesem Bild entsprechen. Ihre Perfektion wird Leistung genannt. Andere Fähigkeiten und Leistungen gelten hier als Störung.

So gibt es zum Beispiel Kinder, die auffallend liebesfähig oder phantasievoll sind. Andere können sich in ihrer Mundart genauer ausdrücken als manche in Schriftdeutsch; wieder andere können fünfzehn Gerüche unterscheiden, wo es manchem nur stinkt. Aber solche besonderen, eigensinnigen Fähigkeiten können mit der Elle der schulischen Leistungsnorm so wenig „gemessen" werden wie die Luftfeuchtigkeit mit einem Thermometer. Das sind Leistungen, die nur in einem bunten, differenzierten Leben wichtig wären. In der formierten Schule sind sie eher störend und werden unterdrückt, indem sie nicht anerkannt, also auch nicht entfaltet werden können.

Die Borniertheit der Schulcurricula und der schulischen Zensur hat weitreichende Konsequenzen, weil sie alle einseitig „fördert" bzw. behindert. Der Ausschluß besonderer Fähigkeiten unter dem Diktat dieser einengenden Normierung wirkt gerade bei Kindern aus der Unterschicht zusätzlich behindernd: Einmal durch die Erfahrung ständigen Scheiterns an den Mittelschichtsanforderungen, die ihnen aufgrund ihres sozialen Hintergrundes nicht entsprechen, andererseits durch die Erfahrung, daß ihre besonderen sozialen und individuellen Fähigkeiten nicht zur Anerkennung führen oder als Leistung gelten, sondern eher als Schwäche.

Den hoffnungslosen Satz „Wir sind ja sowieso der letzte Dreck" haben wohl alle, die an einer Haupt- oder Sonderschule arbeiten, schon gehört. Verinnerlichung der darin enthaltenen Zuschreibungen, Flucht in die Resignation oder Gewalt sind oft die Folgen der Ungleichbehandlung, also Mißachtung von Fähigkeiten dieser Kinder und Jugendlichen. Entsprechend ist bei vielen das falsche Bewußtsein als richtiges Abbild falscher Realität vorhanden, daß sie zu Recht ausgesondert worden seien, denn: „Wir sind halt doof". Ohne Selbstreflexion dieser Vorgänge kann bei ihnen kein Bewußtsein davon entstehen, daß es nicht ihre allgemeinen oder besonderen Fähigkeiten sind, die zu ihrer Bewertung anstanden und zur Aussonderung führten, sondern oft nur eine enge Auswahl sogenannter kognitiver Leistungen und angepaßter Verhaltensweisen, deren Nichterfüllung zur Zuschreibung von Lernbehinderungen, Verhaltensstörungen, Dummheit, Versagen usw. geführt haben.

Uns ist kein Fall bekannt, in dem eine Aussonderung aufgrund einer „Behinderung" im Spielverhalten, in der Phantasietätigkeit, im Körperausdruck, in der Liebesfähigkeit, der Unfähigkeit, einen Dialekt zu sprechen oder aufgrund handwerklichen Versagens erfolgt wäre. Selbstverständlich wünschten wir eine solche Aussonderung auch nicht. In der normalen Grundschule haben wir aber zahlreiche Kinder beobachtet, die erhebliche „Behinderungen" in diesen Fähigkeitsbereichen zeigten. Sie wurden, für sie glücklicherweise, in die privilegierte Sonderschule, die man Gymnasium nennt, überwiesen, weil sie halt im Rechnen, Lesen, Schreiben usw. die sogenannten Leistungsanforderungen erfüllen konnten.

Wir erwähnen diese sattsam bekannten Tatsachen, weil man davon ausgehen muß, daß so gut wie bei allen Schülerinnen und Schülern „Behinderungen" in irgendeinem Bereich ihrer Wahrnehmungs- und Ausdrucksfähigkeit durch die Schule zu Tage „gefördert" worden sind.

Auf die schulhausgemachten Bereiche des beschädigten Kinderlebens können Lehrerinnen und Lehrer schon durch einen anderen Unterricht pädagogisch einwirken. Durch politische Entscheidungen könnten diese Versuche unterstützt und herausgefordert werden. Zunächst wäre dafür zu sorgen, daß das Spektrum erwünschter Leistungen, Fähigkeiten, Bildungsinhalte und Bildungswege vielfältig ausgeweitet und gleichgewichtig anerkannt wird.[29]

Anders gesagt, es wäre hilfreich, wenn die Rechte der Menschen auch in den pädagogischen Provinzen zur Geltung gebracht werden könnten.

Im Grundgesetz „dieses unseres Landes" steht geschrieben:

Die Würde des Menschen ist unantastbar. (1.1)

Jeder hat das Recht auf freie Entfaltung seiner Persönlichkeit . . . (2.1)

Niemand darf wegen seines Geschlechts, seiner Abstammung, seiner Rasse, seiner Sprache, seiner Heimat und Herkunft, seines Glaubens, seiner religiösen oder politischen Anschauungen benachteiligt oder bevorzugt werden. (3.3)

Jeder hat das Recht, seine Meinung in Wort, Schrift und Bild frei zu verbreiten und sich aus allgemein zugänglichen Quellen ungehindert zu unterrichten. (5.1.)

Eine Zensur findet nicht statt. (5.1.)

Exkurs: Die Anregungen der Reformpädagogen

Bereits in der Philosophie und Pädagogik zu Beginn der Industrialisierung gab es die Sorge, daß die Menschen durch die „schlechte Gesellschaft", durch Dekadenz, einseitige Arbeit und soziale Not ihrer „wahren Natur" entfremdet würden. Bildung und Erziehung sollten hier korrigierend wirken. Rousseau wollte die Heranwachsenden in einer Art bürgerlicher Robinsonade dem schädlichen Einfluß der (feudalen) Gesellschaft durch seine „negative Erziehung" entziehen. Pestalozzi wollte in seiner umfassenden Volksbildung von Kopf, Herz und Hand dem Auseinanderfallen dieser Bereiche durch die ökonomische und soziale Zersplitterung des Lebens entgegenwirken. Nur in der Harmonie dieser Bereiche konnte er sich Bildung, Gesundheit und Menschenwürde vorstellen, die vor allem den sozial benachteiligten Kindern vorenthalten blieb.

In die neuhumanistisch und sozialistisch geprägte Pädagogik des 19. Jahrhunderts gingen diese Vorstellungen ein. Zu Beginn unseres Jahrhunderts haben Reformpädagogen aus unterschiedlichen politischen Gründen versucht, solche Ansichten in der Schulpraxis umzusetzen. Die Sinnesfähigkeit konnten sie noch als bildbare Anlage voraussetzen. Vom Schwinden der Sinne und Dinge oder ihrer Rettung ist erst in unserer Zeit die Rede. Gründe haben wir genannt.

Wir möchten hier nur auf reformpädagogische Ansätze hinweisen, die für eine phänomenorientierte Entfaltung der Sinne relevant sind. Sie beziehen sich kritisch auf schulische Bedingungen, die wir heute – im Prinzip – noch vorfinden, und sie werden gegenwärtig zur inneren Erneuerung des Unterrichts wieder diskutiert.

Gemeinsam ist den reformpädagogischen Ansätzen bereits vor dem Ersten Weltkrieg die Kritik der traditionellen „verkopften" Lernschule. Sie wollten eine kindgerechte und lebensnahe Schule, in der Bildung ganzheitlich gedacht wurde. Sie sollte gemeinschaftlich im Leben, durch das Leben und für das Leben geschehen. Zivilisationskritik war ein einigendes Band bürgerlicher Reformpädagogen; Kapitalismuskritik war die gemeinsame Grundlage der sozialistisch orientierten Schulerneuerer. Innerhalb dieser Gruppierungen gab es erhebliche Unterschiede, die hier nicht nachgezeichnet werden können.[30]

Drei Frauen haben der deutschen Reformpädagogik vor dem Ersten Weltkrieg wesentliche Anstöße gegeben.

Ellen Key ging mit der Schule ihrer Zeit hart ins Gericht: „Die Resultate der jetzigen Schule: abgenützte Hirnkraft, schwache Nerven, gehemmte Originalität, erschlaffte Initiative, abgestumpfter Blick für die umgebenden Wirklichkeiten, erstickte Idealität unter dem fieberhaften Eifer, es zu einem ,Posten' zu bringen." Nicht nur ein Jahr, ein Jahrhundert des Kindes rief sie aus.[31]

Maria Montessori hat in besonderer Weise die Selbsterziehung in der Körper-, Sprach- und Sinnesbildung zum Ausgangspunkt und zur Methode ihrer Pädagogik gemacht. Ihr Rückgriff auf Fröbels' Spielpädagogik wird dabei deutlich. Ihre Methoden und Arbeitsmaterialien gelten vielen auch heute noch als richtungsweisend für eine kindgemäße Bildung in Kindergärten, Grund- und Sonderschulen. Ihre Ansprüche an die Sinnes- und Körperbildung scheinen allerdings unter einem pädagogischen Totalitätsanspruch zu stehen, der die normalen Lebensbedingungen der Kinder negiert und eine neue, unerfüllbare Norm darstellt.[32]

Clara Zetkin hat demgegenüber die Verbesserung der Lebensbedingungen gefordert und die Bildungsinteressen der Arbeiterbewegung öffentlich zur Geltung gebracht. Nur in einer grundsätzlichen Umwälzung von Schule und Gesellschaft sah sie die Möglichkeit der allseitigen Entfaltung menschlicher Fähigkeiten. Ihre Vorstellungen sollten später mit der Idee „polytechnischer Bildung" für die sozialistischen Schulpolitiker und Lehrer bedeutsam werden.[33]

Ebenfalls um die Jahrhundertwende hat die Kunsterziehungsbewegung die Sinnestätigkeit in der Schulung des Sehens und in der künstlerischen Gestaltung von Gegenständen betont. Von ihr gingen wesentliche Impulse in die verschiedenen Konzeptionen des „Anschauungsunterrichts" ein, dem wenigstens einer der Sinne den Namen gegeben hat.[34]

Die mit der Jugendbewegung eng verbundene Jugendmusikbewegung entwickelte eigene Formen des gemeinsamen Musizierens. Ihr „Liedgut" wurde allerdings später nur in erstarrter Form vom schulischen Musikunterricht vereinnahmt.

Bei den meisten Reformpädagogen kam die Sinnestätigkeit nur implizit durch die Rehabilisierung von Erfahrung, Erleben, gemeinsamer Arbeit und Lebensnähe zur Geltung.

Der Schweizer Pädagoge Adolphe Ferrière konzipierte eine „école active", die später dem französischen Lehrer Celestin Freinet wichtige Anregungen für seine kooperative Arbeitserziehung in der „école moderne" gab, und die bis heute von zahlreichen Lehrern in vielen Ländern im Rahmen der öffentlichen Schule praktiziert wird. Eigentätigkeit, Individualisierung in der Zusammenarbeit, Erfahrungslernen im eigenen Ausdruck (freie Texte und Bilder), sinnlicher Zugang zur Schrift (Drucken) sind einige Merkmale dieser Pädagogik.[35]

Die Pragmatiker John Dewey und William H. Kilpatrick haben in ihrer „progressiven Erziehung" die Projektmethode für den Unterricht entwickelt. Diese ist in den jüngsten Reformbestrebungen um einen offenen und handelnden Unterricht erneut zur Geltung gekommen. In ihr wird die Möglichkeit gesehen, der Aufsplitterung des Lernstoffes entgegenzuwirken, an sinnvollen Aufgaben entdeckend zu lernen und dabei soziale Zusammenarbeit zu praktizieren. Auch wenn der Ansatz weitgehend formal bleibt, so bietet er doch gute Möglichkeiten, die Sinnestätigkeit im Umgang mit den Phänomenen zu fördern.[36]

Wichtig in diesem Zusammenhang scheinen uns noch die psychoanalytischen Erziehungsansätze zu sein. Wir erwähnen Siegfried Bernfeld, der in seinem „Kinderheim Baumgarten" − beeinflußt von der Jugendbewegung − kollektive, sozialistische Erziehung mit psychoanalytischem Hintergrund praktizieren wollte. In seinen späteren Arbeiten (nach 1922) versuchte er, eine umfassende Sicht des physischen, psychischen und sozialen Menschen für die Erziehung behinderter und gefährdeter Kinder zu nutzen.[37]

Viele Impulse der Reformpädagogik gehen auf die Jugendbewegung zurück; dabei ist insbesondere Gustav Wyneken zu nennen. Er gründete gemeinsam mit Paul Geheeb, der später die Odenwaldschule aufbaute, im Jahre 1906 die koedukative „Freie Schulgemeinde Wickersdorf". In ihr sollte durch das „demokratische, gemeinsame Leben von Lehrern und Schülern" ein neues, gleichberechtigtes Verhältnis zwischen Lehrern und Schülern geschaffen werden. Auch dies ist eine Voraussetzung für die freie Entfaltung nicht nur der Sinne, an die heute zu erinnern ist.[38]

Überhaupt ist von der Landerziehungsbewegung für unser Projekt viel zu lernen. Die musisch-künstlerischen Momente im Schulleben waren nicht nur Garnierung des harten Stoffs. Sie hatten eine eigene Bedeutung. So gab es z. B. in Martin Luserkes „Schule am Meer" auf der Insel Juist, eine Theaterarbeit, um die der übrige Unterricht auch thematisch gruppiert wurde.

Reformpädagogik war nicht nur Großstadtflucht bürgerlicher Kinder und Pädagogen. In den sozialdemokratisch orientierten Versuchsschulen, z. B. in Berlin, Hamburg, Bremen, Dresden und Magdeburg, die vorwiegend von Arbeiterkindern besucht wurden, war die Erfahrung und Gestaltung des Stadtlebens mit seinen sozialen Problemen das zentrale Unterrichtsthema und auch ein Ort der Bildung. Die sozialkundliche, handwerkliche und künstlerische Zusammenarbeit in einer offenen Unterrichtsgestaltung gab der eigenen Erfahrung, den wachen Sinnen und der Eigentätigkeit Raum. Die „Pädagogik vom Kinde aus" und der „Arbeitsschulgedanke" mit der Perspektive einer „polytechnischen Bildung" fanden mit den Versuchsschulen Eingang in das öffentliche städtische Bildungswesen.[39]

Es ist noch an Berthold Otto zu erinnern, der 1906 in Berlin-Lichterfelde eine Hauslehrerschule aufgebaut hatte. In ihr wurden die Kinder nicht nach Jahrgängen aufgeteilt. Am „Familientisch" wurden ihre Fragen gemeinsam im „Gesamtunterricht" ohne Fächeraufteilung besprochen. Ottos problematische, nationalistische Haltung hat dazu geführt, daß seine Versuche von Kritikern als reaktionär eingestuft wurden. Obwohl wir diese politische Einschätzung teilen, meinen wir doch, daß seine Versuche gerade heute interessante Anregungen enthalten. Die Idee vom Hauslehrer wurde übrigens in anderer Weise erst jüngst von H. M. Enzensberger in seinem „Plädoyer für den Hauslehrer" wieder diskussionsfähig gemacht.[40]

Eine eigene Auseinandersetzung wäre mit der Waldorfpädagogik Rudolf Steiners notwendig. Sie ist hier nicht zu leisten. Die Waldorfschulen − 1919 gegründet und heute verbreiteter denn je − betrachten die Sinnestätigkeit in ihrer „Erziehungskunst" als bedeutenden Ansatzpunkt aller Bildung. Bildung wird als ein ganzheitlicher Vorgang der Menschwerdung begriffen, in dem Körper, Seele und Geist in allen Altersphasen in unterschiedlicher Weise durch die Sinne verbunden werden.

Das Kind vor dem ersten „Gestaltwandel" wird noch ganz als „Sinnesorgan" gesehen. Erst langsam stellt es sich in den nächsten beiden Sieben-Jahresperioden, in der Welt lebend, der Welt gegenüber − vermittelt durch die Sinne. Eine alle Organe beanspruchende, künstlerische Betätigung, die zunehmend differenzierter und bewußter wird, begleitet die Schüler vom ersten bis zum zwölften Schuljahr. Dabei soll die zunächst starke Bindung an die Lehrerpersönlichkeit gelöst werden. Eine eigene „Sinneslehre" im Rahmen der Anthroposophie bietet den Lehrern eine weltanschauliche Grundlage für ihre Arbeit.

Daß die Waldorfschulen heute so großen Zuspruch erfahren, hängt sicher nicht zuletzt damit zusammen, daß sie als ein Gegengewicht zu den als seelenlos und bedrohlich empfundenen Lebensumständen erscheinen, zu denen leider auch allzu oft die öffentlichen Schulen gehören.

Trotz vieler positiver Momente (kein „Sitzenbleiben", Sinnesbildung, unbedingtes Ernstnehmen der Schüler, Integration „behinderter" Kinder u. a.) erscheint gerade diese lange und intensive Behütung der Kinder außerhalb der „gesellschaftlichen Wirklichkeit" für unser Anliegen problematisch. Mit den neuen Veränderungen und auch Gefährdungen des Lebens umzugehen, können zumindest Jugendliche nur lernen, indem sie es tun; das aber bedarf der realen Auseinandersetzung mit gesellschaftlicher Wirklichkeit.[41]

Eine Auseinandersetzung mit der Wirklichkeit wird in neueren Unterrichtskonzeptionen, die an reformpädagogische Ansätze erinnern, gesucht. Wir denken z. B. an die Praxis der heutigen Freinet-Pädagogik und an die Versuche, einen handelnden, projektorientierten, problembezogenen, offenen Unterricht in den öffentlichen Schulen oder in den Alternativschulen durchzuführen.[42]

Diese Ansätze bieten heute den schulpädagogischen Rahmen, in dem Sinnesentfaltung besser möglich ist als in einem starren Lehrer- und lernzielorientierten Unterricht. Die Öffnung der Schule zur Lebenswelt der Kinder und Jugendlichen ist eine Bedingung, unter der die Sinne selbst sich öffnen können, weil sie gebraucht werden. Erst eine solche Voraussetzung kann auch zu ihrer sinnlichen Kritik führen.

Gebraucht werden die Sinne auch in einer Bildungstätigkeit, die nicht nur Mittel zum Zeugniserwerb ist, sondern Anstrengung, Leistung und Lust im Hervorbringen eigener Werke. Die Schüler sind dann nicht bloße Objekte der „Beschulung". Sie sind gefordert, wenn sie selbst etwas leisten „dürfen", und Vertrauen in ihre Kraft das Unterrichtsgeschehen mehr bestimmt als Mißtrauen, Kontrolle und Fremdbestimmung.

Daß die Menschen selbst lernen wollen, kann ebenso vorausgesetzt werden wie die Tatsache, daß Unbekanntes neugierig macht. Daß „Neues" zuerst mit wachen Sinnen wahrgenommen werden muß, bevor es Gegenstand von Unterrichtung werden kann, gehört zu den praktischen Erfahrungen und Lehren der alten und neuen Reformpädagogik.[43]

Über die tätigen Sinne

Mehrfach haben wir betont, daß die einzelnen Sinne in ihrer Bildung mit den Dingen in verwobenen Zusammenhängen gemeinsam tätig sind. Jetzt aber folgen Abschnitte, in denen wir uns einzelnen Sinnesbereichen zuwenden, ihren Eigenheiten nachgehen und sogar Spiele und Übungen als Anregung vorschlagen.

Der Widerspruch ist leicht zu erklären: Wir haben die Sinne nicht getrennt. In der pädagogischen Literatur, der herkömmlichen Sinnesphysiologie und der institutionalisierten Praxis werden sie − von wenigen Ausnahmen abgesehen − getrennt behandelt. Sie sind auseinanderdividiert worden. Wir haben das so vorgefunden und müssen nun den umgekehrten Weg gehen.[44]

Ausgehend von diesen Trennungen versuchen wir uns dem Zusammenhang der Sinnestätigkeiten zu nähern. Dabei sollen einige „phänomenale" Projekte möglicher Bildung ausgegraben werden. Sie sind also längst und nicht von uns erfunden worden. Wir teilen sie nur mit, in der Hoffnung auf ihre Verwirklichung. Sollte sie nicht gelingen, muß dies nicht an den Vorschlägen liegen.[45]

Falls die hier ausgedrückte Wahrnehmung der Sinnlichkeit irgendeinen Eindruck bei unseren Lesern hinterlassen sollte, so verdankt er sich der sinn-vollen Sprache selbst. Ihr „Sinnenbewußtsein" ist uns weit voraus. Also haben wir versucht, hier mit allen Sinnen zu lauschen, doch die Sprache der Sinne und der Dinge läßt sich nicht abhören. Sie bleibt die Sprache der Sprache.

„Daß das weiche Wasser in Bewegung
mit der Zeit den mächtigen Stein besiegt.

Du verstehst, das Harte unterliegt." (B. Brecht)

Sinneswerkstatt als Wahrnehm-Bar

Zu allen Sinnesbereichen können wir ein Atelier oder eine Bar im Klassenzimmer einrichten. Der Name „Bar" ist ein kleines Spiel mit den Adjektiven der Dinge, die wahrnehm-bar sind. Die Dinge sind bewegbar, sichtbar, hörbar, riechbar, fühlbar, faßbar, schmeckbar, trink- und eßbar. Sie sind auch wandelbar, genießbar, machbar, kostbar, wunderbar. Viele dieser Bars sind denk-bar.

Die Bar organisiert keine bestimmten Sinnestätigkeiten. Sie bietet nur die Möglichkeit, sie zu erproben, mit ihnen zu spielen, die Dinge in ihrer Wirkung wahrnehmbar zu machen. Die notwendigen Utensilien umgeben die Kinder in ihrem Raum, der allerdings eine Voraussetzung für die Sinneswerkstatt ist. Diese Utensilien gehören zum Schulleben, wie die Bilder an der Wand im eigenen Arbeitszimmer, die Bücher im Regal – die man ja auch nicht ständig liest –, wie das Geschirr in der Küche, das Werkzeug auf dem Schreibtisch oder in der Werkstatt. Sie regen an, sich mit ihnen zu befassen, auch ohne Lehreranweisung, wenn man Zeit und Lust dazu hat, oder wenn sie in einem Unterrichtsprojekt gebraucht werden. Die Phantasie der Sinne, die Entdeckung der Dinge und ihre Hervorbringung brauchen Werkzeuge.

Die selbst und ohne viel Bar-Geld zusammengetragenen Utensilien, mit denen so eine Bar eröffnet werden kann, erlauben den Schülerinnen und Schülern, sie als eigenes Projekt, als eigenen Ort zu gebrauchen. Sie ist selbstverständlich auch im „normalen" Unterricht verwend-bar. Dieser wird veränder-bar, wenn die Dinge und die Werkzeuge bei der Hand sind, also handhab-bar werden.

Die Einrichtung einer solchen Bar kann als Unterrichtsprojekt organisiert werden. Die Bar könnte ein Grundstock zur Schaffung von Arbeitsateliers im Sinne der Freinet-Pädagogik sein. Übrigens: Man kann bei der Einrichtung der Sinneswerkstatt mit einer einzigen Bar anfangen. Eine ist mehr als nichts.[46]

DENK-BAR

IST SO MANCHE BAR

Reiz-	Erreg-	Streit-	BAR
Regier-	Wähl-	Ablenk-	BAR
Genieß-	Verfüg-	Austausch-	BAR
Einklag-	Mach-	Haft-	BAR
Absetz-	Ersetz-	Gang-	BAR
Fortsetz-	Eintausch-	Brauch-	BAR
Wandel-	Dienst-	Les-	BAR
Überhol-	Spiel-	Durchführ-	BAR
Abhol-	Erfahr-	Dank	BAR
Offen-	Furcht-	Unaussprech-	BAR
Brenn-	Manipulier-	Ruch-	BAR
Wahrnehm-	Erkenn-	Unschlag-	BAR
Abschlag-	Zuschlag-	Nachschlag-	BAR
Umschlag-	Acht-	Ehr-	BAR
Halt-	Kost-	Hör-	BAR
Sicht-	Fühl-	Beweg-	BAR
Trink-	Eß-	Riech-	BAR
Überseh-	Handhab-	Unsag-	BAR
Fahr-	Verschieb-	Lehr-	BAR
Lern-	Bild-	Beschul-	BAR
Wunder-	Unfaß-	Unzumut-	BAR

Vom Hören-Sagen

Die Sprache der Ohren

Am Anfang war das Wort. Oder war da ein Rauschen, Musik, ein Klang, ein Urknall? Später hörten dann viele Gläubige auf die Machtworte ihrer Herren, die wie ein Vorwort zu einem ohrenbetäubenden Endknall klangen. Der unvorstellbare Anfang muß unerhört hörbar gewesen sein. Wenn es nur ein Ohr gegeben hätte, dessen Stimme uns heute noch davon erzählen könnte. Aber die Erde war wüst und leer. Hat sie das Wort gehört?

Um das hörende Ohr kreisen so viele Geheimnisse wie um den geheimnisvollen Mund. Da ist wenig offensichtlich. Da muß man sehr genau hinhören, um etwas zu verstehen: Verständigung, Hingabe und Angriff, Ruhe und Lärm, Hinhören und Kritik, Denken und Sprechen, Orientierung und Gleichgewicht. Das Ohr ist mehr als ein Mikrofon des Gehirns. Es ist lauschender Kritiker und Genießer.

Gegenüber dem Auge wurde es in unserer Geschichte „unterbelichtet". Seine vieldimensionale Genauigkeit blieb so unerhört wie viele, die etwas zu sagen gehabt hätten, verstummt sind. Zu viele konnten sich wenig Gehör verschaffen, als das goldene Zeitalter mit Pauken und Trompeten eingeläutet wurde. Nur die Sprache selbst wußte es, aber die fragt ja keiner. Der Fortschritt war unaussprechlich, unübersehbar, überwältigend.

Überhörbar war seine rauschende Kultur des Lärms nicht. Jetzt aber ist das Geschrei groß. Vielleicht hätten auch die Wissenschaftler des Fortschritts ihre Ohren weniger verschließen sollen als die Dichter? Haben sie nur die Sphärenklänge des Universums nicht vernommen, die uns wie Ohrwürmer in den Ohren liegen? Konnten sie sogar das Stöhnen, Schluchzen, die Schreie, das Weinen in den Bergwerken, Fabriken, Elendsregionen und Kriegen nicht hören, die auch durch sie ermöglicht worden sind?

„Wer nicht hören will, muß fühlen?"

Wir haben wirklich nichts gegen Gefühle. Aber warum als Drohung? Die Sprache selbst weiß genau, was es mit dem Ohr und seinem „Zentralorgan", dem Mund, auf sich hat: Beim Hören und

Tonabgeben geht es oft drüber und drunter. Also spitzen wir die Ohren, hinter denen wir im übrigen noch sehr feucht sind:

Da wird man gehörig übers Ohr gehauen. Auch wenn man keine Ohrfeige bekommt, kann einem Hören und Sehen vergehen und die Sprache verschlagen werden. Manche Einpauker wollen einem Schlitzohr die Ohren langziehen, das Schulheft mit den Eselsohren um die Ohren hauen, die sie übrigens Löffel nennen. Das verweist auf den Mund. Auch Ohren werden gefüttert. Wenn einer auf mich hört, ist er ganz Ohr oder ist gehorsam, gehorcht, und ist vielleicht sogar hörig. Hört einer nicht auf mich, dann bin nicht ich unerhört, sondern er benimmt sich unerhört, zumindest aber ungehörig. Klaut einer etwas, das ihm nicht gehört, oder noch schlimmer, tut einer, was sich nicht gehört, ist das zumindest ungehörig. Manch einer wird von einem Lauscher im Angriff abgehört, im Verhör verhört oder vernommen, bis er singt. Dann muß er brummen.

Vom Hörensagen wissen wir, daß Leute, die etwas Gehöriges wissen, aber nichts zu sagen haben, von denen, die das Sagen haben, aber vom Tuten und Blasen nichts gehört haben, zu einer Anhörung, zu einem Hearing eingeladen werden, wo ihnen von den gehörlos Regierenden Gehör gewährt wird. Was nichts zu sagen hat. Sie wollen sich nur ein Stimmungsbild machen, dem Volk aufs Maul schauen, um sich selbst nicht zu verhören. Ihre Meinungserfrager legen ihr Ohr an des Volkes Stimme. Ein erstaunlicher Ohrgang. Denn, das Volk hat seine Stimme schon mehrfach abgegeben, und zwar bei der Wahl derer, die jetzt in seinem Namen sprechen und sich hören lassen.

Mündig ist, wer im eigenen Namen spricht. Der mündige

Stimmbürger aber gibt seine Stimme ab. Wer seine Stimme abgegeben hat, wie sollte der Gehör finden? Damit sind wir die schweigende Mehrheit: „Wir Bürger da draußen im Lande". So hören wir es im Fernsehen von denen da drinnen im Kasten. Wir mußten uns sagen lassen, daß Mündigkeit nichts mit Mündlichkeit zu tun hat, sondern mit der schützenden Hand, die der Vormund über das Mündel hält.

Ob die Richtung stimmt? Die Stimme erhebt sich. Die Maulhelden haben den Mund zu voll genommen. Nur einige sind verstimmt. Die Stimmung steigt, die Eingestimmten stimmen ein.

Aber die vornehme Stimme der Vernunft ist bei dieser Stimmungslage nur leise zu vernehmen und kaum zu verstehen. Die Ohren sind auf Durchzug gestellt. Also ist es jetzt dem Vernehmen nach kein Versehen, mit dem Spiel der Wörter aufzuhören. Das Gehör der Vernunft will schlafen, sich aufs Ohr legen. Da hört es dann das Gras wachsen: Wer nicht fühlen kann, soll hören.

Erzählen und Zuhören

Das sind zwei Fähigkeiten, in denen Hören und Sprechen aufeinander angewiesen sind. Und doch sind es die Vorstellungen, die Bilder vor dem inneren Auge, die Hören und Sprechen zum Leben verhelfen. Ohne diese eigensinnigen Bilder ist Erzählen und Sprechen tot, abstrakt. Hören wird zur bloßen Tonaufnahme, Sprechen zur Tonabgabe. Heute nennt man das Informationsvermittlung und Kommunikation.

Die Bilder vor dem inneren Auge werden aus Erinnerung, Phantasie und exakter Vorstellung gemalt. Sie werden vom Erzähler in Sprache gebildet, geformt und vom Zuhörer wieder in eigene Bilder verwandelt. Diese Bilder bewegen sich, werden ihrerseits sprechend, können uns erregen, Gerüche ausstrahlen. Sie können uns anfassen, entspannen, anspannen, verkrampfen, zum Lachen und Weinen bringen, uns einen Schauer über den Rücken jagen, von dem nur die „Gänsehaut" noch eine Weile bleibt.

Wer erzählen kann, schafft im Zuhörer eine eigene Welt der Vorstellungen, die dieser selbst neu erschaffen muß. Wer zuhören kann, beflügelt die Phantasie, die Kunst und die Lust des Erzählers. Beide erschließen sich eine sinnliche Welt, die Wahrnehmung und Ausdruck, Außen- und Innenwelt verbinden kann.

Erzählen und Zuhören sind alte Künste. Bevor es Schrift, Buch, Druckerei, schließlich Radio und Television als „Kommunikationssysteme" gab, waren Erzählen, Hören, Weitersagen die Kunst, über die Welt, über die Geschichte, über Ereignisse und Bedeutungen etwas zu sagen und etwas zu erfahren. Erinnerung und Gedächtnis waren schier unerschöpfliche „Speicher", aus denen geschöpft werden konnte. Sie waren an Erinnerung und Überlieferung gebunden, also kein Wissen, das außerhalb der Menschen gelagert werden konnte. Die Erfahrung der Alten war auch für die Jungen ein Schatz. Dieses Verhältnis scheint sich jetzt umzudrehen, verkehrt zu werden.

Erzählen und Zuhören sind heute bedrohte Fähigkeiten, weil die Verschriftlichung auch der gesprochenen Sprache die Möglichkeiten der Mündlichkeit, der Mundart beschädigt, weil das Zitieren aus den Informationsspeichern der Datenverarbeitung die eigenen Denkbewegungen ersetzt und Gespräche sich im Kommunikationsgequassel entleeren, weil aus dem entlasteten Gedächtnis die Erinnerung getilgt wird, weil Film und Fernsehen die vorgefertigten Bilder in den Vordergrund gedrängt haben und die Sprache zu deren Anhängsel degradierten. Wir wissen um die Widersprüchlichkeit dieser Entwicklung.

Während die Erzähler aus Bildern Worte, und die Hörer aus Worten Bilder gemacht haben, läßt die Informations- und Bildersprache nur noch Nachvollzug und Interpretation zu. Das Auge muß die Aufgabe des Ohres übernehmen. Zuhören und Erzählen sind auch deshalb gefährdete Fähigkeiten, weil viele Menschen im doppelten Wortsinn nichts zu sagen haben. Es ist schon alles gesagt. Das Sagen haben die anderen. Zuhören heißt oft nur noch folgen: Der Hund hört auf seinen Herrn. Dem Kind verschließen sich die Ohren. Es hört nicht, heißt nur, es folgt nicht, es gehorcht nicht. Vielleicht können oder wollen so viele Menschen nicht mehr zuhören, weil die, die reden, auch nichts Bedeutendes zu sagen haben und die Zuhörer nur beherrschen wollen? Resignation und Angst machen stumm, dumm und taub.[47]

Wir sehen oder besser, wir hören, wo geredet, verkündet, verlautbart und gehorcht wird, geht es oft um Über- und Unterordnung. Aber das Niveau einer Predigt hängt nicht von der Höhe der Kanzel ab.

Sprechen und Hören machen den Dialog aus. Er ist nur zwischen gleichgestellten Menschen möglich. Dort wo Menschen gleichberechtigt als Freunde, als Liebende, als sich genießende Genossen, also einvernehmlich zusammen sind, können sie sprechen, hören, sich beschenken. Sie leihen sich ihr Ohr. Wenn wir Erzählen und Sprechen, Zuhören und Hören als sinnliche Fähigkeiten wiedergewinnen wollen, müssen wir also zuerst jeder Hierarchie zwischen den Erzählern und Zuhörern, den Sprechern und Hörern entgegenwirken.

„Ich habe etwas zu sagen" und „ich habe etwas zu hören" sind gleichwertige Sätze, die unter den Gesprächspartnern austauschbar sein müssen. Wenn es uns gelingt, den möglichen Dialog auch ansatzweise in den Institutionen der Bildung zu praktizieren, kann das „Lehrer-Schüler-Verhältnis" entspannt werden: Lehrer kriegen etwas zu hören, wenn Schüler etwas zu sagen haben. Das gilt auch für die Medien. Rückübersetzungen der entfremdeten Sprache sind dann unumgänglich.

Wie aber kann in der pädagogischen Arbeit die vergessene Kunst des Erzählens und Zuhörens wiederentdeckt, gelernt und erfahrbar werden? Die Antwort erscheint zunächst einfach: indem sie praktiziert wird. Die Möglichkeiten dazu sind vielfältig. Erst wenn die Kinder und Jugendlichen das Wort haben, können auch wir etwas von ihnen lernen.[48]

Die morgendliche Gesprächsrunde

Die Lehrerin erzählt von einer kleinen Fahrradtour mit ihrer Freundin und deren Hund durch den nahegelegenen Wald. Von den holprigen Wegen, dem Wind von vorn, vom Baden im See, vom klopfenden Specht, von den Flugzeugen, die zur Landung ansetzen und alles übertönen, vom Duft, den das abgemähte Gras auf der Seewiese ausströmt. Die anderen hören zu. Welche Bilder entstehen vor ihren Augen? Sie können ihre eigenen Bilder beschreiben oder zeichnen. Sie können fragen, wie das genau aussah und wonach das Gras roch. Sie beschreiben ihre Eindrücke: „Ich stelle mir das so vor . . ." Die Lehrerin muß wohl genauer, ausführlicher erzählen, Vergleiche suchen. Vielleicht achtet sie bei ihrer nächsten Tour noch besser auf die Gerüche, Geräusche und Bilder.

Und dann verabredet die Klasse eine gemeinsame Fahrradtour in den Wald, um ihn selbst zu riechen, den Wind zu spüren, die Flugzeuge zu hören, die Bäume zu unterscheiden. Vielleicht probieren nach solchen Unternehmungen einige selbst zu erzählen:

Kurze Episoden, Eindrücke, Gefühle, weitergesponnene Geschichten.

Die gemeinsame Gesprächsrunde kann zu einer Schule des Hörens und Erzählens werden, in der die Dinge und die Sinne zur eigenen Sprache eines jeden kommen und sich Gehör verschaffen. Selbstverständlich sind die Themen nicht auf Natur oder Reiseerfahrungen zu beschränken. Vom Fußballfeld über die Disco, Fabrik, Straße, Museum, ergeben sich vielfältige Erfahrungsfelder.

Kinder brauchen Geschichten

Sie zu erzählen und nicht nur zu lesen oder von der Platte abzuspielen ist eine Kunst, die die Zuhörer zu aktiven Mitgestaltern der Geschichte macht. Dies ist möglich, weil Erzähler auf Zuhörer eingehen können, ihre Geschichten verändern, aktuelle und persönliche Begebenheiten einweben und Antworten oder Ergänzungen der Zuhörer aus der Phantasie lösen können. In phantastischen Geschichten werden Ängste und Wünsche aufgehoben. Diese finden Bilder, verlieren einen Teil ihrer Bedrohlichkeit, indem sie eine Gestalt annehmen. Am Ort des Erzählens kann Atmosphäre, Geborgenheit entstehen: Ein Raum verwandelt sich in ein Theater, eine Stube, eine Landschaft. Erzähler und Zuhörer fesseln sich und lösen sich wieder.

Die andere Welt, in die man eintaucht, befreit für eine Weile von den direkten Sorgen und Nöten. In dieser Entspannung, die durch die Spannung der Geschichte möglich wird, können die inneren Sinne wachwerden, Vorstellungen vor allem. Die Dinge leben sprechend. Auch Ängste finden ihren Ausdruck.

Da ist beispielsweise eine Episode aus den Bremer Stadtmusikanten. „Etwas Besseres als den Tod findest du überall" sagten sich die Tiere und zogen in Richtung Bremen. In der Dunkelheit sahen sie plötzlich ein Licht, dann ein erleuchtetes Fenster. Aus dem Haus drangen Stimmen. Wie sah das Haus wohl aus? Sehen konnten sie es in der Nacht nicht. Also malen wir das Haus in Worten oder auf dem Papier. Wir benennen die Gefühle, die einen überfallen, wenn man durch die dunkle Nacht geht und plötzlich etwas Unbekanntes sieht oder ein fremdes Geräusch hört.

Erzählen und Zuhören werden zum Gespräch über Vorstellungen und Gefühle, Wahrnehmungen und Ahnungen. Häufig führen die Geschichten und Gespräche zu eigenen Erzählungen aus der Erinnerung: „Das ist so wie damals, als ich allein nachts nach Hause gehen mußte, und auf einmal hinter mir Schritte waren . . ."

Die erinnerte Geschichte kann in der Phantasie ausgesponnen werden: Wie war das genau? Wie hörten sich die Schritte an? Wie dunkel war die Nacht? Was hast du noch gesehen, gehört, gerochen? Was hättest du getan, wenn?

Märchen und Geschichten ohne vorgegebene Bilder erlauben diesen Ausflug in eine andere Welt, von der oft gesagt wird, daß sie nicht real sei. Sie ist für Kinder so real wie die Tatsache, daß von ihr geträumt werden kann. Ihre Verdrängung in die Schweigsamkeit macht die Kinder stumm; sie bleiben mit ihren Geschichten allein und verschließen sich.

Auf die Dinge hören

Den „sprechenden Stein" gibt es heute nur noch im Märchen und der „flüsternde Riese" ist keine Phantasiegestalt, sondern ein Airbus. Auf das Wetter, den Wind, die Bäume, die Motoren, die knarrenden Türen, die Stimmen der Vögel, die Geräusche der Großstadt zu hören, kann gelernt werden. Es muß sogar gelernt werden, wenn Wahrnehmung und eigene Erfahrung nicht ganz der Interpretation von Büchern, Lehrern, Fernsehern usw. geopfert werden sollen.

Ein phantastisches literarisches Beispiel hat Elias Canetti mit seinen „Stimmen von Marakesch" vorgelegt. Er hat den Stimmen der Stadt gelauscht, sie komponiert und entschlüsselt. Da geht es ums Zuhören mit allen Sinnen. Über die Sprache der Dinge, also auch der Orte, weiß die Poesie mehr als die Wissenschaft.[49]

Sinneseindrücke sind gegenwärtig. Die erste Reaktion darauf auch. Wenn ich einen Schlag bekomme, bemühe ich kein Bewußtsein über den Schlag, um zusammenzuzucken. Zum Bild, zum Begriff, zur Vorstellung, werden die Sinneseindrücke erst, wenn sie in das Bewußtsein gelangen. Erst dann können wir mit dem Wahrgenommenen etwas anfangen, was mehr ist als direkte Reaktion. Erst durch das Begreifen ihrer Wirkungen fangen die angehörten, angefaßten, angeschauten, gerochenen und geschmeckten Dinge an, etwas zu bedeuten: Schmerz, Wohlbefinden, Orientierung, Herausforderung, Angst, Hoffnung oder Wunsch, Erkenntnis ihres Grundes. Aus diesen Bedeutungen heraus kann der Umgang mit den Dingen erfolgen und verändert werden. Die dabei gemachten Erfahrungen führen zu neuen Wahrnehmungen, Gedanken, Begriffen, Handlungen und damit auch wieder zu neuen Erfahrungen. Diesen Zusammenhang haben wir in dem Kapitel über die „Unvollkommene Methode zur Sprache der Dinge" skizziert.

Das Lied der Dinge, Musik und Stimme

Viele Kinder können die Geräusche von verschiedenen Automarken genau unterscheiden. Erwachsene können das oft nicht mehr. Eine nutzlose Fähigkeit? Und wenn? Wer will das beurteilen. Autos sind für Kinder interessant und gefährlich. Vielleicht ist es für die Kinder notwendig sie genau zu kennen, so wie die Jäger die Geräusche des Wildes unterscheiden, oder die Maschinenbauer am Summen der Motoren deren Zustand beurteilen können. Man kann daraus ein Erkennungsspiel machen: An der Straße sitzen einige Kinder und haben die Augen verbunden. Sie sagen, welches Auto gerade vorbeigefahren ist. Haben sie richtig geraten? Man kann die Geräusche der Motoren beschreiben. Vergleiche mit anderen Geräuschen werden gesucht.

Von diesem Spiel ausgehend, können andere Geräusche beobachtet werden: Der Klang verschiedener Menschenstimmen, Vogelstimmen, Maschinen, Windgeräusche, Glocken und Klingeln, Musikinstrumente, Kochgeräusche, Türen-, Treppen- und Bodenknarren, Flugzeuge, Hämmer, Geräusche beim Eingießen von Flüssigkeiten. Welches Lied singen die Dinge?

Man kann seine Melodie nachahmen, aber nur im Vergleich beschreiben: „Das klingt wie . . .". Dabei können wir feststellen, daß es ein objektives, für alle gleiches Hören offenbar nicht gibt. Daß jeder etwas anderes hört, daß ein Geräusch sich verändert, wenn wir die Luft anhalten und das Trommelfell sich spannt. Wir müssen uns über unsere subjektive Wahrnehmung verständigen, um annähernd ein genaues „Hörbild" der Wirklichkeit und ihrer Phänomene zu beschreiben, das unser gemeinsamer Begriff von ihr werden kann.

Ganz elementar ist die Tatsache der relativen Wahrnehmung beim Musikhören zu erfahren. Die ästhetischen Klangbilder werden sehr unterschiedlich aufgenommen und entfalten viele Wirkungen.

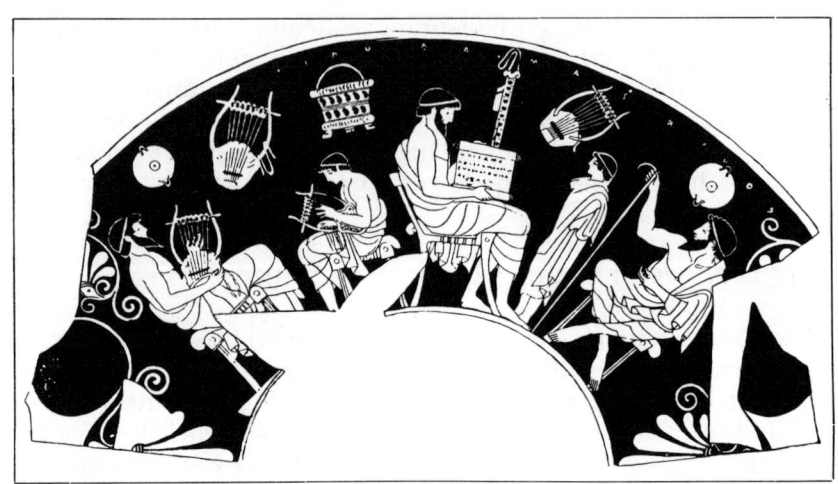

Unterricht (etwa 480 v. Chr.)

Hören wird zu einer Angelegenheit des „Geschmacks", über den sich nur schwer streiten läßt. Rockmusik oder klassische Musik können Auslöser größter, aber verschiedenster Gefühle des Wohlbehagens, der Ekstase oder des Unbehagens sein, obwohl diese Musik doch physikalisch als akustisches Phänomen für jeden gleich sein sollte. Daß sie nicht gleich wirkt, liegt daran, daß die wahrnehmbare Wirklichkeit nur im Austausch mit dem entsteht, der sie wahrnimmt und zu seiner Natur oder Kultur macht. In kaum einen anderen Bereich werden kulturelle und subkulturelle Qualitäten des Geschmacks so unterschiedlich ausgedrückt und wahrgenommen wie in der Musik. Die Unterschiede können beim Hören türkischer, japanischer, deutscher, irischer Klassik, Folk- oder Rockmusik bis zur Begeisterungs- oder Schmerzgrenze erlebt werden. Erst der erfahrene Relativismus des Musikgeschmacks erlaubt die Erarbeitung begründeter Ansichten zur ästhetischen Qualität von Musik.

Die neuere Musikdidaktik hat zahlreiche Vorschläge entwickelt, die phantasievolle Sinnesübungen für Hören und Bewegen, Rhythmus und Improvisation darstellen.[50]

Eigene Klangversuche haben eine besondere Bedeutung für die Sinnesentfaltung, weil aktives Musikmachen und Hören zusammenfließen. Einfache Instrumente können selbst gebaut werden: Trommeln, Triangeln, Klanghölzer, Bambus- oder Weidenflöten oder mit einer Saite bespannte Klangkörper. Über Resonanz, Saitenschwingungen, weiche und harte Klänge ist bei diesem Spiel viel zu erfahren.

Auch die eigene Stimme ist ein „Instrument". Sie kann kehlig, rauchig, kreischend, melodisch, schmalzig, laut, leise, hoch, tief, zärtlich und gewalttätig klingen. Mit solchen Stimmen und Stimmungen Lieder zu machen, kann sogar 14jährige Stimmungsmuffel begeistern. Wer nicht singen will, dem bleibt immer noch der rhythmische Sprechgesang zur Trommel. Gerade beim Sprechgesang kann man die Resonanzen und Vibrationen, die die Stimme zum Klingen bringen, am eigenen Leibe spüren. Solche Resonanzen und Vibrationen können auch experimentell sichtbar gemacht werden – ein spannendes Thema für den Akustikunterricht.[51]

Eine neue Welt der Töne und Eigenkompositionen erschließen elektronische Instrumente (Computermusik). Viele Jugendliche zeigen sich hier bereits als Veteranen der Zukunftsmusik. Da hören wir erst einmal zu.

Die Hör-Bar

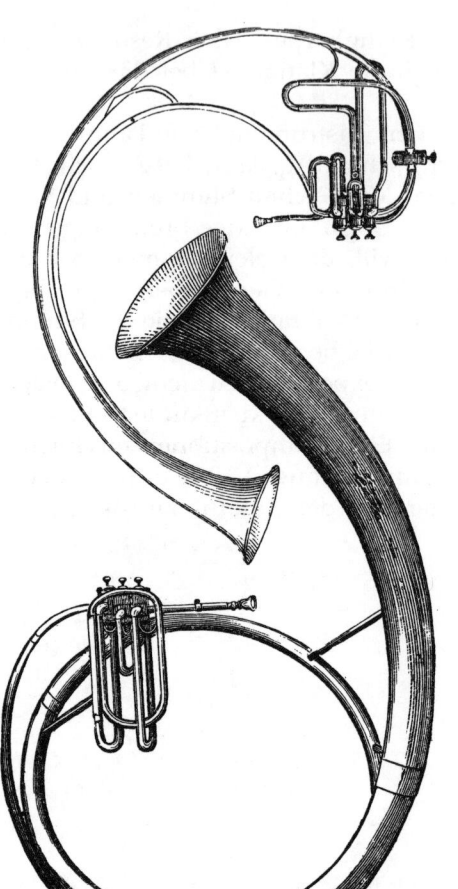

Diese Bar könnte eine Art Tonstudio oder ein Tonlabor sein. Alles was hörbar, sagbar ist, was Ton abgibt, kann in der Hör-Bar Platz finden, wenn es nicht zu groß oder zu gefährlich ist.

Musikinstrumente: Streich-, Zupf-, Blas- und Schlaginstrumente, Flaschenorgel, Trommeln, Gong, Triangel, ein Glockenspiel usw.

Geräusche: Unbespielte Tonbänder für eigene Aufnahmen; Schallplatten; Geräuschmittel wie Papier und Kamm; Weingläser oder Flaschen, die verschieden hoch gefüllt sind.

Eigene Beschreibungen oder Tonaufnahmen von Klangphänomenen in Räumen und in der Natur: Schalldämpfung im Konzertsaal oder in der Kirche, Echophänomene, Windgeräusche, Tierstimmensammlungen, die Geräusche der Stadt, Untergrundbahnen, Straßenbahnen, Flugzeuge, Autos, fließendes Wasser in verschiedenen Zuständen.

Beschreibungen von Pfeiftechniken der Kinder.

Bilder und Texte vom Ohr.

Muscheln, in denen das Meeresrauschen des eigenen Körpers auch im Binnenland zu hören ist, ein Stethoskop vom Arzt, um den eigenen Herzschlag und Kreislauf zu hören (man kann es selber bauen).

Elektronische Klanggeräte: Eine Elektronenorgel kann in der Oberstufe selbst gebaut werden. Kassettenrecorder, Radio.

Es soll noch Schulklassen geben, in denen kein Telefon steht. Man stelle sich so etwas einmal in der sogenannten Arbeitswelt vor, auf die die Schule ja angeblich auch vorbereiten soll.

Eine Sammlung von Spielen, bei denen es um Hören und Geräusche geht (z. B. Beruferaten nach einem typischen Berufsgeräusch, Wohnungsgeräusche, Straßengeräusche usw.).

Eine Geschichtensammlung zum Vorlesen und Erzählen, eine Sammlung der beliebtesten Musikstücke auf Schallplatten und Kassetten.

In diesem Zusammenhang sollte auch die akustische Gestaltung des Klassenraumes Beachtung finden: weiche Materialien an der Wand, durch Stellwände abgetrennte Bereiche, Sitzecken, Vorhänge.

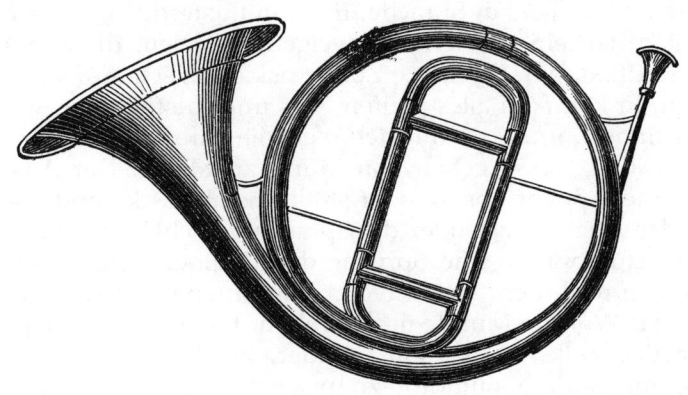

Mündliche Geschmackssache

Die Sprache des Mundes

Es geht um die mündliche Sprache der mündigen Stimme, die wir allzuoft abgeben. Vormünder sprechen dann in unserem Namen, auch wenn ihr Name nichts mit dem Mund zu tun hat.

Aber es geht auch um die mündlichen Einnahmen, für die wir allzuviel ausgeben. Dem Mund leihen wir nicht nur unser Ohr, sondern auch das Auge. Von Dienern und Liebenden wird erwartet, daß sie Wünsche von den Lippen ablesen. Taubstumme können auf diese Weise hören, wenn sie sehen, was wir über die Lippen bringen, selbst wenn es sich nur um Lippenbekenntnisse handeln sollte.

Die Ausdrucksweisen des Mundes gehen nach außen. Er formt die hörbare Stimme zur Sprache. Er kann flüstern, lachen, weinen, schmollen, lächeln, stottern, schweigen, schreien, die Zähne zeigen, mundfaul sein, die spitze Zunge riskieren, schimpfen, beißen, spucken. Er kann auf alles pfeifen, was uns aufstößt, was wir zum Kotzen finden, und er kann der Welt die Zunge herausstrecken. Gerüchte und Küsse gehen von Mund zu Mund. Der Ausdruck des Mundes spricht uns an oder stößt uns ab. Es kommt vor, daß einem der Atem stockt oder die Sprache verschlagen wird, wenn man aufschnappt, welche Sprüche die Maulhelden loslassen, die den Leuten nach dem Mund reden, um ihnen dann eins draufzuhauen, das Wort im Munde umzudrehen. Einige sprechen auch im Namen des Volksmundes mit fremder, falscher oder gespaltener Zunge, um andere mundtot zu machen. Nur Kindermund tut Wahrheit kund. Er hat seine Stimme noch nicht abgegeben, selbst wenn er nur von der Hand in den Mund leben sollte.

Die Eindrücke des Mundes gehen nach innen. Sie sind „Lebensmittel" oder Geschmacksachen, auch wenn sie sehr geschmacklos sind. Das schmeckt mir, oder das schmeckt mir nicht, kann viele Bedeutungen haben. Vor allem öffnet der Hunger den Mund: Er will gestillt werden. „Mahlzeit" gilt sogar als Gruß. Sie kann appetitlich, geschmackvoll und mundgerecht angerichtet und trotzdem ungenießbar sein. Oder denken wir an die besonders an-gerichtete

Henkersmahlzeit nach dem Gerichts-Urteil. Da wäre es schon besser, von der Hand in den Mund zu leben, als dies zu essen.

Der einnehmende Mund kann essen, trinken, fressen, saufen, schlürfen, schmecken, schnappen, beißen, genießen, um sich etwas einzuverleiben. Wenn man etwas nicht runterkriegt, der Bissen im Halse steckenbleibt, man sich den Mund verbrennt, etwas nicht verdauen kann, was man ekelhaft findet, das einen ankotzt, dann handelt es sich selten um Speisen oder andere Gaumenfreuden. Viel Negatives muß man schlucken. Worte kann man aufschnappen, den Rachen nicht voll genug kriegen, den Mund zu voll nehmen, ein loses Mundwerk besitzen, das man besser halten sollte. Manche wollen einem eins auf den Mund geben oder gar die Fresse einschlagen. Wenn ich etwas Eingängiges kapiert habe, dann habe ich es gefressen. Auch das kann mir schwer im Magen liegen. Man kann „sich" sogar verschlucken. Manch einem passiert das, wenn er sich gerade mal einen „Film reinziehen" oder „Pommes einpfeifen" muß.

Auch die Liebe geht durch den Magen. Manche haben sich zum Fressen gern, finden sich sehr appetitlich und können gar nicht genug kriegen, bis sie sich schließlich überfressen haben. Dann finden sie vielleicht keinen Geschmack mehr aneinander, stopfen sich gegenseitig den Mund, obwohl sie sich doch mit seiner Hilfe einst einander versprochen hatten. Reden war Silber, Schweigen wäre Gold gewesen, wenn es nicht nur die Morgenstund im Mund gehabt hätte.

Nur wenn wir uns vollmundig loben, gehen die Sätze runter wie Honig.

Geschmack und Genuß

Einen guten „Geschmack" hat, wer sich schön kleidet, einrichtet, wer Blumen gefällig arrangieren kann, wer in der Kunst Häßliches von Schönem unterscheiden kann, wer ein Feinschmecker, ein Genießer mit allen Sinnen ist. Zuletzt denkt man bei der Rede vom guten Geschmack, über den man angeblich nicht streiten kann, ans Essen. So ein Streit gilt schließlich als Geschmacklosigkeit.

Es gibt wohl keinen Sinn, dem soviele Bücher gewidmet worden sind wie dem des Geschmacks: Alle Kochbücher der Welt huldigen ihm. Das Wasser soll im Mund zusammenlaufen. Sicher geht es bei dieser Küchenliteratur oft nur um Nahrungsaufnahme, Abmagern, Sparen, Kalorien, Vitamine.

Schmecken soll es trotzdem, wird behauptet. Im Mund werden Geschmack, Ekel, Hunger und Appetit, Sättigung, Nutzen und Genuß auf engstem Raum verbunden. Genuß wird geradezu mit dem oralen Organ identifiziert: „Genußmittel" gibt es in den Feinkostläden und sie werden durch den Mund eingenommen. Schöne Bilder, Möbel, Kleider, Geräusche, Filme, Gerüche und Berührungen kann man zwar genießen, sie gelten aber nicht als Genußmittel. Aber auch sie haben ihre Literatur: Modejournale, Möbelzeitschriften usw. huldigen dem Geschmackssinn, der diesmal im Auge wohnt.

In seinen „Flüchtlingsgesprächen" mißt Bertolt Brecht den Annehmlichkeiten des Geschmackssinns sogar eine politische Bedeutung zu:

> „Ziffel: Ich habe mich oft gewundert, warum die linken Schriftsteller zum Aufhetzen nicht saftige Beschreibungen von den Genüssen anfertigen, die man hat, wenn man hat. Ich seh immer nur Handbücher, mit denen man sich über die Philosophie und die Moral informieren kann, die man in den besseren Kreisen hat, warum keine Handbücher übers Fressen und die anderen Annehmlichkeiten, die man unten nicht kennt, als ob man unten nur den Kant nicht kennte!"

Aber zurück zum Mund. In ihm entscheiden wir, ob uns etwas schmeckt oder nicht schmeckt, ob von einem Ereignis ein fader Nachgeschmack bleibt oder der Appetit auf Wiederholung.[52]

Entwicklungsgeschichtlich gesehen birgt der Mund einen sehr ursprünglichen Sinn. Kleine Kinder nehmen als erstes den Mund voll. Sie saugen, schmecken und stecken alles hinein, um es zu haben, sich einzuverleiben, um es zu erforschen. Im Kuß derer, die sich zum Fressen gern haben, wird diese Kindheit aufbewahrt. Die orale Phase prägt die Wahrnehmung von Angenehm und Unangenehm, prägt das Bewußtsein von Nein und Ja, von Sympathie und Antipathie mehr als spätere Entwicklungsphasen und Sinne.[53]

Die „Nach-Bildung" des Geschmackssinns wird seiner ursprünglichen und doppeldeutigen Auffassung gerecht werden wollen. Bei entsprechenden Versuchen ist also die Verfeinerung des Genusses im Zusammenhang mit Annahme und Ablehnung im ganzen Spektrum der sinnlichen Genüsse zu erschmecken.

Essen und Trinken im Unterricht

Ein Beispiel: Am Samstagmorgen frühstückt die ganze Klasse in ihrem Raum. Das ist „Unterricht" über Genuß, Nahrungsmittel, Tischsitten, Wohnkultur, Geschmack, Gruppenverhalten: learning by doing. Wir besprechen am Freitag, wer was mitbringt: verschiedene Brötchen, Vollkornbrot, Honig, Milch, Kakao, Butter, Quark, Blumen, Kerzen, Geschirr usw. Wir bereiten alles gemeinsam oder in einer Gruppe vor, sprechen über die Zubereitung der Getränke, die Art wie wir den Tisch decken wollen — auch das Auge genießt — und darüber, was wir beim Einkaufen zu beachten haben. Die Vorbereitung ist Teil des Frühstücks. Wenn es soweit ist, handelt es sich um das Finale der Woche.

Essen ist in der Schule offiziell eine Pausenbeschäftigung. Gekocht wird in einem Schulfach (Hauswirtschaft im Rahmen von Arbeitslehre). Kochen und Essen können aber nicht nur als Ernährungslehre, sondern auch als ästhetische Praxis erfahren werden.

Ein technisch-naturkundlicher Kurs der 9. Klasse einer Frankfurter Gesamtschule hat „das Kochbuch für Schüler — ein lustiges Kochbuch mit 40 leichten Rezepten" erarbeitet und für DM 2,50 verkauft. Das Vorwort besteht aus fünf Wörtern: „Viele Köche verderben den Brei." Da aber kein Rezept über Brei enthalten ist, konnten sie es doch gemeinsam schreiben und ausprobieren. Man könnte z. B. ein Berliner, Kölner, Bremer usw. Schülerkochbuch machen mit der Beschreibung regionaler Rezepte und Tischsitten, mit Fotos von angerichteten Gerichten, vom gemeinsamen Essen auf Klassenreisen. Es könnte „geschmackvoll" gestaltet werden.[54]

Ein heikles Thema ist der Gebrauch der Geschmacksnerven im Unterricht. Hier wäre wirklich eine Normalisierung anzustreben. In jedem Büro, bei jeder Arbeit wird z. B. Kaffee oder Tee getrunken. Warum sollte die Schule nicht auch auf diesen Aspekt der Lebenswelt vorbereiten? Wenn es denn schon einer Begründung bedarf. Warum sollte in der Klasse nicht öfter mal eine Kanne Tee auf dem Stövchen stehen? Es wäre zu lernen, wann es stört, sich eine Tasse zu holen, z. B. wenn wir gemeinsam ein Musikstück oder einen Vortrag hören, und wann es ganz selbstverständlich, ja anregend ist, z. B. bei der Gruppenarbeit. Für das Essen gilt im Prinzip das gleiche.

Ich *(H. W.)* habe mit der begrenzten „Freigabe" dieses Genusses

Essen und Trinken mit Hand und Fuß

nur gute Erfahrungen gemacht. Die Schülerinnen und Schüler wußten selbst zu entscheiden, wann sie essen, trinken oder zum Klo gehen wollten. Die Trennung von Unterricht, Genuß und Pausen wurde geringer. Heimliches Essen, der kriminalisierte Genuß, war jetzt überflüssig. Unnötiger Zwang konnte leicht abgebaut werden. Übrigens gibt es Menschen, die nicht nur abwarten und Tee trinken, sondern bei denen zum Denken und zum Schreiben eine Tasse Tee gehört. Warum sollte das im Unterricht nicht genauso sein?

Kleidung und Einrichtung

Die Rede vom guten oder schlechten Geschmack, den jemand hat, bezieht sich neben der Beurteilung ihres Freundes oder seiner Freundin besonders darauf, wie sich jemand kleidet und einrichtet. Bildung des Geschmacks geschieht also auch, indem wir über Kleidung, Wohnungseinrichtung, die Einrichtung unseres Klassenraums, die Gestaltung unserer Hefte sprechen oder daran arbeiten. Dabei geht es darum, seinen eigenen Geschmack zu finden und auszudrücken. Es geht darum festzustellen, was Mode ist, warum man heute auf sie „abfährt" und sie morgen vielleicht abgeschmackt findet.

Wenn wir den eigenen Klassenraum, eine Klassenzeitung oder ein Gemeinschaftsbild gestalten, dann müssen wir uns einigen über Farbe, Komposition, über das, was wir gut oder weniger gut finden, wie wir es zeigen wollen. Über Geschmack muß dann gestritten werden, wie bei der Entscheidung darüber, was heute für alle gekocht werden soll.

Aber es gibt keine Geschmackslernziele, etwa: die Schüler sollen lernen, daß XY geschmackvoll gekleidet ist und Ananas süß-sauer schmeckt. Die Schüler können aber selbst herausfinden, wie ihnen was schmeckt, und in welcher Richtung sie ihren Geschmack entwickeln wollen oder können. Dazu brauchen sie Gelegenheit.

Differenzierung des Geschmacks

Süß, sauer, bitter, scharf, faulig, fade, fruchtig sind leicht zu unterscheidende Geschmacksrichtungen. Wo sitzen die Nerven für welchen Geschmack? Das kann man herausfinden oder nachlesen. Es gibt noch viele Differenzierungen zwischen diesen sieben Geschmacksrichtungen, die mit denen der Gerüche eng verwandt sind.

Von Weinkennern, Schlemmern und Feinschmeckern wissen wir, wie differenziert die Geschmacksbereiche abgestuft sind, wahrgenommen und ausgedrückt werden können. Wenn jeder ein Stück Brot, einen Apfel, ein selbstgemixtes Getränk und anderes von zu Hause in den Unterricht mitbringt, und alle von allem etwas zu schmecken bekommen, können wir eigene Differenzen herausfinden. Wie verschieden kann Brot schmecken?

Zu dieser Differenzierung gehört schließlich noch die Einsicht, die uns nicht der Mund, sondern nur das bewußte Wissen vermitteln kann: daß nicht alles, was gut schmeckt, auch gut ist. Zahlreiche giftige Pilze z. B. schmecken durchaus gut, bei Schnellimbiß-Hormonhähnchen soll das ähnlich sein, auch bei Wein, der mit Frostschutzmitteln „verbessert" wurde.

Die Eß- und Trink-Bar

Am besten wäre eine gut eingerichtete Küche mit allen Genüssen und schönem Geschirr. Vielleicht kann wenigstens eine Teeküche eingerichtet werden. Beschränkung wäre hier eine hohe Kunst des Geschmacks. Es gibt mindestens 1 500 verschiedene Teesorten, von denen wenigstens 10 verfügbar sein sollten. Übrigens ist es einfach, aus selbstgesammelten Blättern und Blüten Tee zu trocknen, z. B. aus Pfefferminze, Lindenblüten, Birkenblättern, Brennesselblättern, Kamillenblüten, Johanniskraut, Malvenblüten, Hagebuttenfrüchten. Der Tee sollte in Büchsen aufbewahrt werden, auf denen Geschmacksrichtung, Heilkraft, Zubereitungsverfahren, Fundstelle, Datum usw. vermerkt sind.

Verschiedene Arten, den Tee zu verfeinern, zu süßen, zu säuern, mit Milch oder Sahne zu verbessern, zu aromatisieren, können versucht werden. Kleine Zutaten, Gebäck z. B., erhöhen den Teegenuß. Teekultur ist billig und hochentwickelt, von Japan bis Ostfriesland. Berlin und Passau müssen da nicht zurückstehen. Literatur und Bilder über Teezeremonien, Teegewinnung, Teegeschichte, Teezubereitung sollten nicht fehlen. Entsprechendes Geschirr ist unabdingbar. Nur Banausen trinken Tee aus Plastik oder Blech.

Damit diese Bar nicht nur eine Trink-Bar bleibt, könnte eine Kräuter- und Gewürzsammlung in Verbindung mit der Riech-Bar angelegt werden. Da sollten süße, saure, bittere, scharfe, faulige, fruchtige und indifferente Substanzen, z. B. in Form von Lebensmittelkonzentraten, probierbar sein.

Das gemeinsame Frühstück am Samstagmorgen und die täglichen Pausenbrote könnten mit Kräutern und Gewürzen verfeinert werden. Vielleicht entwickelt jemand eine Alternative zum Pausenbrot?

Auch die Gestaltung unseres ganzen Klassenraums ist: Geschmackssache.

Bibliothek eines Leckermauls im XIX. Jahrhundert

Der Nase nach

Die Sprache der Nase

Sie spricht für sich, diese Nase, mitten im Gesicht. Sie zeichnet einen Menschen. Vielleicht ist das der Grund, warum ihre Fähigkeiten von Platon über Kant bis heute durch die Wissenschaftler nie ganz anerkannt worden sind. Vielleicht ist auch der lange Kampf gegen den Gestank der Kloaken schuld? Für Kant war das verruchte Organ „nicht der Rede wert" und selbst Freud sah es nur als „animalisches Erbteil".[55]

Die meisten denken zuerst an Hunde, wenn von der Nase die Rede ist. Dabei dürfte der Geruchssinn, der in der Nase wohnt, zum Ältesten gehören, was die menschliche Gattung zu bieten hat. Er ist wahrscheinlich der lebhafteste, unberechenbarste, eigensinnigste und geheimnisvollste aller Sinne. Ein Geheimnisträger der Intimität und ein Kritiker der reinen Vernunft. Sympathie und Antipathie, Erinnerung und Wohlbehagen, Witterung und Vorgeschmack, kompromißlose, unbestechliche Unvergeßlichkeit ziehen wir uns aus der Nase. Das sind ihre erfahrungswissenschaftlichen Kategorien.

Die Sprache der Nase ist genüßlich: Genuß hängt mit Niesen und Genießen, genüßlich mit der Nase zusammen. Wir meinen das nicht etymologisch, sondern tatsächlich. Eskimofrauen und -männer reiben sich die Nasen im Kuß. Wir wissen nicht genau, was sie dabei erschnuppern. Aber sicher können die beiden „sich gut riechen", was nur die von sich sagen können, die sich auch „gut leiden können". Der Liebessatz „ich kann dich gut riechen" enthält noch das „Dich", entgegen seiner grammatischen Bestimmung als Objekt, als subjekthafte Quelle des guten Geruchs. Dabei will die Nase bleiben.

Als Spürsinn ist die Nase auch ein Abwehrorgan gegen Gefahren, ein Orientierungssinn, der von der Neugierde lebt. Neugierigen, rotzfrechen Naseweisen liest man ihre Absichten von der Nasenspitze ab, wenn sie gerade einmal bei uns hereinriechen oder herumschnuppern.

„Das stinkt mir" ist eine Absage, die mehr sagt als „das gefällt mir nicht". Allerdings kann es sein, daß man gegen das, was einem stinkt, nicht anstinken kann. Es stinkt so zum Himmel, daß ein Höllengestank entsteht, bei dem einem sogar der Appetit vergehen kann. Eher sind wir verschnupft. Ist allerdings ein Ereignis ruchbar geworden, sollte man sich gut überlegen, ob man seine Nase in fremde Angelegenheiten steckt. Man könnte sich die Finger oder den Mund verbrennen, wenn man die Nase hinhalten muß.

Bevor allerdings durch ein Gerücht unschuldige Menschen den Kopf hinhalten müssen, um eins auf die Rübe zu kriegen, weil irgendwelche Schnüffler ihre Rüssel überall reinstecken mußten, ist es besser, hochnäsig das Gerücht in alle Winde zu zerstreuen. Man muß Gerüchte verduften lassen, die Luft der Freiheit atmen, um der Wahrheit eine Duftmarke zu setzen.

Orientierung

Die Nase gegen den Wind halten heißt Unsichtbares, Unhörbares, noch nicht Berührtes aus weiter Ferne wittern. Hunde sind darin Meister. Ihr Spürsinn geht durch die Nase auf die Spur. Ihr Instinkt läßt sie den Weg zum Ziel erschnuppern. Sie gehen immer der Nase nach. Im wörtlichen Sinn. Die Nase ist Orientierungsorgan mit Gedächtnis. Unser Geruchssinn tut sich dabei immer schwerer. Aber wir können die Möglichkeiten ausprobieren, die ihm noch zur Verfügung stehen. Im Herbstwald riecht es faul nach alten Pilzen oder verwesendem Aas. Woher kommt der Geruch? Wir versuchen, Geruchsquellen zu finden. Dazu müssen wir nur der steigenden Intensität des Geruches nachgehen.

Viele werden scheitern. Faulige Gerüche streuen sich weit. Den gleichen Versuch können wir bei frisch geschlagenem Holz machen. Sein Geruch — stammt er von Kiefern oder Eichen — ist einige hundert Meter weit zu erschnüffeln. Die Intensität nimmt beim Näherkommen schnell zu. Die Geruchsquelle ist leicht zu finden, zumal das Ohr helfen kann, wenn die Holzfäller noch am Werke sind.

In der Mittagszeit riecht es nach Essen. Ein Geruch nach bratendem Fisch übertönt den übrigen Maggigestank. Wo kommt er her? Wer findet das Küchenfenster, aus dem er dringt? Warum liegt am Freitag manchmal dieser Fischgeruch über der Stadt?

Vielleicht macht der Geruch Appetit. Das Wasser läuft im Mund zusammen. Gerochener Geschmack wird Erinnerung und Hoffnung. Womit wir wieder beim Hund sind, dem Pawlow'schen.

Geruch und Geschmack liegen nahe beieinander. Aber die Nase riecht weiter, als der Gaumen schmeckt. Der Wein ohne seine Blume, die Kräuter und Gewürze ohne ihr Aroma, Kaffee, gebratenes Fleisch, Äpfel und Himbeeren ohne ihren Duft wären wirklich ungenießbar. Allein der Duft der Küche und der Anblick der Speisen ist die Orientierung zum Genuß. Er bringt den Vorgeschmack der Mahlzeiten durch die Nase. Der Vorgeschmack aber ist die Erinnerung an frühere Genüsse.

Erinnern, Erkennen, Verduften

Gerüche lösen oft deutliche Erinnerungen an die Kindheit aus. Wer z. B. auf dem Lande seine Kindheit verbrachte, wird beim Geruch eines Kartoffelfeuers oder des trockenen Heus an Situationen und Bilder dieser Zeit erinnert. In jeder Wohnung roch es anders. Das Fluidum bleibt, wenn die Bilder schwinden. An Gerüchen erkennen wir Orte, Menschen, Speisen, Kleidungsstücke wieder. Die Nase ist Gedächtnis als Erinnerungssinn.

„Der, die, das, stinkt mir" ist nicht nur die Bezeichnung eines Ärgernisses, sondern auch eine Antipathiekundgebung. Die Aussage ist im höchsten Maße subjektiv, auch wenn viele sie teilen sollten. Manche Menschen mögen eben nicht, wenn jemand nach Knoblauch, nach einem süßen Parfüm oder einfach nach Schweiß riecht. Andere finden gerade das interessant.

Wir können mit den Schülerinnen und Schülern Orte aufsuchen, die wir lieben oder hassen und deren Gerüche beschreiben. Diese Übung wird allerdings immer schwieriger. Die chemische Industrie ebnet die Gerüche ein. Sie verduftet, deodoriert sie und stinkt nur selber noch, wie der Smog, der die Stadt lähmt, wenn die Luft im Winter stillsteht. Diese Industrie setzt die Hygienekampagnen der Kanalisation seit dem 19. Jahrhundert fort und verseucht dabei die Luft und das Grundwasser. In kaum einem anderen Sinnesbereich wurde in letzter Zeit so viel verändert wie im Reich der Gerüche. Die Parfümindustrie hat für jeden Zweck einen Duft als Tarnkappe oder Verstärker erfunden. Wir sollen uns offenbar möglichst alle gut riechen können. Die Nase wird hinters Licht geführt. Auch im

Bereich der Düfte hat die Welt des Scheins ein neues geschichtsloses Zuhause gefunden.

Um die Nase wieder vors Licht zu führen, genügt es nicht, sie zu trainieren. Sie riecht nur. Alle Sinne sind notwendig, um die Wahrheit eines Geruchs, seine Einheit mit der Geruchsquelle aufzuspüren. Dennoch kann Riechen mehr noch als Hören und Sehen gelernt werden. Die Wiedergewinnung der kritischen Riechfähigkeit ist geradezu eine ökologische Notwendigkeit gegen die zum Himmel stinkenden Verhältnisse. Nichts hören, nichts sehen, nichts sagen, das geht. Aber wir können einfach nicht aufhören zu riechen: Die Luft bliebe uns weg.

Der Einheitsgeruch ist eine Demütigung der Nase. Wer das nicht glaubt, lese von Patrick Süskind „Das Parfüm". Der Roman handelt von einem Mann mit der besten Nase von Paris — also von der ganzen Welt. Dort heißt es: „Der Duft ist der Bruder des Atems". Die käufliche Frischluft aber ist das Nullmedium für die Nase!

Übungen und Spiele

Detektivspiel: Hier können spannende Schnüffelversuche gemacht werden. Wie riecht X? Wie müßte X riechen, wenn X nicht parfümiert wäre? Was müßte mit X geschehen, damit X wieder natürlich riecht? Für X könnten bestimmte Menschen, Natur- oder Industrieprodukte eingesetzt werden. Vom Chemieunterricht bis zur Sozialkunde und Geographie wären die Wohlgerüche Arabiens und der Gestank des Rheinlandes zu ergründen. Solche Regionen gibt es an jedem Ort.

In der Schule, auf der Straße stinkt es. Wir versuchen, die Quelle des Geruchs ausfindig zu machen. Duftquellen werden im Arbeitsraum aufgestellt. Wir versuchen, die Duftelemente herauszuschnüffeln. Man hat sieben „Grundgerüche" ausfindig gemacht, aus denen alle anderen zusammengesetzt sind: kampferartig, moschusartig, blumig, minzig, ätherisch, stechend und faulig.

Wer systematisch riechen will, kann eine Duftorgel (C. Morgenstern) mit diesen sieben Grundgerüchen bauen, die einen experimentellen Umgang mit den Gerüchen erlaubt. Eine Parfüm- oder Gewürzgalerie tut es auch. Und im Chemieunterricht finden wir sogar die Formeln für die Duft- und Gestanksstoffe.

Kann jemand die Gerüche bildlich darstellen?

Typische Geruchstabellen für bestimmte Orte, Länder, Menschen und Gerichte können zusammengetragen, erprobt, diskutiert und beschrieben werden. Die Geruchsvorstellung ist dabei immer präsent: Stell dir vor, du gehst mit deinem Orient-tierungssinn durch einen orientalischen Basar, über einen Gewürz- und Gemüsemarkt, über einen Jahrmarkt (Grillwürstchen), du gehst ins Lehrerzimmer (Kaffee), durch eine enge, dichtbelebte Straße (Auspuffgase), auf die Müllhalde, in einen Frisiersalon, in den Zoo, du fährst in der vollen U-Bahn, in einem dichtbesetzten Bus (Schweiß, Parfüm und Hunde). Wer könnte sich nicht an solche Gerüche erinnern?

Fast täglich treten wir durch die Tür der Schule, die eine eigenartige Duftschwelle ist: „Schon in der Vorhalle dieser Schulgeruch, der, oft genug beschrieben, jedes bekannte Parfüm der Welt an Intimität übertrifft". Das jedenfalls meinte Günter Grass in der „Blechtrommel" bei Oskars Einschulung. Wahrscheinlich ging es damals noch um das Fußbodenöl Marke „Amtsschimmel". Heute würde Oskar von prägnanten Gerüchen nach Teppichkleber, Kunststoff und Formaldehyd empfangen werden. Nur die Asbestfasern könnte er nicht riechen; dagegen ist selbst die Nase machtlos.

Wir bringen Duftquellen in die Schule mit: verschiedene Parfüms, Rasierwasser, Lufterfrischer, Zwiebeln, Kräuter, Öle, Blätter, Käse, Blumen. Wir beschreiben oder zeichnen die Quelle, die Charaktereigenschaften, die Verwendung, die Gefühle, die mit der Quelle verbunden werden. Gerüche werden oft erst durch Reiben, Zerdrücken oder Auflösen der Stoffe freigesetzt. Phantasievolle Assoziationen, genaue Beobachtungen und Analysen, metaphorische Beschreibungen (das ist, wie wenn) werden versucht, also auch gelernt. Dabei kann deutlich werden, daß Gerüche und Stimmungslagen eng miteinander verbunden sind.

Sich selber riechen? Morgens beim Aufwachen, nach dem Waschen, nach dem Essen, nach einer schweren körperlichen Arbeit. Wer kann die Gerüche beschreiben und vergleichen?

Die Riech-Bar

Duft und Gestank sind vergänglich. Es gibt weder eine Geruchskamera noch ein Duftbandgerät, um sie zu bannen oder festzuhalten. Geruchsstoffe, die man behalten will, müssen in Flaschen eingesperrt werden, bevor sie verfliegen und riechbar werden. Diese Bar wird bei den Ästheten wie eine Parfümerie, Küche oder Gärtnerei und bei anderen vielleicht wie ein Chemielabor aussehen. Wir schlagen eine Kombination vor.

Gibt es einen Schulgarten, dann kann ein großes Kräuter- oder Blumenbeet die wichtigsten Pflanzengerüche zusammenbringen. Ein Kräuter- oder Blumenkasten am Fenster kann ein Ersatz dafür sein.

Auch die Gerüche des Meeres, des Windes, der Chemiefabriken, des Smogs im Winter, der Sägewerke und der Tischlerei von nebenan können wir nicht einsperren. Aber sie sind in unsere Nasen eingeschrieben, und im Chemie- und Biologieunterricht können die meisten präsentiert werden.

Im Klassenraum stehen auf einem Regalbrett die Duftstoffe: verschiedene Hölzer und Blumen, Parfüms, Nagellack, chemische Essenzen. Auch Bücher, Drucksachen, Bleistifte, Elektrogeräte riechen verschiedenartig.

Zu bestimmten Anlässen gibt es eine eigentümliche Sammlung von Essensgerüchen, vom Käse bis zum Himbeersaft.

Daß die ganze Schule nach Schule riecht, haben wir schon gesagt. Vielleicht gelingt es wenigstens, dem eigenen Klassenraum eine besondere Duftnote zu geben. Dann wäre er selbst ein Teil der Riech-Bar.

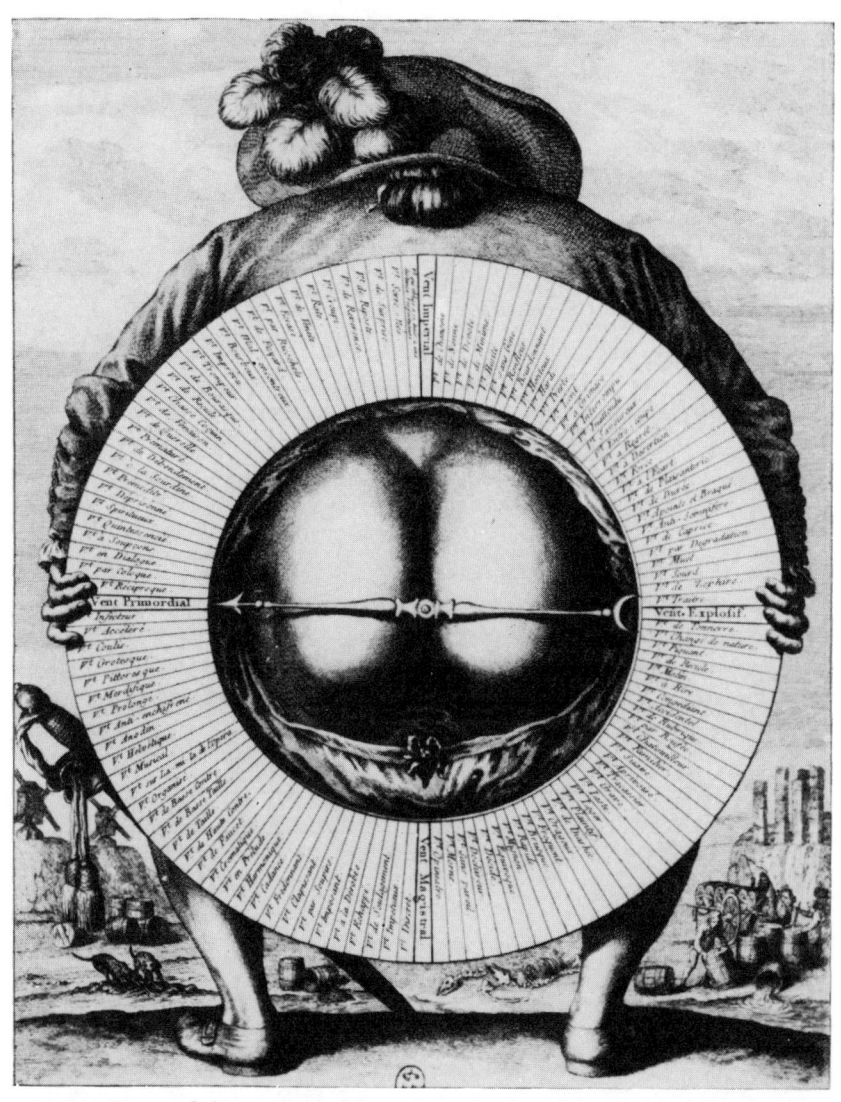

„Neuer Kompaß für sensible Nasen" in der Landschaft des Schindangers von Montfaucon. Erfindung des legendären Bombardoni, der die Umgebung der Sammelgruben seinen Geburtsort nennt.

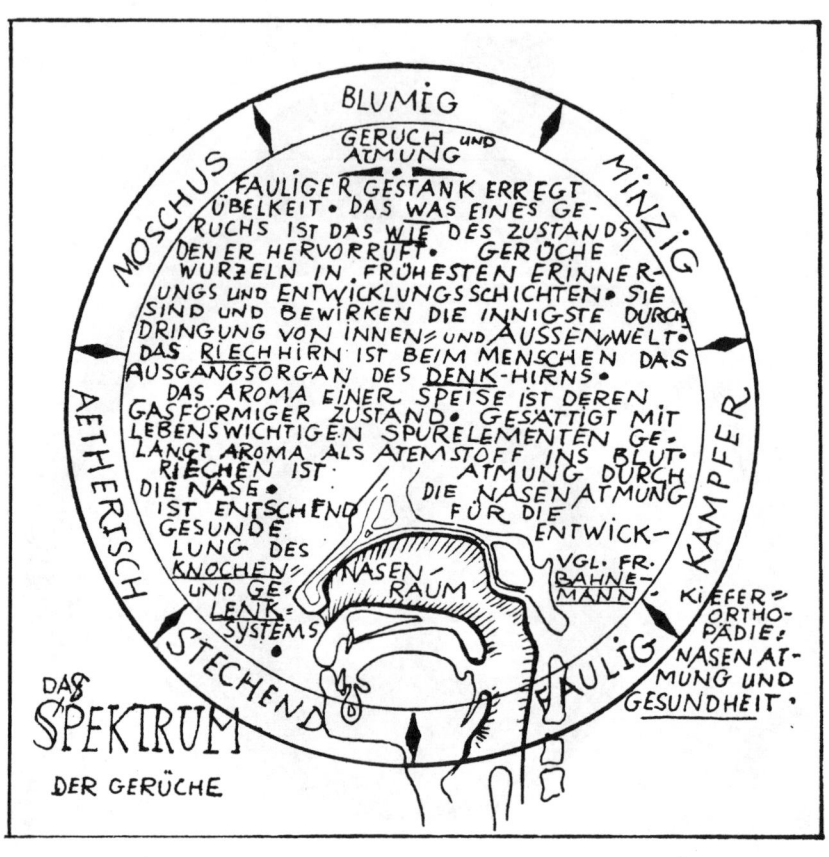

Hautnah

Die Sprache der Haut

In dieser Sprache geht es um das Tasten, Fühlen, Spüren und Berühren.

Etwas ist unfaßbar. Kaum zu fassen, es übersteigt unser Fassungsvermögen. Ich bin fassungslos. Es faßt mich an. Ich bin betroffen, berührt, ergriffen. Es läßt mich nicht kalt. Dann wieder taste ich mich an eine Sache heran, tappe im Dunkeln, komme der Sache näher, hautnah. Langsam begreife ich. Aber erst wenn ich es begriffen habe, wird mir eine Sache zum Begriff. Von da aus kann ich mich weiter vortasten. Dazu brauche ich viel Fingerspitzengefühl, um nicht danebenzugreifen, irgendwo anzustoßen oder in ein Fettnäpfchen zu treten.

Die helfende Hand wird uns gereicht. Wir werden sie ergreifen und festhalten, bis wir uns sicherfühlen und sie wieder loslassen können. Dann werden wir vielleicht festen Boden unter den Füßen spüren, sicher auf den eigenen Beinen stehen, unser Gleichgewicht wiederfinden.

Diese Musik faßt mich an, sie geht unter die Haut oder verschafft mir eine Gänsehaut. Vielleicht läßt sie mich auch unberührt, sie rührt mich nicht an. Die Haut fühlt und interpretiert, was das Ohr hört; das Auge sieht, was uns anrührt und bewegt.

Ein Schreckensbild, etwas Eindrucksvolles oder die Wut lassen mir die Haare zu Berge stehen. Etwas ist haarsträubend. Ein Schauer läuft mir über den Rücken, mir wird heiß und kalt zugleich. Kalter Schweiß steht auf der Stirn. Die Handflächen werden naß. Ich fühle mich nicht wohl in meiner Haut. Wenn jemand handgreiflich gegen mich wird, mit seiner ausgerutschten Hand auf meine Haut haut, wer wollte da in meiner Haut stecken? Es ist zum aus der Haut fahren.

Angenehm warm und schön, wohlig, rührend oder kribbelig, aufregend ist es, einem geliebten Menschen zu begegnen. Sich näher zu kommen, sich berühren, sich streicheln, die Wärme fühlen, die Ausstrahlung der Augen, die Aura der Haut, die das Gesicht und den Körper formt, läßt es warm ums Herz werden. Aufregung und Ruhe zugleich gehen durch die Haut in die Glieder, ins Bewußtsein. „Hautkontakt" nennen das die Techniker des Gefühls und der Säuglingspflege. Und zweifellos brauchen Kinder die Nähe anderer Haut, um sich in ihrer Haut wohlzufühlen. Jetzt und später. Berührung ist Ausdruck für größte Nähe und Distanz zugleich. Jungfräuliches gilt als Unberührtes. Die Menschen der niedrigsten Kaste in Indien nennen sie die „Unberührbaren".

Es geht unter die Haut

Die Haut ist nicht nur das größte Sinnesorgan, das den ganzen Körper einhüllt, sie ist vielleicht das differenzierteste, widersprüchlichste und sensibelste zugleich. Lust und Schmerz, Wärme und Kälte, körperliche Nähe und Distanz nehmen wir vor allem über die Haut wahr. Auch ein warmer Ton oder eine kalte Farbe können uns berühren. Diese Wahrnehmung verleiht den Dingen und Vorgängen um uns angenehme und unangenehme Eigenschaften, die sich aus unserem Wohlbefinden bestimmen, also zugleich aus den Wirkungen dieser Dinge. Die nächsten Dinge, die uns umgeben, die Kleidung, die Wohnung, der Arbeitsraum, nennen wir unsere zweite Haut. Wer sie betrachtet, betrachtet uns selbst, unsere Aura.

Der Tast-, Spür- und Fühlsinn ist vielleicht der biologisch früheste, subjektivste und universellste aller Sinne.[56] Sein Organ umschließt unseren Körper und ist zugleich dem Unbewußten mehr verbunden als andere Sinne. Die zahlreichen Allergien, Hautreizungen, Schmerz- und Lustempfindungen zeugen davon. Auch die anderen Sinnesorgane bedienen sich der Haut, der Netzhaut, des Trommelfells, der Schleimhäute, um das aufzunehmen und festzuhalten, was sie reizt. Die inneren Organe und das Gehirn selbst werden durch die Haut umschlossen und auch die kleinste Zelle ist noch in ihr aufgehoben.

Der Hautsinn ist der einzige, bei dem Wahrnehmung und Ausdruck über dasselbe Organ geschehen. „Ich fühle deine Haut durch meine Haut, du fühlst meine Haut durch deine Haut. Aber du hörst durch dein Ohr, was aus meinem Mund kommt. Du riechst durch deine Nase, was meine Haut verströmt. Der gierige Mund frißt, was er liebt, mit Haut und Haaren, aber nie sich selbst. Du siehst zwar meine Augen durch deine, aber nie deine eigenen, es sei denn, im Spiegel." Haut enthält also Wahrnehmung und

Feuer und Wasser

verbrannte Holzhaut

die Haut des Sees

Ausdruck in einem. Darüber hinaus trägt sie unseren Geruch in die Nasen unserer Mitmenschen oder zeigt ihren Augen unser Erscheinungsbild.

Haut ermöglicht wie alle Sinne Orientierung. Wer den feuchten Finger in den sanften Wind hebt, spürt seine Richtung. Die fremde Haut der Dinge, den weichen Schlamm, das kalte und glatte Metall, die stachligen Rosen, samtige Blätter, nasses Wasser und frischen Wind, kalten Schnee und glühende Sonne nehmen wir durch die eigene Haut wahr. So wissen wir, worin und woran wir sind.

Blindenschrift ist Tastschrift. Blind werden wir alle im Dunkeln, und dann ersetzt der Tastsinn die Augen. Das Wetter fühlen wir durch die Haut. Die Haare sind wie Sender und Fühler, deren Orientierungssensibilität wir bei Katzen besonders eindrucksvoll beobachten können. Vor allem die Haare weisen organisch über die den Körper begrenzende Haut hinaus und bilden den Übergang zu unserer „zweiten Haut" und zur Außenwelt. Sie gehören zu unserer Ausstrahlung, reichen in die Atmosphäre, die Aura, die wir um uns haben.

Die Sinne für die Wahrnehmung dieser Ausstrahlung anderer Menschen erzählen dem Bewußtsein von sympathischen und unsympathischen Gefühlen, von Anziehendem und Abstoßendem, von Schönem und Häßlichem. Mit unserem „Outfit", das die Körpersprache verstärken soll, wollen wir den Sinnen der anderen entgegenkommen oder sie ein wenig überlisten. Ganze Branchen leben von solchen „Häutungen" und Verschleierungen.

Mit den Händen begreifen

Daß es unzählige Übungen zum Tasten, Fühlen, Begreifen und Spüren gibt, „liegt auf der Hand". Es gibt die tastende, die greifende, die zupackende, die fühlende, die abweisende, die sehende, die erntende, die nehmende, die schlagende, die gebende, die gebietende, die formende, die schreibende, die spielende, die sprechende, die flehende, die liebende und die betende Hand. Sie hat viel zu tun mit Fingerspitzengefühl, Geschick und geballter Faust. Die Hand ist menschliches Werkzeug und urteilsfähiger Teil des Tastsinns. Nur einige dieser Tätigkeiten können wir hier nennen, in denen die Fähigkeit der Hand ausgebildet werden kann. Diese

Beispiele können leicht in unterrichtliches Handeln übersetzt werden:

Die *formende Hand* kann formlosen Stoffen Gestalt geben. Den Ton durchwalken heißt auch Schlamm, Feuchtigkeitsgefühle und ungeformtes Material wahrnehmen. Der Teig quillt zwischen den Fingern hindurch, wird weich, geschmeidig, formbar. Schier unendlich viele Gestalten sind möglich. Die Form der Hand schafft eine Kugel, eine Platte formt sie zum Topf, glättet sie oder dreht sie auf der Töpferscheibe. Ob alles gelungen ist, prüfen Auge und urteilende Hand zugleich. Im Dunkeln „sieht" die Hand noch besser, noch genauer. Unebenheiten in der Oberfläche, Unausgewogenheiten in der Form werden sicher wahrgenommen. Wer mit den Fingerspitzen genau fühlen will, schließt die Augen.

Das Schnitzen von Figuren oder Schalen aus dem vollen Holz erweist ähnliche Qualitäten. Nur bedient sich das menschliche Werkzeug Hand noch des Schnitzmessers, des Schleifpapiers, der Grundierung oder der Politur. Einen „Handschmeichler" zu schnitzen oder zu feilen ist vielleicht die erste Übung. Das eigroße Stück Holz – am geeignetsten ist ein gut riechendes Obstholz wie Nuß, Olive oder Kirsche – soll so geformt werden, daß es der Hand schmeichelt, sich schön anfühlt. Im Entstehungsprozeß können die verschiedenen rauhen oder glatten Oberflächen gefühlt werden: je glatter, desto angenehmer und kühler. Erst die Hand wärmt den Gegenstand wieder auf.

Die *bauende Hand* schafft aus Teilen, Leisten, Balken, Brettern, Backsteinen, Drähten, Stoffen, Nahrungsmitteln ihr Handwerk. Sie ist zupackend, zugleich Werkzeug des Verstandes und des Gefühls. Im Werkunterricht kann die Hand als Gehilfe des Verstandes erfahrbar werden, und sie bleibt dabei doch Sinnesorgan. Sie fühlt, ob die Leiste glatt gehobelt ist, ob der Stein auf der Mauer gut im Mörtel sitzt, ob die Soße gut gerührt ist, ob der Druck auf dem Pinsel beim Anstreichen ausreicht. Gerade beim Malen verbindet die Hand Verstand, Wollen, Gefühl und Tat. Wir schlagen hier keine „sinnlosen" Übungen zum Handsinn vor, sondern nur den Versuch, die Quellen zu begreifen, aus denen Handwerk und Handwerkszeug uns zugeflossen sind.

Sinnvoll ist es, die Geschicklichkeit der Hand im Handwerk zu entfalten. Das wiederum geht nur, wenn im Unterricht Dinge gebaut, genäht, geformt, gekocht, entworfen werden, die auch genossen werden können, weil sie brauchbar, schön, angenehm und den Handwerkern zu eigen sind: Fotografien, Töpfe, Klamotten, Speisen, Bauwerke, Bilder, Gedrucktes, Geformtes und Geschriebenes. Der Kunst-, Werk-, Technik- und Hauswirtschaftsunterricht bietet hier alle Möglichkeiten bis hin zur Gestaltung des eigenen Klassenraumes.[57]

Die fühlenden und streichelnden Hände

Sich die Hand geben, Hand in Hand oder Arm in Arm gehen, sich bei der Begrüßung umarmen, sind öffentliche Zeichen von Achtung und Zuneigung. Auch der Begrüßungskuß gehört dazu. Aber seine Bedeutung ist kulturell und historisch sehr unterschiedlich. Die Hand, die sich durch die fremde oder vertraute andere Hand beim Händedruck fühlt, verrät den Charakter. Manche Hand fühlt sich wie Quark an, in den man versehentlich gegriffen hat, oder wie ein Schraubstock, in den man geraten ist, oder einfach angenehm, weil die Kraft, Wärme und Zärtlichkeit spürbar werden, während man sich in die Augen schaut.

Sich streicheln, sich in den Armen liegen, sich berühren, bedeutet in unserer Kultur zärtlich, intim, vertraut, aber wenig öffentlich miteinander zusammen zu sein. Im öffentlichen Leben der Schule sind zärtliche Umgangsformen leider seltener als gewalttätige. Tabus und Verbote machen Küsse gefährlicher als Schläge. Die Verbannung von Erotik und Zärtlichkeit aus der Bildung „des ganzen Menschen" führt oft dazu, daß der vorherrschende Körperkontakt als Aggressivität, Brutalität und Gewalt zwanghaft „durchgesetzt" wird.

Und doch zeigen gerade Schüler, die zu Hause wenig „Nestwärme" erfahren haben, eine große Sehnsucht nach Nähe, nach liebevollen Händen oder nach der erotischen Spannung, die diese ausdrücken. Jeder sehnt sich danach und ist glücklich, wenn er sie erlebt.

Oft haben wir im Unterricht erfahren, wie ein aufgeregtes, ängstliches oder wütendes Kind ruhig wurde, wenn eine Hand in Zuneigung die Schulter oder die Haare berührte.

Aber auch die Distanz, die kleinen Gesten der Zuneigung und Ermunterung noch Bedeutung verleiht, kann positiv sein. Dies gilt vor allem in der Schule, weil sie öffentlicher Raum ist und Nähe dort von niemandem verlangt oder gar erzwungen werden kann. Und doch ist es so, daß Kinder Nähe, Liebe und Zuneigung brauchen, um stark und selbst liebesfähig zu werden. Diese ist nicht nur geistig, sie ist körperlich zugleich, wenn sie unter die Haut gehen soll.

Von einer Kollegin aus einer Schule für Lernbehinderte wissen wir, daß sie im Rahmen ihres Unterrichts regelmäßig, meistens gegen Ende des Vormittags oder in Streßsituationen Bedingungen schafft oder zuläßt, in denen sie, ihre Schülerinnen und Schüler (9. Klasse) sich gegenseitig Schulter und Rücken streicheln.

„Kraulen" nennen sie das, und niemand möchte mehr darauf verzichten. Es ist wie ein Ritual geworden. Die Jugendlichen können sich entspannen, abgeben und annehmen – ohne Angst, auch ohne das Gefühl der Peinlichkeit. In diesem Zusammenhang betont die Lehrerin, daß es wichtig ist, diese Übungen auch immer öffentlich bleiben zu lassen, so daß andere daran teilnehmen können.

Wie alles anfing, geht aus einer Eintragung im Schultagebuch dieser Lehrerin hervor, aus dem wir hier zitieren dürfen:

„. . . Gestern nachmittag las ich bei Jürg Jegge, weil ich etwas für unser Thema ‚Sonderschule' suchte, und stieß dabei auf den Satz: ‚Sehr viele Menschen, die meisten vielleicht, sind zu wenig gestreichelt worden. Das kann man jederzeit nachholen.' (in: Angst macht krumm)

Über diesen Satz habe ich noch länger nachgedacht und mich dabei gefragt, wie sich das im Schulalltag verwirklichen läßt. Mir kamen immer nur die Ausnahmesituationen wie Klassenfahrt in den Sinn (Streicheln vor dem Einschlafen). Und dann kommt heute plötzlich Ralf daher und zeigt uns, daß das auch in der Schule möglich ist. Und das kam so: Die letzte Stunde war zum Spielen freigegeben, aber keiner hatte so die richtige Initiative, alle waren schlaff. Karsten, Sven und Ralf saßen zusammen. Einer mußte die Augen schließen, und ein anderer fuhr ihm mit einem Finger vorsichtig auf der Innenseite des Unterarms vom Handgelenk bis zur Ellenbeuge entlang. Der Gestreichelte mußte in dem Moment ‚halt' sagen, wo er den Finger des anderen genau in der Ellenbeuge fühlte. Wir machten die Erfahrung, daß das gar nicht so einfach ist. Das Gespräch kam dann darauf, daß alle, die da waren, es gerne haben, wenn sie gekrault werden. Da fiel mir die Sache mit der Kraulschlange ein.

Zuerst machten nicht alle mit, aber nach ganz kurzer Zeit wollte sich keiner mehr ausschließen. Es war unheimlich schön, entspannend, zärtlich, behutsam, leise, gedämpft. Wir hatten uns in eine Reihe hintereinander auf Stühle gesetzt, und jeder kraulte seinen Vordermann bzw. die Vorderfrau. Immer nach drei Minuten ging der erste der Reihe nach hinten, und alle anderen rückten einen Platz weiter nach vorne, damit jeder einmal genießen konnte, nur gekrault zu werden und nichts dabei tun zu müssen. Ich konnte mich dabei so toll entspannen, daß ich fast eingeschlafen wäre. Es gab zum ersten Mal die Situation, daß das Ende der 6. Stunde nicht herbeigesehnt wurde. Obwohl wir das Spiel fast eine halbe Stunde lang gespielt haben, hätte jeder von uns noch gerne eine Weile weitergemacht.

Ich merke, daß ich sehr detailliert aufgeschrieben habe, wie sich alles abgespielt hat und daß es mir gleichzeitig schwer fällt, in Worte zu fassen, was eigentlich so toll an dem Spiel war. Körpersprache ist eben etwas anderes als Lautsprache. Ich versuche es trotzdem.

Ich habe mich so wohlgefühlt,

weil ich gerne gekrault werde, das entspannt so gut;

weil ich gerne andere kraule, das ist wie mit den Fingern sich etwas Liebes sagen;

weil alle mitgemacht haben; mit dieser Sprache können wir uns besser verständigen als mit Worten, wann haben wir uns schon jemals eine halbe Stunde lang gegenseitig wirklich zugehört;

weil wir im Rahmen dieses Spiels unser Bedürfnis nach Zärtlichkeit ausleben können, ohne uns zu schämen oder dumm angemacht zu werden;

weil die Idee von Euch ausgegangen ist, und ich nicht das Gefühl haben mußte, Euch etwas aufgezwungen zu haben;

weil mir das vielleicht hilft, Ralf besser zu verstehen;
. . ."

(Ina Hesse, Berlin)

Tast- und Fühlübungen

Die Oberflächen verschiedener Materialien (Stoffe, Metalle, Hölzer, Steine, Früchte, Pulver, Fußböden, Wände usw.) in unterschiedlichem Zustand (lackiert, roh, geschliffen, geschnitten) anfassen. Sie mit der Nasenspitze, der Zunge, den Fingern, den Füßen, berühren. Sich die Beobachtungen mitteilen (warm, kalt, rauh, glatt, stachlig, pelzig, feucht, pulvrig). Vergleiche anstellen.

Mit der Schreibmaschine schreiben und andere Tastaturen benutzen (Rechengeräte). Beobachten, wie die Finger lernend, wissend werden, automatischer den richtigen Weg finden.

Barfuß gehen auf Sand, Asphalt, Marmor, im Gras, über Kies, über große Steine, auf Waldböden, über Parkett, PVC, verschiedene Teppiche. Eine Barfußstraße auf dem Schulhof bauen: verschiedene Materialien werden hintereinander gelegt. Die Sensibilität der Füße kann so geübt werden.

Irritationsübungen:
Nasenspitze mit überkreuzten Fingern fühlen. Rechts und links ist nicht zu unterscheiden. Erfahrung versagt.

Mit verbundenen Augen einen unbekannten Gegenstand abtasten und seine Beschaffenheit beschreiben: sehende Hände im Ratespiel.

Mit einer Stricknadel oder einem Strohhalm die neuralgischen Punkte am Körper finden. Wenn eine bestimmte Körperstelle berührt wird, tritt ein Juckreiz an einer ganz anderen Stelle auf. (Ein Schaubild kann dies verdeutlichen).

Mit der einen Hand die Normalbewegung der anderen Hand gegenläufig und gleichzeitig mit ihr ausführen. Lassen sich die damit verbundenen Irritationen der Bewegung erklären?

Sich eine Gänsehaut streicheln.

Ausstrahlung und Mut: Man begegnet einem Hund, von dem man angebellt wird. Ihn mit beiden Augen fest anschauen, auf ihn zugehen, fühlen wie es einem selbst kalt über den Rücken läuft, wie sich die eigenen Haare sträuben, sehen, wie der Hund seinen Schwanz einzieht und davonschleicht. Einer Katze zuschauen, die einen Hund auf die Flucht schickt. Sie verdoppelt ihre Größe. Augen und Haare arbeiten zusammen.

Eine gewohnte Arbeit unter einem Tuch im Dunkeln machen. Z. B. schreiben, eine Dose öffnen, den Film in einer Kamera wechseln, ein Steckspiel zusammenbauen, einen Knopf annähen, ein Tuch zusammenlegen, Seite 100 in einem Buch finden, ein Glas Wasser randvoll machen.

Die Tastqualität von Gebrauchsgegenständen ausprobieren und beschreiben: Tischplatte, Schulhefte, Schreibgeräte, Bücher, verschiedene Stoffe.

Und so weiter.[58]

Die Tast- und Fühl-Bar

Eine mit angenehmen Stoffen bezogene Sitz- und Kuschelecke im Klassenraum wäre gut, wo man nah und entspannt beieinander sitzen, Tee trinken, reden, sich anfassen kann.

Eine Kiste voller Dinge, die sich unterschiedlich anfühlen, sollte zum Hineingreifen einladen: rauher Jutestoff, weicher, warmer Samt, glatte Seide, flauschige Wolle, Sandpapier, Felle, Kunststoffe, runde, rauhe, spitze, schwere, leichte Steine und Hölzer, verschiedene Papiere, Metalle. Diese Dinge können in ihrer Fühlbarkeit beschrieben werden.

An der Wand hängt vielleicht eine Bildreportage über Fußböden, auf denen man barfuß sehr verschieden gehen kann. Es gibt das Modell einer Barfußstraße aus verschiedenen Materialien: Rundhölzer, Kies, Parkett, PVC, Sand, Teppiche, Kacheln, Rundsteine, Asphalt oder Zement.

Körperbilder mit neuralgischen Punkten und Hautzonen.

Eine Überraschungskiste: sie ist vielleicht 40 x 40 cm groß, hat hinten eine Tür und vorne eine handgroße, mit Stoff verhangene Öffnung zum Hineingreifen. Jemand legt in sie den Gegenstand, der gefühlt werden soll. Die anderen ertasten seine Eigenschaften, vergleichen sie mit anderen und kommen so dem Gegenstand auf die Spur.

Eine Ausstellung der selbst getöpferten, geformten, geschnitzten und gebauten Dinge.

Ton oder Knetmasse, Biegedraht und Werkzeuge gehören in diese Bar, wenn sie nicht im Werkatelier jederzeit zugänglich sind.

Für die jüngeren Kinder sollten tastbare Buchstaben und Zahlen aus Ton, „Russisch Brot" oder Sandpapier griffbereit sein.

Handwerkszeug, verschiedene Tastaturen, Musikinstrumente erlauben differenzierte Tastspiele.

Eine Druckpresse mit Buchstabensätzen und Stempeln zum Drucken eigener kleiner Texte gehört in diese Bar, wenn kein eigenes Druckatelier existiert. Ein Blindenalphabet und entsprechende Textbeispiele aus Zeitungen sollten vorhanden sein.

Die ganze Atmosphäre in einem Klassenraum berührt die Haut.

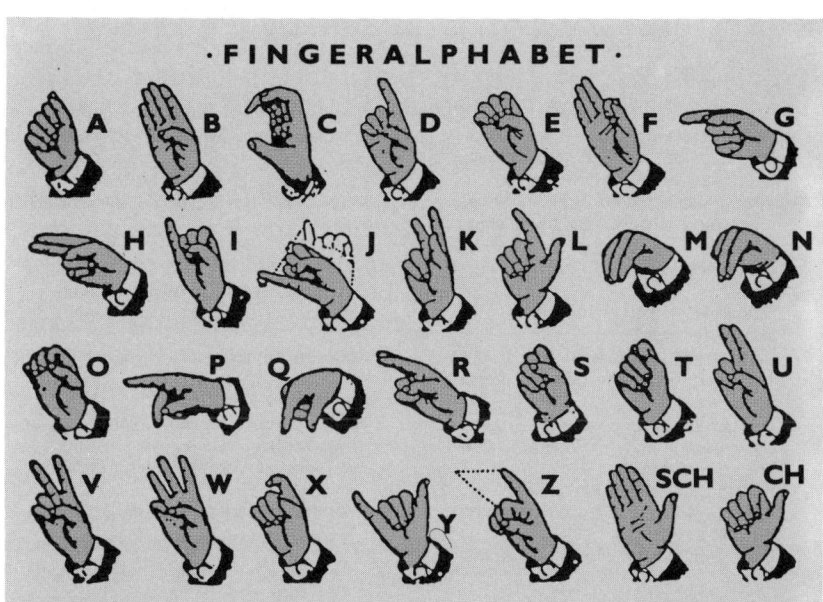

·FINGERALPHABET·

Ihre Augen sind die Hände...

Blinde Katharina

Sie trägt auf ihren Kleidern
Phosphorfarben für die Nacht.
Für sie ist immer Schweigen,
ob sie redet oder lacht.
Ihre Augen sind die Hände,
sie erkennt dich durchs Gehör.
In ihrer Welt sind viele Wände,
die sieht sie bloß nicht mehr.

Katharina, mach mir Mut
und halte mich
gibts morgen auch kein Wiedersehn
Ich bin doch der Blinde, darum
führe mich,
du kannst im Dunkeln gehn.
Nur weil ich vermute, daß
ich sehend bin,
brauch ich doch nichts erkennen.
Komm, wir schmeißen einfach
alle Regeln hin,
du zeigst mir wie man sieht.

Sie lehrt mich aus der Stille,
wie man wartet, wie man schweigt
und zeigt mit Herzensfülle
mal Zorn, mal Heiterkeit.
Wenn sie liebt, dann ist nur
Liebe,
wenn sie haßt, dann ist nur
Haß.
Alles, was sie tut, ist jetzt
sofort, mit unbegrenztem Spaß.

(Refrain) Katharina, mach mir...

Blinde sind wie Kinder,
deren Herzen man zerbricht.
Sie wollen auch im Winter
nur ans Licht, nur ans Licht.

(Refrain) Katharina, mach mir...

Text: Klaus   Hoffmann

Die Schrift der Blinden

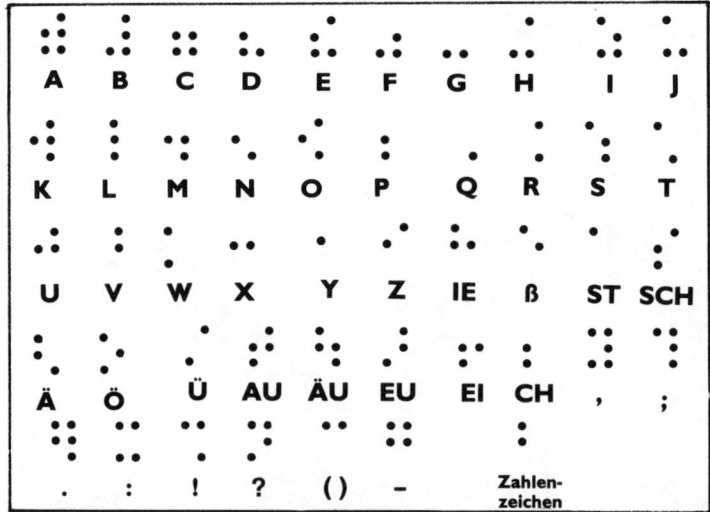

Jedes Zeichen hat sechs Augen (Punkte) — die oben nicht sichtbaren Augen sind im Blindenalphabet erhaben (tastbar).
Stellt man das Zahlenzeichen den ersten zehn Buchstaben voran, so sind das zugleich die zehn Ziffern.

Augenblicke

Mit allen Sinnen sehen

Blinde sehen mit allen Sinnen. Ohren, Haut, Nase, Gedächtnis, Ahnung und inneres Auge sind im Dunkeln wach. Das kann jeder ausprobieren. Orientierung im Dunkeln mit geschlossenen Augen macht Sehen bewußt. Blinde zeigen uns im Zusammenspiel ihrer Sinne, zu welchen „Sehleistungen" z. B. das Ohr fähig ist, oder wie jeder einzelne Sinn mit den anderen zusammen die Wahrnehmung des einen nicht vorhandenen übernehmen kann. Warum sollte das bei den Sehenden anders sein?

Es gibt Kinder, die sehr genau tasten und mit den Händen fühlen können, aber nur sehr undifferenziert hören oder sehen. Sie ertasten sich die Welt der Dinge wie Säuglinge, wie Blinde, wie Menschen in der Dunkelheit oder im Rausch. Vielleicht gab es Ereignisse im Leben dieser Kinder, die ihnen Hören und Sehen vergehen ließen? Kleine Kinder müssen erst einmal alles anfassen, hören, schmecken und riechen, bevor sie es anschauen. Sehen ist vielleicht der wachste aller Sinne, keinesfalls aber der elementarste und der erste. Kleine Katzen sind blind. Sie können schmecken, saugen, frieren oder hören, bevor ihre Augen „aufwachen". Sehen lernt man in Auseinandersetzung mit der Welt. Hören, riechen, schmecken und anfassen kann man sich schon selbst als Teil der Welt. Sehen können wir uns nur sehr begrenzt und verkehrtherum im Spiegel. Die Augen richten sich auf das, was außer uns ist; aber was in uns ist, richtet sich durch die Augen nach außen. Sie sind die Fenster zur Seele und zur Welt zugleich. „Wenn Blicke töten könnten", sollten wir das Haupt der Medusa meiden. Aber es geht auch harmloser: „Ihre Blicke trafen sich" und „jemand erfaßte eine Situation mit einem Blick". Sehen ist nicht passiv. Es ist immer aktives Wahrnehmen, Zeigen und Einwirken zugleich.

Es ist übrigens nicht verwunderlich, daß man die Sinne als Fenster bezeichnet hat. Das Auge, der Sehsinn, gilt zumindest seit der Antike als der edelste aller Sinne. Auch das Mittelalter (Augustinus, Petrarca) hat das Auge Gottes gepriesen. Die Renaissance und später die Aufklärung haben das Auge der beobachtenden Menschen kultiviert, und die nach ihr kommende Wissenschaft könnte man als eine einzige Diffamierung der übrigen Sinne zugunsten des Auges bezeichnen. Die Vernachlässigung der anderen Sinne als Teile des Vorstellungs- und Erkenntnisvermögens hat etwas mit der Art und Weise zu tun, in der wir Bildung, Wissenschaft, Ökonomie, aber auch Kunst betreiben, nämlich unterscheidend, sezierend, segmentierend, hierarchisierend. Und das ist auch eine Sache des isolierenden Sehens.[59]

Die Sprache des Auges

Die Sprache des Sichtbaren führt uns sinnliche Kritiker und Genießer vor Augen.

Man kann mit den Augen sehen, schauen, spähen, überblicken, zurückblicken, erblicken, glotzen, betrachten, gucken, blinzeln, bohren, zwinkern, ansehen, strahlen, etwas beäugen, anvisieren usw. Man tut dies einen Augenblick lang oder länger, wenn es sich um eine Augenweide handelt, oder der Film abgeht, z. B. im Fernsehen. Sichtbares kann Undurchsichtiges oder Offensichtliches richtig beleuchtet zum Erleuchten, also Licht ins Dunkel bringen. Lehrpersonen versuchen Unscheinbares und Verstecktes anschaulich, übersichtlich und durchsichtig darzustellen, so daß die Lernenden es in Augenschein nehmen können, um eine Ansicht oder wenigstens Übersicht zu gewinnen. Wenn es nicht beim Anschauungsunterricht bleibt, durchschauen sie eine Sache und blicken durch. Selbst die neue Unübersichtlichkeit kann mit Weitblick überschaubar werden, es sei denn, die Kurzsichtigen sehen vor lauter Bäumen den Wald nicht mehr.

Auch sie können über den eigenen Gartenzaun gucken. Sie haben einen plastischen Durchblick in drei Dimensionen, wenn sie nicht nur durch ein Guckloch des Kameraobjektivs oder durch ein einäugiges Fernglas schauen, dann sehen sie hinter dem Schein das Wesen einer Sache, dann zeigen sie augenscheinlich ihr helles Köpfchen und einen glasklaren Verstand. Niemand muß sein Licht unter den Scheffel stellen.

Der Schein trügt nur dort, wo man seinen eigenen Augen nicht trauen kann oder der Verstand getrübt ist. Wo allerdings Augenwischerei betrieben wird, ist Vorsicht angezeigt. Um nicht das Nachsehen zu haben, gilt es, die Täuscher, die uns hinters Licht führen wollen, ohne Nachsicht und Rücksicht zu durchschauen. Andernfalls sieht man leicht Gespenster oder fällt auf irgendeine Spiegel-fechterei herein. Die meisten Propheten sind Seher oder Hellseher mit einem inneren Auge der Erleuchtung, deren Vorstellung allerdings leicht zu einer durchsichtigen Schau für die Zuschauer auf dem Jahrmarkt verkommen kann. Am Ende haben wir das Nachsehen oder erscheinen als die Unterbelichteten.

Was wir zu Gesicht bekommen, sind Formen, Farben, Umrisse, Helles, Dunkles, Bewegung. Und wir sehen diese Dinge von einem bestimmten Blickpunkt aus, sofern sie in Sichtweite sind. Wir gewinnen Eindrücke, die wir in Tonbilder oder sogar aus der Sicht anderer darstellen können. Unsere Einsichten werden umfassender, genauer, mehrdimensionaler, wenn wir die Dinge, die wir so oder so betrachten, drehen und wenden, um sie von verschiedenen Seiten her zu beleuchten und zu sehen. Das ist eine glänzende Idee.

Sogar zu Meinungen oder Problemen, die unsichtbar sind, kann man Ansichten haben, die sich bis zu Weltbildern, Weltanschauungen in einer tiefen Wesensschau ausmalen lassen. Manchmal allerdings läßt ihr begrenzter Horizont keine Weitsicht zu und nur wenig klärende Aussichten aufleuchten. Da ist kein Land in Sicht.

Manche Menschen halten wir für farblos. Ihr Benehmen ist bildlich gesprochen uneinsichtig. Ihre Vorstellungen werden als blauäugig bezeichnet – was nicht rassistisch gemeint zu sein scheint.

Um den bösen Blick zu bannen, setzen wir jetzt die rosa Brille ab, schauen in den Spiegel und erröten. Haben wir uns aus Versehen versehen?

Zu dieser platten Widerspiegelungstheorie sagen wir „Auf Wiederhören" am Telefon.

Einsicht nehmen

Aussicht haben

Das Auge sieht das Unsichtbare

Können wir unseren Augen trauen? Die Frage zeigt schon, daß es die Unmittelbarkeit der Wahrnehmung nicht gibt. Erst das Bewußtsein kann vollenden, was dem Augenschein zu trügen scheint:

„Seht Ihr den Mond dort stehen? Er ist nur halb zu sehen und ist doch rund und schön. So sind gar manche Sachen, die wir getrost belachen, weil unsere Augen sie nicht sehen." (*M. Claudius*)

Wir haben darauf hingewiesen: Das Weltbild des Ptolemäus war eins des unmittelbaren genauen Augenscheins. Die „falsche Wahrheit" des allzu Offensichtlichen, des Scheins, sagte: die Sonne dreht sich um die Erde. Jeder kann dies täglich sehen. In dieser Tatsache liegt die sinnliche, sichtbare Wahrheit der „falschen Theorie" oder umgekehrt. Erst durch genaueres, theoretisches, bewußtes Hinsehen mit Hilfe von Instrumenten, die dem Auge nachhalfen, konnten Kopernikus, Galilei und andere das „Weltbild" korrigieren: den Schein seinem Wesen näherbringen oder auch nur die Sicht des Scheins verbessern?

Das „wissende Auge" kann formvollendend ergänzen, was es nicht sieht. Im vollendenden Durchschauen wird es selbst schöpferisch. Sinneserinnerung, Ahnung und Vollkommenheitswunsch wirken zusammen.

Hugo Kükelhaus hat diesen Vorgang für das Auge und seine Bewegung dargestellt und beschrieben:[60]

„In der Abbildung *b)* sind die Gegenstände der Abbildung *a)* so dargestellt, wie sie jenseits ihres Gesehenseins als Projektionsformen beschaffen sein würden: als Bruchstücke, als Torsen. Das Auge sieht sie als Teile eines zusammenhängenden Ganzen. Und dieses nicht etwa trotz, sondern vermöge des Umstandes, daß sie sich gegenseitig zu Bruchstücken überdecken."

Im Unterricht können wir diese kleine Übung leicht durchführen. Die Kinder können das Stilleben zeichnen, auseinanderziehen, ausschneiden, sagen, was sie sehen, ein Puzzlespiel daraus machen. Sie können den Vorgang draußen in der Stadt wiederholen: Sie sehen eine Häusergruppe. Vorne stehende Häuser verdecken hinten stehende Häuser. Das Auge zeichnet, was es nicht sieht. Es vervollständigt die Bauwerke dank der Bewegung, die es vollführen und vollenden kann. Die Schüler zeichnen die unsichtbaren Linien und Formen nach. Sie können hinter die vorderen Häuser gehen und ihre Bilder mit der „Wirklichkeit" vergleichen. Je nach Altersstufe oder Fähigkeit können kleine Hilfen angeboten werden. Z. B. kann ein Foto oder eine Zeichnung der Häusergruppe kopiert und in den Schnittlinien ausgeschnitten werden. Die Kinder kleben die Häuserfragmente auf einen Karton oder zeichnen sie „fertig".

Das Spiel kann ausgeweitet werden: Die Kinder schauen durch die Wände. Sie zeichnen oder beschreiben die Innenräume, die Schlafräume, die Küchen. Die Fassade bricht auf. Dahinterliegendes wird sichtbar. Erfahrungen, Erinnerungen und Vermutungen können übertragen werden.

Wer bei diesen Übungen nach operationalisierbaren, kognitiven und affektiven Lernzielen fragt, wird weiter im Dunkeln tappen. Es geht nicht einfach um richtige oder falsche Kameraobjektivität, nicht um eine Meinung, sondern um die eigene genaue und phantasierte Sicht der Dinge, um ästhetisches Vergnügen an Geheimnisvollem in einer Welt des Wissens. Im weiteren Sinne kann Selbstvertrauen in die eigenen Wahrnehmungs- und Vorstellungskräfte entstehen, eigene Sichtweisen dürfen sichtbar gemacht werden.

So hat z. B. eine Schülerin in einer 8. Sonderschulklasse das Vasenbild in folgender Weise auseinandergezogen und vervollständigt:

„Das sind keine Vasen zum Vorzeigen. Da wollte nur einer die Scherben verstecken" sagte sie dazu.

Das Auge kann, wie man sieht, auch Trümmer vervollständigen, wenn die eigene Erfahrung oder Vorstellung das nahelegt, denkbar und sichtbar macht.

Das Nichtwahrnehmbare zu ergänzen ist auch am Phänomen der Perspektive, also an der Sichtweise von nah und fern zu üben. Wir wissen, daß das klein erscheinende Haus im Hintergrund in Wirklichkeit vielleicht größer ist als das Haus im Vordergrund, welches das halbe Blickfeld einnimmt. Im Physikunterricht oder im Bildnerischen Gestalten können Schüler solche Beobachtungen machen, indem sie die Entfernung von Gegenständen, z. B. anhand von Farbveränderungen oder Größenveränderungen zu schätzen lernen. Vergleiche mit der Landkarte oder dem Stadtplan können die Schätzungen bestätigen oder korrigieren. Niemals aber sollte hinter der geometrischen oder mathematischen Betrachtungsweise die ästhetische Dimension der Bilder zurücktreten.

Andere Sinneswahrnehmungen können die perspektivischen Beobachtungen ergänzen: Ein Auto kommt uns auf der geraden Straße entgegen, es wird größer, deutlicher und lauter, bis wir es sogar riechen können und den Luftdruck, den Sog auf der Haut spüren. Warum Sehen und Hören etwas oberflächlich als Weitsinn, die anderen Sinne dagegen als Nahsinne bezeichnet werden, ist so erfahrbar. Wenn aber eine Chemiefabrik 10 km gegen den Wind stinkt, entsteht auch eine Perspektive für den Geruchssinn. Auch das Meer riechen wir, noch bevor wir es sehen können. Die Nase kann zum Fernsinn werden, wo das Auge noch nicht sehen kann. Das gerochene Bild zu beschreiben, zu zeichnen, kann ein weiteres Experiment zur Wahrnehmung des nicht Wahrgenommenen sein. Unsere Vorstellungen werden so exakter.

Das Auge sieht sich beim Sehen zu

Im Auge wird seine eigene Sehbewegung zum Objekt des Sehens, wenn es beispielsweise der Bewegung eines Gegenstandes vor einem starren Hintergrund folgt. Man kann dies sehr gut im Dunkeln beobachten. Auf einer Nachtwanderung während der Klassenreise sind selbstverständlich Taschenlampen dabei. Zwei Wanderer dunkeln ihre Lampen mit rotem Papier so ab, daß sie wie Rücklichter eines Fahrrades wirken. Sie bewegen sich, die anderen schauen zu. Das Auge wandert mit den Lichtpunkten. Orientie-

perspektivische   *Schattenspiele*

rung gibt die noch sichtbare oder geahnte Umgebung der Lichtpunkte. Ist diese Umgebung ganz dunkel, wird die Bewegung des
Auges mit der Bewegung der Lichtpunkte eins. Die schnelle Bewegung der Lichtpunkte wird zur Linie, zur Spur des Lichts. Ist diese
Spur Trägheit des Auges oder Wirklichkeit? In Wirklichkeit existiert die Lichtspur natürlich nur im Auge. Es ist zum Objekt seines
eigenen Sehens geworden und umgekehrt: „Das Objekt wird Organ".[61]

Bei einem Autorennen kann das Auge den rasenden Rennwagen
scharf sehen, wenn es ihn begleitet, wobei die Bäume oder die
Landschaft im Hintergrund vorbeifahren. Bleibt das Auge stehen
und ruht auf dem Hintergrund, rast das Auto unscharf vorbei. Im
langsamen anfahrenden Zug sehen wir den Bahnsteig abfahren.
Wenn uns schwindlig geworden ist, weil wir uns mit geschlossenen Augen um unsere eigene Längsachse gedreht haben, dreht
sich die Welt um uns, wenn wir die Augen öffnen.
   Solche kleinen Übungen lassen sich leicht in großer Zahl erfinden. Auf Klassenreisen oder im Sach-, Kunst-, Geographie- oder

Physikunterricht können sie erprobt werden. Selbstverständlich sind all diese Phänomene im naturwissenschaftlichen Unterricht erklärbar. Uns geht es hier aber zunächst um ihre mehrsinnige Wahrnehmung, um Aufmerksamkeit, um eine veränderte Beziehung zwischen uns und der Welt, die wir sehen, die uns sehend macht. Es geht um die Wirkung der Bewegung, in diesem Fall des Auges und der Dinge auf unsere Organe. Wer die bisher genannten Versuche durchführt, wird merken, daß nicht nur das Auge gefordert ist, sondern vor allem auch der Orientierungssinn, der Gleichgewichtssinn und damit das Ohr, in dem dieses Organ zu Hause ist.

Im Auge des Hurrican herrscht Ruhe

Im Zentrum des Auges sehen wir von schimmernden Farben umgeben ein schwarzes Loch. Dieses Drumherum bestimmt die Farbe des Auges, die sogar der Polizei als unveränderliches Kennzeichen der Person gilt. Auch wir sehen das Drumherum zuerst, wenn wir anderen in die Augen blicken, Augenschminkerinnen wissen dies kunstvoll zu nutzen.

Das Auge beschreibt in räumlichen Bewegungslinien vom Rand des Blickfelds über dessen markante Zentren, was wir dann bewußt als Bild von etwas sehen. Dabei schaut sich das Auge selbst zu. Der starre Blick sieht nicht. Das Auge ist keine Kamera, bei der man nur das gewünschte Objekt mit dem Objektiv scharf einstellt. Aber das Auge kann auch das. Im Fixieren wird die Augenbewegung enger konzentriert.

Uns interessiert vor allem die Bewegung von der Peripherie um und über das Zentrum hinweg und nicht umgekehrt. Wer sich immer ins Zentrum stellt, wird manchmal als letzter wahrgenommen.

Man kann auch eine ganz unübersichtliche Angelegenheit besser vom Rand aus betrachten, um das Ganze zu verstehen. Selbst in der literarischen Beschreibung von Regionen hat sich dieser Zugang bewährt: Hans Magnus Enzensberger beschreibt sein „Ach, Europa" von den Rändern her. Von Portugal, Ungarn oder Norwegen aus sehen die Zentren nicht nur kleiner aus. Sie geraten in eine angemessene Perspektive.

Kaum eine gute Geschichte, die mit ihrer Pointe beginnt. Nur die Herrscher, die immer nur im Zentrum stehen, glauben, daß al-

le Wege nach Rom, also zu ihnen führen. Die alten Indianer wußten, warum sie die Lager der Eroberer möglichst mitten im Blickfeld der Bewacher angeschlichen haben. Leider haben die das dann
auch kapiert.[62]
Was uns das Auge vorgeführt hat, zeigen auch die anderen Sinne: Leise Töne sind vernehmlicher zu hören als Lärm. Wer mich
anschreit, hat nichts zu sagen.
Wer in Manila, im Gemeinschaftstaxi, den Fahrer zum Halten
veranlassen will, schreit nicht etwa „Hallo, Stop!", sondern macht
„psst!". Laut ist nicht immer deutlich. Sirenen, Hupen, Tiefflieger
und Explosionen übertönen alles. Grelles Licht blendet das Auge.

Übung: Im Unterricht können wir ein großes Bild oder einen Gegenstand vor die Klasse stellen. Die Betrachter versuchen ihre Seh-
bewegungen aufzuzeichnen. Was ist wichtig, was wird auf welchem Weg des Auges wahrgenommen, aus welchen Gründen? In
das Sehen eines Dinges gehen Erfahrungen ein. Sie ermöglichen
genaues Hinsehen, vergleichendes Erkennen, aber auch oberfläch-
liche Blicke. Wir sagen, das kenne ich doch, das ist bekannt. Wissen kann das Auge lähmen oder aktivieren und neugierig machen.

Farben

Die Welt ist farbig, und die unendlich vielgestalteten Farbtöne machen die Musik, die das Auge „hört". Sie wirken auf das Gemüt,
können es niederdrücken und aufrichten. Die Wirkungen der
Nacht, die niemals schwarz für das Auge ist, des Sonnenlichts, der
grünen Wälder, des blauen Himmels, der grauen Wolken, des weißen Schnees oder des grünblauen Meeres gehen in den ganzen Organismus ein. Die Farben sind so vielfältig wie die sie wahrneh-
menden Menschen selbst. Sie zu ergründen, wäre eine Dauer-
übung in jedem Unterricht. Wir würden wieder lernen, daß rot auf
kleine Kinder so beruhigend wirkt wie grün auf Erwachsene, oder
wie Musik auch Farbtöne zur Vorstellung bringen kann.

Goethe schlägt vor, das Auge ganz mit einer Farbe zu umgeben,
um diese zu erkennen. Man könnte z. B. in einem hellgrünen
Frühlingslaubwald spazierengehen, in einem einfarbigem Zimmer
verweilen, eine gefärbte Brille tragen, um so die Wirklichkeit der

Farbe auf sich wirken zu lassen. „Von einem geistreichen Franzosen wird erzählt: er behauptete, daß sein Konversationston mit Madame sich verändert hätte, seitdem sie die Möbel ihres Zimmers, die blau waren, jetzt kaminrot verändert hatte."[63]

Goethes Farbenlehre ist eine Fundgrube für den Umgang mit Naturphänomenen, aber auch für Sehübungen. Sie ist eine eindrucksvolle Schule des Sehens, der Erfahrung und der Erkenntnis, die pädagogisch noch wenig erschlossen ist. Eine Ausnahme bildet hier die Waldorf-Pädagogik.

Goethes „mitzuteilende Methode" wird erst heute wieder als sinnvoller Erkenntnisweg entdeckt.[64] Sie ist auch didaktisch ein Schlüssel zur Sinneserfahrung. Wir wollen ihn im Umgang mit sinnlich zugänglichen Phänomenen gebrauchen. Dabei werden vor allem die ästhetischen Dimensionen der Phänomene und nicht nur ihre Verwertungsgesichtspunkte im Vordergrund stehen. Nicht nur technische Funktionen, sondern bedeutende Wirkungen auf Menschen sind Ansätze für einen sinnvollen Umgang mit den Phänomenen. Was sonst durch instrumentelle Didaktik mühsam und zwanghaft als vorgesetzte Motivation für angehängte Definitionen den Dingen angetan wird, bleibt ihnen in ihren sinnlichen Qualitäten auch sprachlich noch erhalten. Goethe formuliert seinen Wunsch nach dem lebendigen Ausdruck so:[65]

„Man bedenkt niemals genug, daß eine Sprache eigentlich nur symbolisch, nur bildlich sei und die Gegenstände niemals unmittelbar, sondern nur im Widerscheine ausdrücke. Dieses ist besonders der Fall, wenn von Wesen die Rede ist, welche an die Erfahrung nur herantreten und die man mehr Tätigkeiten als Gegenstände nennen kann, dergleichen im Reiche der Naturlehre immerfort in Bewegung sind. Sie lassen sich nicht festhalten, und doch soll man von ihnen reden; man sucht daher alle Arten von Formeln auf, um ihnen wenigstens gleichnisweise beizukommen.
[...]
Könnte man sich jedoch aller dieser Arten der Vorstellung und des Ausdrucks mit Bewußtsein bedienen und in einer mannigfaltigen Sprache seine Betrachtungen über Naturphänomene überliefern, hielte man sich von Einseitigkeit frei und faßte einen lebendigen Sinn in einen lebendigen Ausdruck, so ließe sich manches Erfreuliche mitteilen.
Jedoch wie schwer ist es, das Zeichen nicht an die Stelle der Sache zu setzen, das Wesen immer lebendig vor sich zu haben und es nicht durch das Wort zu töten! Dabei sind wir in den neuern Zeiten in eine noch größere Gefahr geraten, indem wir aus allem Erkenn- und Wißbaren Ausdrücke und Terminologien herübergenommen haben, um unsere Anschauungen der einfacheren Natur auszudrücken."

Wie so eine erfreuliche Mitteilung aussehen kann, soll an Goethes Beschreibung der Wahrnehmung komplementärer farbiger Bilder auf der Netzhaut des Auges gezeigt werden. Diese Erscheinung, die im Unterricht über Optik und Farben auch schulisch behandelt wird, beschreibt er zweifach, als physikalischen Versuch und als sinnlichen Eindruck, als Erlebnis:[66]

Man halte ein kleines Stück lebhaft farbigen Papiers oder seidnen Zeuges vor eine mäßig erleuchtete weiße Tafel, schaue unverwandt auf die kleine farbige Fläche und hebe sie, ohne das Auge zu verrücken, nach einiger Zeit hinweg, so wird das Spektrum einer anderen Farbe auf der weißen Tafel zu sehen sein. Man kann auch das farbige Papier an seinem Orte lassen und mit dem Auge auf einen andern Fleck der weißen Tafel hinblicken, so wird jene farbige Erscheinung sich auch dort sehen lassen; denn sie entspringt aus einem Bilde, das nunmehr dem Auge angehört.

Als ich gegen Abend in ein Wirtshaus eintrat und ein wohlgewachsenes Mädchen mit blendendweißem Gesicht, schwarzen Haaren und einem scharlachroten Mieder zu mir ins Zimmer trat, blickte ich sie, die in einiger Entfernung vor mir stand, in der Halbdämmerung scharf an. Indem sie sich nun darauf hinwegbewegte, sah ich auf der mir entgegenstehenden weißen Wand ein schwarzes Gesicht, mit einem hellen Schein umgeben, und die übrige Bekleidung der völlig deutlichen Figur erschien von einem schönen Meergrün.

Wir haben hier ein Beispiel „vor Augen", wie Naturlehre in die wirkliche Erfahrungswelt eingebettet bleiben und beschreibbar werden kann. Farben sind hier nicht nur ein Thema, sondern ein erfreulicher, sinnlicher Teil der Lebenswelt.

Damit sie das auch im Unterricht werden können, sollten wir sie in der größten Vollendung sichtbar machen, die wir kennen: in den Farben des Prismas, des Regenbogens, eines Ölfilms auf dem Wasser oder in den Komplementärfarben bunter Schatten.

Wir können alle diese Farberscheinungen im Experiment hervorbringen. Vielleicht gehören dann Seifenblasen zu den vollkommensten Farbgebilden. Die Kugel mit der dünnsten Haut, auf der die Farben des Regenbogens also des ganzen Spektrums in den Formen des Wassers sichtbar werden, ist Symbol der Vergänglichkeit. Ein Traum zerplatzt wie eine Seifenblase.[67]

Beim Spiel der Kinder spiegeln sich die Farben der Seifenblasen in ihren Augen. Wenn auch die Augen Spiegel der Seele sind, so können sie doch auch im Spiegel das Gesicht und die ganze Gestalt sehen, zu der sie selbst gehören. Der Spiegel bringt das Auge dazu, zu sich selbst zu sprechen. Wir sehen uns zu und sehen zugleich, wie sich der Gesichtsausdruck verändern kann. Wir sehen, wie wir aussehen. Wir können uns zeichnen, uns und andere nachbilden. Vielleicht ist der Umgang mit dem Spiegel, mit seiner „verkehrten Welt", der in unserer Kultur eine große Bedeutung hat, ein geeigneter Weg in die Welt der Optik und des Scheins.[68]

In der didaktischen Literatur (mit Ausnahme der Kunstdidaktik und der Optik in der Physikdidaktik) werden Farben oder optische Zeichen und ihr Einsatz in der Schule meist unter formaltechnischen oder hygienischen Gesichtspunkten betrachtet. Farben und Zeichen sind als Markierungen zur Orientierung im Dschungel der Flure und Etagen neuer Schulhäuser vernützlicht worden. Rot wird zum Symbol und heißt Halt, Achtung und Vorsicht. Es ist die Farbe der Korrektur und der Zensur im Schülerheft. Rot fällt einfach auf. Das ist der Rest seiner Sinnlichkeit.

Farben und Zeichen sollen das Zurechtfinden in Arbeitsbögen, Schulbüchern, Karteien usw. erleichtern. Wichtig ist nur noch ihr Unterschied, nicht ihr Zusammenspiel. Auch in der Schularchitektur und an allen möglichen Arbeitsplätzen haben Farben kaum noch ihre ästhetische Vollkommenheit, sondern eine hygienisch-technische Funktion: Sie sollen die Arbeitsatmosphäre sichtbar verbessern. Dank ihrer mißbrauchten Kompetenz gelingt dies manchmal sogar. Oft dienen die Farbanstriche auch nur dem Originalitätsnachweis der Innenausstatter. Nur selten werden die „Insassen" solcher Räume gefragt, in welcher Farbe sie sich denn aufhalten wollen. Kaum einem der Schulhauserbauer und ihrer Farbgeber, die wir gesprochen haben, war die physiologische, psychische Wirkung der Farben in den verschiedenen Lebensaltersstufen oder auch die biologische Wirkung der Farbmaterialien bekannt.

Entfaltung der Sinne, in diesem Falle für Lehrer und Architekten hieße also zunächst: Selbst aufmerksam und wissend werden, damit die sinnlich-ästhetische Dimension nicht nur der Farben, die für die Bewohner von Räumen von größter Bedeutung ist, aus ihrem derzeit verwahrlosten Zustand herausgeführt werden kann in eine erfreulichere Mitwelt.

Die Sicht-Bar

Auch diese Bar braucht keine Theke. Eine Pinnwand, Regalbretter oder Kästen genügen. Sie muß aber ständig geöffnet sein. Für die Augenblicke, die uns Einblicke und Durchblicke geben, enthält die Sicht-Bar:

- Bilder, auf denen etwas Wichtiges deutlich wurde oder die wir einfach schön fanden. Das ergibt eine Ausstellung eigener Bilder, Objekte, Fotos und Montagen.
- Geschichten vom Sehen (Bibliothek).
- Eine selbstgebaute „Camera obscura".
- Texte und Bilder vom Auge.
- Sammlungen optischer Täuschungen.
- Verschiedene Spiegel (Konvex, Konkav, Zerr- und Normalspiegel).
- Alles über den Horizont (Seefahrt).
- Zeichen- und Malutensilien, Farbtöpfe.
- Fotoapparate, Fernrohre, Linsen, Prismen, Mikroskope,Fernseher, Fotogeräte, Diaprojektor (z. B. für die Projektion selbst bemalter Diagläser und als Lampe für Schattenspiele).
- Farbskalen (von Goethe oder vom Farbenhändler).
- Seifenlauge und verschieden große Blasringe für Seifenblasen.
- Farbige Blumen und Pflanzen.
- Bunte Stoffe, Herbstblätter, Hölzer, Metalle, Naturfarben.
- Farbige Lampen für bunte Schattenbilder.

Die Camera lucida

- Schattenleinwand für Schattenspiele in Verbindung mit dem Diaprojektor und für Filmprojektionen.
- Sichtbare Bewegung: Sanduhr, mechanische Uhren mit Unruhe, Aquarium mit Fischen, Mobile.
- Sichtbare Töne: Lichtorgel und Sinograph (Pendelzeichner, siehe Raumlehre).

Auf das Licht, die Schatten und die Farben im Klassenraum sollte größter Wert gelegt werden. Kein Neonlicht, Hell-Dunkel-Wirkungen erzeugen durch Lampenverblendungen oder zusätzliche Seitenlampen, Stehlampen, Laternen, Kerzen, Vorhänge.

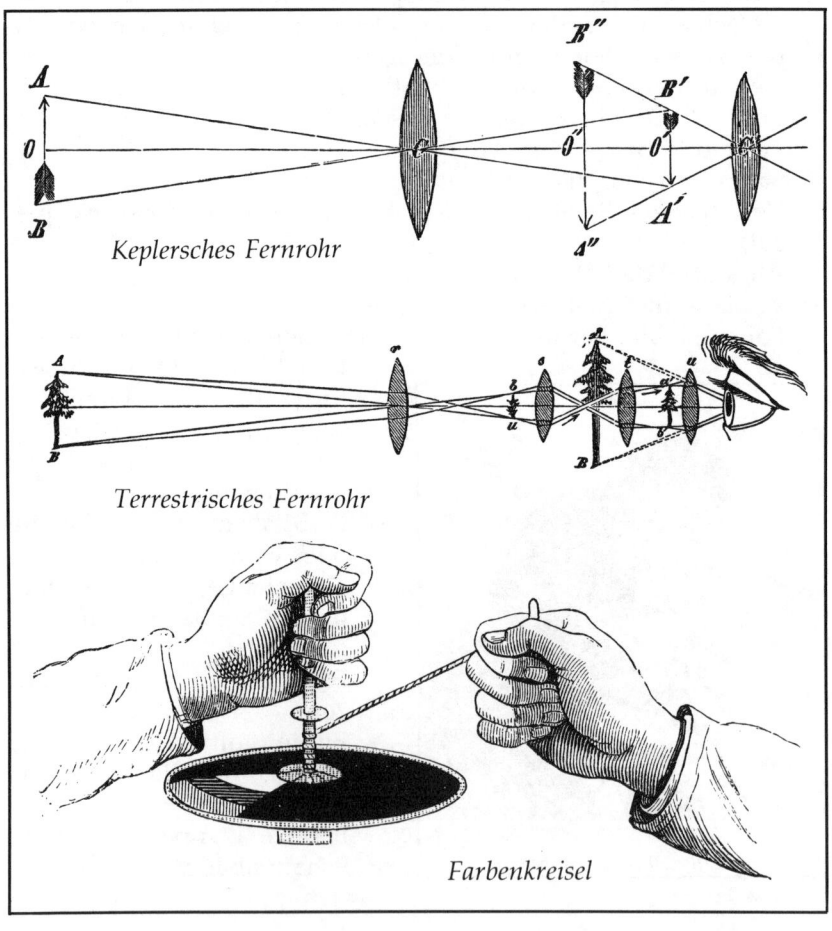

Keplersches Fernrohr

Terrestrisches Fernrohr

Farbenkreisel

BEISPIELE FÜR OPTISCHE TÄUSCHUNGEN

Gleichgewichtige Bewegungen

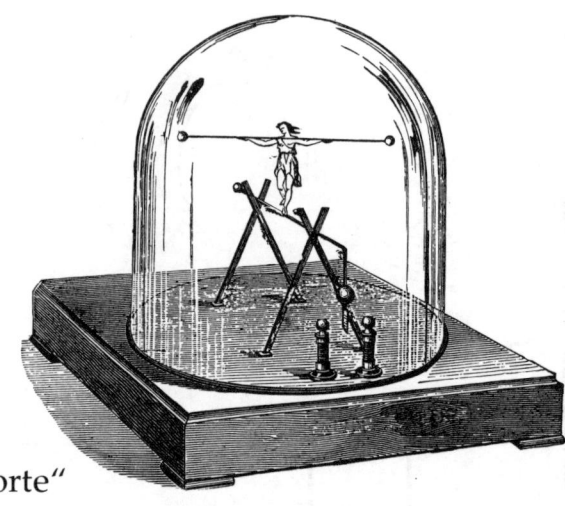

„Bewegende Worte"

Die Dinge sind in Bewegung. Die Sprache ist es auch. Die Sprach-
festschreiber konnten sie nicht zähmen. Sie läßt sich nicht beherrschen. Ihre Gedankengänge sind nicht seß-haft.

Körperliche und soziale Bewegungen können Verkrampfungen
lösen. Geistige Beweglichkeit begegnet dem Starrsinn. Seelisch bewegt uns, was uns berührt.

Wir bewegen uns auf Wegen in der Zeit durch den Raum. Oft
sind Wege nur Verbindungen zwischen Start und Ziel, Wunsch
und Erfüllung. Auf den Wegen vergeht die Zeit. „Zeit ist Geld"
wird gesagt, aber Zeit ist unser Leben: Lebensweg und Lebenszeit.
Doch die Wege erscheinen nur als Mittel zum Zweck. Durch technische Rationalisierungen werden Zeiten und Wege verkürzt, Räume verkleinert, Wege begradigt, Bewegungen beschleunigt. Soll
das Leben verkürzt, die Zeit totgeschlagen, der Raum beseitigt
werden?

Bewegung auf Wegen ist zum Schadensfall verkommen. Die Rei-
senden aller Branchen kassieren „Wegegeld als Entschädigung".
Anders denkt das Volk der Kinder auf den Schulwegen zu den
Schullaufbahnen. Trödeln, in die Luft gucken, stehenbleiben, ver-
weilen, Entdeckungen und Spiele machen, Schwarzfahren und
Hellsehen sind die Resterfahrungen der „zu-spät-gekommenen"
Wegelagerer vor dem Tritt durch die Schultür.

Im neuen pädagogischen Jargon wird den Gedankengängen, Lebens-, Bildungs-, Lern- und Lösungswegen der Prozeß angehängt: Lernprozesse, Bildungsprozesse usw. Es wird schwer sein, die Wege von diesem Schutt zu befreien, Muße zu finden und der eigenen Zeit eine Gasse zu bahnen. Solange die Wege nicht das Ziel sein können, weil soviele falsche Ziele im Weg liegen, sollte es wohl heißen: Der Ausweg ist das Ziel. Der Ausgang ist übrigens meist da, wo der Eingang war.

Draußen angelangt, verfertigt die Sprache unsere Gedanken beim Gehen.

Gedankengänge der Sprache

Mit dem Fahrrad oder dem Auto kann ich eine Landschaft erfahren und dabei Erfahrungen machen, die anders sind, als wenn ich mir auf schmalen Wegen eine Landschaft ergehe oder mich in einem Park ergehe. Auch in Beschimpfungen kann ich mich ergehen, was einen anderen vielleicht aus dem Gleichgewicht oder gar zum Entgleisen, zum Ausrasten, zum Weggehen bringen kann. Gehen kann man durch Eingänge und Ausgänge, auf Böden, Wegen, Straßen, Pfaden, Treppen, Seilen, Irrwegen, durch unwegsames Gelände, durch Flure, Korridore, Labyrinthe und Gänge, über Grenzen, Balken und Gräben. Manche gehen über Leichen. Auf Luftwegen fliegen wir ab und zu; durch Luftwege atmen wir unentwegt.

Zwischendurch kann man anhalten, einhalten, innehalten, etwas durch- und aushalten, stillhalten und widersinnigerweise einen fortschrittlichen Standpunkt einnehmen. Dieser hält uns vom Weitergehen ab, weil wir darauf stehen und uns seßhaft niederlassen. Wer lange gesessen hat, will aufstehen um sich zu bewegen, um zu gehen, zu rennen, laufen, wandeln, spazieren, kriechen oder stolpern und springen. Aber langsam: Verwegene Raserei und rasanter Aufstieg hat schon manchen auf Abwege und vor der Zeit zu Fall gebracht. Rechtzeitige Einkehr oder Umkehr wäre eine persönliche „Wendezeit" gewesen.

Komisch: Erst wenn die Vokabeln sitzen, geht es in einer fremden Sprache weiter. Oder mir geht es gut, wenn ich gemütlich sitze. Wer in der Schule sitzenbleibt, muß ein ganzes Jahr mehr durchstehen.

Heute setzt man sich auch zusammen, um sich auseinanderzu-

setzen. Selbst in fort- und rückschrittlichen, politischen Bewegungen jagt eine Sitzung die andere. Vorsitzende werden zu Vorgesetzten, wenn sie sich mit schlagenden Argumenten von ihrer Basis abgesetzt haben. Dann sollen selbst ihre Argumente sitzen.

Jedenfalls: Es ginge alles viel besser, wenn man mehr ginge. J. G. Seume meinte damit natürlich nicht nur den Stuhlgang dieser vorsätzlich Vorsitzenden.[69]

Wenn ich unbewegt auf festgefahrenen Ansichten beharre oder mich auf starren Gleisen bewege, kann es sein, daß ich unausgeglichen oder halsstarrig werde und anderer Leute Gedankengänge nicht mehr nachvollziehen oder verstehen kann. Der Umgang mit mir wird unerträglich, eine Auseinandersetzung unumgänglich oder unausweichlich. Vielleicht können wir uns danach wieder zusammensetzen, um aufeinander zuzugehen. Wer sich um eine Sache immer wieder herumdrückt, kann sie zwar von mehreren Seiten betrachten, aber nicht einmal vor sich herschieben, weil er sich immer im Kreis um die eigene Achse dreht. So kommt er nicht weiter. Mit einem Problem umgehen, es hin- und herwälzen, sich hineinversetzen, es aus einiger Distanz sehen und seinen Ver-stand in Bewegung setzen, kann Lösungswege eröffnen. Etwas kommt in die Gänge, wird seiner Lösung nähergebracht, vom Kopf auf die

Füße gestellt, zum Laufen gebracht, ins rechte Licht gesetzt, durchgestanden oder zum Balanceakt.

Nach allem Fortschritt stellen wir heute fest, daß das ökologische Gleichgewicht zur Strecke gebracht worden ist, daß uns das Gleichgewicht des Schreckens dem Frieden nicht nähergebracht hat und uns vor dem Sturz in den Abgrund nicht bewahren kann. Die versteinerten nekrophilen Verhältnisse müßten zum Tanzen oder wenigstens zur Bewegung veranlaßt werden, um die zerrissene Welt und uns selbst in ein lebendiges Gleichgewicht zu bringen. Das wäre ein bewegender Augenblick, zu dem wir auch in bewegten Worten nicht sagen sollten: „Verweile doch . . .". Der Teufel würde uns holen.

Aufrechter Gang

Mit dem aufrechten Gang hat sich der besondere Gleichgewichtssinn der Menschen entwickelt. Die Arme wurden frei zum Greifen, Tasten und Fühlen. Alle fünf Sinne haben Orientierungsbedeutung für die Gewinnung und Erhaltung des Gleichgewichts, das selbst im Stehen in Bewegung ist, wie bei einem Radfahrer. Erst im Liegen können die Sinne ruhen und schlafen. Andererseits ermöglichte das Gehen und Stehen auf zwei Beinen eine Veränderung und Befreiung der Sinne. Die freie Hand wurde schon erwähnt. Die Augen gewannen ihre hervorragende Bedeutung, nachdem sie dem Boden entrückt, zur Übersicht gelangen konnten. Die erhobene Brust atmet freier und die Nase haftet nicht mehr am Boden, der Mund wühlt nicht mehr im Gras und Laub. Die Hand führt ihm die Nahrung zu. Was der Schritt zum aufrechten Gang und zu seinem sensiblen Gleichgewicht lebensgeschichtlich bedeutet, kann beim kleinen Kind, das Säugling war und jetzt laufen lernt, jederzeit beobachtet werden. Aufrechter Gang ist eine Bedingung der Freiheit im biologischen wie im politisch-kulturellen Sinne.

fließende

Bewegung

Bewegungsliteratur

In der kaum noch überschaubaren Literatur zur „Wiederentdeckung des Körpers" spielt die Bewegung, also auch der Gleichgewichtssinn, eine bewegende Rolle. Ausgangspunkt für die meisten Autoren ist die Bedrohung unserer körperlichen und sinnlichen Fähigkeiten durch ein einseitiges, stillgestelltes Leben im Streß aus zweiter Hand, im Sitzen konsumierend und funktionierend. Bewegungsübungen, Tanz, Atemübungen, Massagen, Meditation, Aikido, Yoga, aber auch Superlearning, Sensomotorik, Bodybuilding, Trimm-Dich und Abhautourismus werden zum Schlüssel der Gesundung erklärt.

Von einigen Therapieschulen wird versprochen, die Einseitigkeit westlichen Denkens und Lebens zu überwinden. Östliches, Indianisches, Untergegangenes soll mit Europäischem verbunden werden oder es gar ersetzen. Auch wenn die Begründungen, Ziele und Praktiken oft recht mysteriös, irrational oder gar sektiererhaft sind, spricht aus ihnen doch die Hoffnung auf ein anderes, unbeschädigtes Leben. Manchmal erscheinen diese neuen Praktiken aber auch nur als der Schlüssel zum Erfolg im Konkurrenzkampf. Die Kolonisierung des Körpers und der Innerlichkeit wird als Preis in Kauf genommen.

Auch wir hoffen auf ein besseres, unbeschädigtes Leben. Allein uns fehlt der Glaube, daß die ersehnte Ganzheit hier und jetzt in einer antagonistischen Welt realisierbar wäre, wenn wir nur den Kopfsprung in eine andere Realität riskieren.

Wir wollen uns „hier und jetzt" an dieser Diskussion nicht beteiligen. Uns geht es „nur" um die Bildung der Sinnesbewegungen im Umgang mit den bewegten Dingen, soweit sie auf die eingeschränkten Möglichkeiten schulischer Bildungsarbeit bezogen werden können. Da allerdings glauben wir, daß einiges in der richtigen Richtung bewegt werden kann.[70]

Gleichgewichtige Übungen und Spiele

Alles fließt und niemand kann zweimal in denselben Fluß steigen, meinte schon Heraklit. Stillstand in der Natur und im menschlichen Leben bedeutet meistens Tod, selten Neuanfang, manchmal Ruhe vor dem Sturm.

In der Schule wird das nicht anders sein. Der Umgang mit den

Dingen und den Sinnen wird zur Bildung erst in Bewegung. Dann wird er praktische Kritik der Sitzschule.

Gleichgewichtige Bewegungsübungen des Körpers ohne die des Geistes und der Empfindung bilden Muskeln und Technik der dummen Kerle oder unbewegliche Schreibtischtäter. Die wollen wir auch nicht. Denn diese verkorksten Spezialisten ergänzen sich zu perfekt in der politischen Gewaltenteilung. Also werden wir versuchen unsere getrennten und gehemmten Begabungen gemeinsam zu bewegen. In der Schule hieße das, dem Körper, dem Geist und der Seele in allen „Lernbereichen" mehr Bewegungsfreiheit zu verschaffen. Insofern sind unsere Vorschläge auch „Koordinationsübungen" der Sinne im Dialog mit den Dingen und Verhältnissen. Keinesfalls können sie in ein Fach „Leibeserziehung" eingesperrt werden, weil sonst alles beim Schlechten, Alten bliebe.

Wir sind skeptisch gegenüber vielen moto(r)pädagogischen, sensomotorischen, bioenergetischen usw. Konzepten für die Übung des Leibes. Zumindest deren technologisches, energetisches, medizinisches, dynamisches, instrumentelles Vokabular unterstellt sich ungewollt dem Bild von der Maschine Mensch. Die Maschine wäre dann nur noch richtig zu warten. Da sollen Verklemmungen gelöst, Energiepotentiale freigesetzt, Faktoren vernetzt und Körperfunktionen mobilisiert werden. Eine allgemeine Mobilmachung. Von Freiheit oder Eigensinn ist da wenig zu hören.

In diesen Konzeptionen sind viele brauchbare Spiele und Übungen erfunden und begründet worden, die als Anregungen im Unterricht aufgenommen werden können, wenn sie entsprechend interpretiert werden. Anregungen finden wir auch in der Tanz-, Theater- oder Spielpädagogik. Auch sie müssen für die konkreten Bedingungen der jeweiligen Unterrichtssituation verändert werden.[71]

Das trifft auch auf die wenigen Vorschläge zu, die jetzt folgen. Sie sollen lediglich den Charakter gleichgewichtiger Spiele und Übungen an einigen Beispielen zeigen, die sinnvoll im Unterrichtszusammenhang, auf Erkundungsgängen, bei Klassenreisen usw. ihre Zeit finden werden.

Wortspiele: Die Sprache selbst ist Bewegung des Sprachsinns. Im Unterricht können Sprachspiele, die um Bewegung, Wege, Gleichgewicht, stehen, sitzen, gehen, laufen, springen, tanzen, fallen, fliegen usw. kreisen, die Vielfalt dieses Themas aufhellen. Wenn wir die anschließend beschriebenen Übungen und Spiele machen, können wir auch versuchen, sie genau zu beschreiben, Vergleiche zu ziehen, die richtigen Worte zu finden. Bei den Wortspielen geht es um Phantasie und Genauigkeit.

Hebelspiele: Ein großer Steinblock wird mit Hebeln und Rollen bewegt. Welche Möglichkeiten gibt es? Welche Gesetze wirken? Wo finden wir sie im Alltag noch vor? (Übersetzungen, Fahrradpedale, Schraubenschlüssel, Flaschenöffner, Türklinke, Schalthebel usw.) David bewegt Goliath.

Das labile Wippen, also nicht auf der fest montierten Wippe, sondern auf dem losen Brett, oder auf dem runden Balken über dem Faß oder Stein als Auflagepunkt, läßt die Eigenschaften der Waage, des gleichen Gewichts zum Spiel werden. Sich leicht machen, abstoßen, labil verharren, den Schwerpunkt finden, heißt mit Hebelwirkungen spielen, sie erfahren, ihre Regeln erkennen und Spaß daran haben. Auch theoretische Fragen wippen da mit: Was muß einer machen, damit ein Wipper, der 50 Kilo wiegt, mit einem Wipper, der nur 35 Kilo wiegt, gut wippen kann? Wenn beide sich die Waage halten, im Gleichgewicht sind, wer hat dann mehr vom Wippen? Der weitere Weg im Hoch- und Tiefflug ist das Ziel.

Im Physikunterricht können wir mit der Schalenwaage spielen, wiegen, vergleichen. Auf den Gemüsemärkten geht es in ihren Schalen wirklich ums Gleichgewicht als gleiches Gewicht. Denn es geht ums Geld. Das ist die Mechanik des Tauschprinzips.

Im Werkunterricht ließe sich ein großes Mobile aus Metallteilen für den Schulhof bauen oder ein kleineres für den Klassenraum. Wenigstens das ist dort immer in Bewegung.

Pendelspiele: Wir lassen ein Lot von einem erhöhten Punkt aus über den Boden kreisen. Über einem markierten Punkt soll das Gewicht stehenbleiben. Das tut es übrigens nie. Die Bewegung der kreisenden und gegensteuernden Hand mit der Pendelschnur verhält sich zu der des Pendels streng dialektisch. Da gibt es keinen Stillstand. Manche Hobbyastrologen sehen hier ihr eigenes Schicksal am Pendel kreisen und nicht nur ihren Tatterich im Kampf mit den Pendelwirkungen.

Man kann dieses Spiel mit einer Angel machen, deren Haken einen Gegenstand mit Öse aufnehmen soll. Je länger die Angelschnur, desto schwieriger wird das bekanntlich.

Beim Schaukeln an einem Seil werden wir selbst zum Pendel.

Schwindel- und Flugspiele: Auf dem Jahrmarkt läßt das Kettenkarussell die Fliehkraft, den Schwindel, das Auf und Ab, die Beschleunigung, die Bewegung in der Bewegung erfahren. Danach sind wir Mittelpunkt der Welt, die sich um uns dreht. Die senkrechten Linien der Umgebung geraten aus dem Lot.

Die Seilschaukel oder auch die Schiffsschaukel läßt die Schwerkraft, die „Fliegkraft" im freien Fall, die Beschleunigung, das Anhalten im Richtungswechsel, die höchste Geschwindigkeit nach dem Ab- und vor dem Aufschwung, erfahrbar werden. Anspannung und Lösung, Träume und Angstzustände berühren den Gleichgewichtssinn im Ohr. Schaukeln an Ästen, am Pendelseil sind beliebte Spiele, in denen das gleiche erfahren werden kann.

Auf der Achterbahn erleben wir die Kraft des Beharrungsvermögens der Körper, die in den Kurven irritiert wird, das sanfte Auffangen des fast freien Falls, das Durcheinandergeraten der Orientierung. Das Riesenrad erlaubt den Perspektivwechsel, Fahrstuhlgefühle mit freier Sicht. Im Rotor, diesem rasenden Topf, der einer Wäscheschleuder für Menschen gleicht, kleben wir an der Wand, können an der Wand hochkriechen. Geisterbahnen erschweren die Orientierung im Dunkeln. Wenn sie gut gemacht sind, symbolisieren sie die Unheimlichkeit des Urwalds ohne Richtungsbewußtsein.

Flugspiele machen wir auch, wenn wir von einem hohen Turm herunterschauen. Flug-, Schwebe- und Fallvisionen entstehen. Die Sicherheit des Geländers läßt uns den Visionen nachgeben. Der Turm scheint sich wie ein umgekehrtes Pendel kreisend zu bewegen, besonders wenn wir Vögeln zuschauen, die umherschweben und die Bewegung relativieren. Es ist beinahe wie im anfahrenden Zug, neben dem der Bahnsteig abfährt.

Radschläge: Wir lassen Räder rollen. Kinder spielten früher mit alten Fahrradfelgen, in dem sie diese mit einem Stock neben sich hertrieben. Durch seitliches Schleifenlassen des Stockes ließ sich die Richtung des Rades ändern. Das rollende Gleichgewicht und sein Beharrungsvermögen kann in dieser Bewegung studiert werden. Schließlich läuft man neben dem rollenden Rad.

Roller- oder Radfahren: Sich selbst dabei bewußt zuschauen. Was tun wir, damit wir nicht umfallen? Freihändig fahren heißt lenken durch Schwerpunktverlagerung – und das ist verboten.

Kreisellauf: Der Farbenkreisel mischt durch seine schnelle Drehung die Farben für das Auge, das der schnellen Bewegung nicht folgen kann. Das sind Vorstudien zum Prinzip des Films. Auf dem Schulhof können wir einen alten oder selbstgebauten Peitschenkreisel tanzen lassen. Auch er kann Farben mischen, tanzen und springen. Er zeigt uns viel über Gleichgewicht, Schwerelosigkeit und Bewegungsabläufe.

Wasserspiele: Im Waschbecken oder in der auslaufenden Badewanne können wir den Strudel des abfließenden Wassers beobachten. Da gibt es dynamische Spiralbewegungen als Gleichgewicht des Flüssigen. Elementare Formen der Spirale, der gegenläufigen Bewegung zeigen sich in der Dynamik des Wassers. Dagegen setzen wir die mechanische Spiralbewegung der Förderschnecke.

Tauchen und Springen beim Baden erlauben andere Bewegungsrichtungs- und Steuerungsspiele, als sie auf der festen Erde möglich sind. Der Halt, der Gegendruck fehlt, bei dieser relativen Schwerelosigkeit ohne festen Boden unter den Füßen.

Balanceakte: Freihändig auf einem schwankenden Kettensteg, einer Seilbrücke, einem Balken, einer Mauer oder einem Seil gehen. Das Becken steuert den aufrecht schwankenden Gang. Die Arme gehen mit. Das Auge tastet die Ränder ab. Schwerpunktverlagerung und Rhythmus erhalten das Gleichgewicht. Ähnliches kann beim Gehen über große Steine in einem Flußbett geschehen. Man kann diese Übungen auf „vielen Ebenen" machen. Der sichere Tritt, der flüchtige Sprung, das labile Gleichgewicht, können erprobt werden. Was spüren, was tun die Füße bis in die Zehenspitzen?

Kopf- und Handstand verlangen nicht nur Balance, sondern auch eine neue Orientierung. Rechts, links, oben und unten, werden anders gesehen. Steht die Welt jetzt auf dem Kopf?

Bewegung im Rhythmus. Bewegung kommt über die Musik ins Ohr, in die Beine, in den ganzen Körper. Der Boden tanzt mit. Die schöne Bewegung ist nicht nur eine Sache des Taktgefühls.

Tanz und Muße: Stillsein, still sitzen, stehen oder liegen. Ruhe wird als Entspannung oder Anstrengung erlebt. Nur Gedankenbilder bewegen sich im Gleichgewicht zwischen Wachen und Schlafen.

Im Gras liegen, den wandernden Wolken zuschauen und ihre Gesichter sehen. Die Ruhe des Sternenhimmels ist Bewegung.

Dann sehen wir von oben ein Autobahnkreuz. Geisterhände scheinen die Vehikel zu lenken. Die Verhältnisse tanzen selbst.

Deshalb brauchen wir keine Beweg-Bar.

Beweg-Bar?

Ewig wechselt der Wille, der Zweck und die Regel,
in ewig
Wiederholter Gestalt wälzen die Thaten sich um.

Schiller.

Im Bild verweilt der Augenblick.
Doch ist er flüchtig.
Er schreibt Geschichten. Ist Bewegung.
Wie alles wohl bewegt ist und bewegend sein kann.
Gleichgültig: Ob das Fortschritt, Rückschritt oder Stillstand heißt.
Das Leben selbst ist auf den Wegen unterwegs.
Führen die Wege? Und wohin?
Wer könnte da zum Augenblicke sagen:
„Verweile doch . . .“

Zum Unterricht

Ein Projekt: „Jahreslauf"

Vorlauf

Mit Ausnahme der Sinneswerkstatt schlagen wir keine weiteren Projekte vor, die eine „Sinnesschulung" zum Thema haben.

Die Sinne sollten sich im ganz alltäglichen Unterricht bilden, indem sie tätig werden können – ganz im Sinne eines Unterrichtsprinzips. Seine Verwirklichung bedeutet, daß Projekte formuliert werden müssen, die diese Sinnestätigkeit möglichst umfassend beanspruchen. So wenig die Sinnestätigkeit auf einen Einzelsinn eingegrenzt werden kann, so wenig können solche Projekte auf ein Fachgebiet oder auf eine einmalige Projektwoche beschränkt werden.

In wenigen Schulen wird bisher offener Unterricht in Projekten, in denen Schule und übrige Lebenswelt verbunden werden, als Regelunterricht durchgeführt. Zweifellos wäre dies im Rahmen von Unterricht der beste Weg einer Entfaltung der Sinne im Umgang mit den Dingen.

Aus der Fülle möglicher Themen schlagen wir den „Jahreslauf" für ein exemplarisches Projekt vor, das in den verschiedensten Verlaufsformen denkbar ist. Es könnte z. B. als Rahmenthema eines ganzen Jahres die Inhalte der Unterrichtsarbeit auch in den verschiedenen Fächern koordinieren. Es könnte als kleines Begleitprojekt, z. B. zum Thema „Blätter" (s. unten), vielleicht 1 bis 2 Wochenstunden in Anspruch nehmen. Es könnte aber auch als überfachliches, integriertes, inner- und außerschulisches Projekt zahlreiche Arbeitsgruppen, Unterrichtsvorhaben, Experimentier- und Produktionsgruppen um das Thema versammeln. Dies würde sicher 1 bis 2 Unterrichtstage in der Woche beanspruchen. Entscheidend für die Wahl von Formen und Inhalten sind Altersstufe und Vorerfahrung der Schüler und Schülerinnen, die Arbeitsweise der Lehrer und Lehrerinnen, die Unterrichtsbedingungen der Schule (eigener Raum, Material, möglichst viele Stunden in der eigenen Klasse usw.).

Das Unterrichtsthema „Jahreslauf" hat eine lange Tradition. Vor allem in der Reformpädagogik war der Jahreslauf für den Gesamtunterricht ein strukturierendes Prinzip. Im Faschismus wurde mit dem Jahreslaufprinzip eine Idealisierung bäuerlichen Lebens, des an die „Scholle" natur-gebundenen Menschen betrieben. Bis in die 60er Jahre hinein strukturierte der Jahreslauf Fibeln, Lese- und Biologiebücher. Er blieb von der berechtigten ideologie-kritischen Revision dieser Schulbücher nicht verschont. Für Stadt- und Landkinder erschien die „heile Welt" des Landlebens unrealistisch, weltfremd und zivilisationsfeindlich. Die Inhalte wurden in der Folgezeit realistischer, d. h. aber auch, daß sie der städtischen Kultur unterworfen wurden, Natur wurde verdrängt, Sinnestätigkeit überflüssig.

Wir plädieren selbstverständlich mit dem Thema „Jahreslauf" nicht für die Rückkehr zu einer ideologischen Glorifizierung borniter Naturidylle. Ein an den Jahreslauf gebundenes Projekt kann heute die Möglichkeit bieten, Technik, Naturwissenschaft, Ästhetik, Kultur, ökologische Fragen und sich selbst in ein bewußteres Verhältnis zu der wahrnehmbaren Zeit von Tag und Nacht, zu den Jahreszeiten und deren Veränderungen zu setzen.

Gerade den Stadtkindern sollten die elementaren körperlichen Lebensbedingungen unmittelbar und nicht nur über die Medien zugänglich gemacht werden. Sicher haben auch die ökologische Denkweise der Gegenwart sowie der stündliche Wetterbericht und die häufigeren Reisepläne dieser Thematik zu neuer Bedeutung verholfen.

Das Projekt ist in allen Jahrgangsstufen aller Schularten durchführbar. Selbstverständlich müssen die Aufgaben dem Leistungsvermögen und dem Interesse der Lerngruppen angepaßt werden. Da Lehrerinnen und Lehrer, die einen solchen Vorschlag aufgreifen, die didaktische Aufbereitung ohnehin für ihre konkreten Bedingungen vornehmen werden, wollen wir hier nur auf einer allgemeineren Ebene Themen, Aufgabenstellungen und praktische Möglichkeiten beschreiben, die ein solches Projekt bieten kann.

Wir werden bei den einzelnen Themen nicht ausführen, was stofflich alles gelernt werden kann − das ist bekannt, es steht sogar in den Lehrplänen und den Fachbüchern der einzelnen Fächer, die in ein solches Projekt integriert sind. Im Vordergrund der folgenden Beispiele steht die heute verdrängte Dimension der Sinneswahrnehmung und ihre Verarbeitung im Jahreslauf.[72]

Der Kalender

Wir brauchen zwölf große weiße Bögen, z. B. Zeichenkarton, mindestens im Format DIN A1. Jedem Monat ist ein solches Blatt gewidmet. Die Bögen werden nebeneinander an einer Wand aufgehängt. Die Monatsblätter werden nach einem Grundmuster gestaltet, das mit den Schülern verabredet wird.

Die Monatsblätter können mit Farben umrahmt werden, die zur jeweiligen Jahreszeit passen. Bei der Auswahl geht es um die Charakteristik von Jahreszeit, Monat und Farbe. So wird z. B. niemand vorschlagen, den Mai schwarz, weiß oder grau zu umranden. Aber man kann darüber streiten, ob er grün (Wachstum), rot (Tag der Arbeit) oder rosa (Liebe) gerahmt werden soll.

Reicht der Platz für alle Eintragungen nicht aus, wird das Blatt nach unten hin verlängert. Alle Blätter sollen immer sichtbar sein. Weil an der Wand schlecht geschrieben werden kann, werden die Eintragungen auf vorbereitete Zettel geschrieben, die am Monatsende sortiert, ausgestaltet, ergänzt, besprochen und dann eingeklebt werden.

Der Kalender ist eine Art ständiges, die Arbeit organisierendes Projektplenum und Projektergebnis zugleich. Er kann nach seiner Vollendung im Schulflur ausgestellt werden und andere Schüler und Lehrer anregen oder einfach nur erfreuen. Deshalb sollte er schön gestaltet werden.

In das Beispielblatt haben wir Beobachtungsthemen eingetragen, die einzeln oder in Gruppen bearbeitet werden können. Solche Themengruppen bleiben möglichst lange, vielleicht sogar das ganze Jahr über zusammen. Die Gruppen können auf diese Weise lernen, langfristig zu planen, zusammenzuarbeiten, sich Aufgaben vorzunehmen und die Ergebnisse oder Fragen anderen mitzuteilen.

Eine Kalendergruppe kann als Redaktion arbeiten. Sie ist dann für die Gestaltung der Blätter verantwortlich. Selbstverständlich wird auch der Kalender Unterrichtsgegenstand sein. Seine Geschichte, die Kalenderarten, die Bedeutung, der Gebrauch, die Zeitrechnung sind eigene Unterrichtsfragen.

Im folgenden sollen beispielhaft einige Themen mit ihren Aufgaben beschrieben werden, an denen die Arbeitsweise und die Einbindung der Sinnestätigkeit in den Unterrichtsstoff deutlich werden können.

Es ist übrigens gleichgültig, in welchem Monat man mit der Ar-

MONAT / JAHR   z.B.:   MAI 86

TAGE	☀	☽	🌧	Wind	🌡	BESONDERE EREIGNISSE	BEOBACHTUNGEN / AKTIVITÄTEN / GESCHICHTEN EINDRÜCKE
1 Do	6.⁰⁰ 1.²⁵ 10° 20.⁴⁰ 8.⁰⁰ 15°		☀	SW 4	17°	SCHULFREI TAG DER ARBEIT	THEMEN:
2 Fr	☽		🌧	W 5		SCHNEE IM HN	AKTUELLE EREIGNISSE HIMMELSBEOBACHTUNGEN
3 Sa			🌧				WAS WIRD GESÄT / GEERNTET / GEPFLEGT? DAS BLATT / DIE KNOSPE DER KASTANIE WAS BLÜHT?
4 So			☁				WETTERBEOBACHTUNGEN WETTERVERGLEICHE (BERLIN / ANDERE ORTE) (IN ANDEREN JAHREN)
5 Mo			☀				WETTERREGELN DER BAUERN (SPRICHWÖRTER)
6 Di			☀			AUSFLUG INS SCHWIMMB.	GERÜCHE DES MONATS (KRÄUTER, SMOG / BLÜTEN)
7 Mi			☀	20°			REZEPTE DES MONATS (WAS IST BILLIG IM GEMÜSELADEN?)
8 Do	●		☀			ANDAS GEBURTSTAG	GERÄUSCHE DES MONATS (IM REGEN, BEI SONNE, WIND, SCHNEE,
9 Fr							IM WALD, IN DER STADT, ARBEITSGERÄUSCHE, FLUGZEUGE, VERKEHR, TIERGERÄUSCHE?)
10 Sa						SCHULFREI	FARBEN DES MONATS DAS STRASSENBILD IM MAI
11 So							(MODE, GESCHÄFTE — WAS GIBT'S SO IN BERLIN IM MAI?)
12 Mo	5.³⁵ 7.⁰⁵ 21.⁴⁰ –						STRASSENSPIELE IM MAI LIEDER UND BILDER DES MONATS (SCHLAGERPARADE HIT NR.1)
						u.s.w.	DER WITZ DES MONATS
							DIE GESCHICHTE DES MONATS (KALENDERGESCHICHTE)

IN WEITERE SPALTEN KÖNNTEN EINGETRAGEN WERDEN:

„ES WAR EINMAL EIN MAIKÄFER ...

GEBURTSTAGE / NAMENSTAGE
STERNZEICHEN
FERIENZEITEN
WICHTIGE GEDENKTAGE
JAHRESZEITENWECHSEL
HÖHENSTAND DER SONNE

UNSERE WÜNSCHE IM MAI

(VIELES DAVON KANN ABER AUCH
ALS TEXT IN DER RECHTEN SPALTE
AUSFÜHRLICHER AUFTAUCHEN)

beit anfängt. Da Wachsen und Vergehen, Tag und Nacht, Ebbe und Flut, Wärme und Kälte, Schlafen und Wachen, Leben und Tod in einer unauflöslichen Wechselbeziehung stehen, gibt es im Jahr keinen wirklichen Anfang – auch wenn der Kalender diesen auf den 1. Januar festgelegt hat, und das Erwachen des Menschen am

Morgen und der Natur im Frühjahr wie ein Neuanfang erscheint. Selbst im Herbst beginnt etwas Neues: Er ist das Ende vom Anfang, so gut wie der Anfang vom Ende und eine eigene Zeit für sich zugleich.

Tag und Nacht

Von allen Phänomenen der Natur dürften Tag und Nacht den größten und dauerhaftesten Eindruck auf unsere Sinne machen. Während sie am Tag wach sein können, läßt die Nacht sie ruhen und schlafen. Tag- und Nachtleben der Menschen unterscheiden sich sehr bedeutsam. Das Licht des Tages und die Dunkelheit der Nacht, die Wärme des Tages und die Kälte der Nacht wirken über die Sinne auf unseren Organismus, auf Lebensrhythmus, auf Aktivität und Ruhe. Im Laufe eines Tages haben unsere Mahlzeiten ihren Stammplatz, ist unser aufrechter Gang gefordert – immer der Nase nach –, können wir die Luft des Morgens riechen, auf der Haut spüren, bis nach vollbrachtem Tageswerk der Feierabend Müdigkeit und Ruhe erlaubt, die Glieder schwer werden dürfen und wir einschlafen, – oder uns in „Nachtleben" stürzen.

Im Jahreslauf verändern Tag und Nacht ihr Verhältnis und ihre Wirkung: Licht, Temperatur, die Gerüche in den verschiedenen Jahreszeiten, unser Tag- und Nachtgefühl, Tageslauf und Lebensweg der ganzen Natur wandeln sich in unserer Wahrnehmung und in Wirklichkeit.

Aufgaben für eine Tag- und Nachtgruppe:

– Beobachten und in einem normalen Kalender nachlesen, wie sich das Verhältnis von Tag und Nacht im Jahreslauf verändert (Tag- und Nachtgleiche, Jahreszeitenwechsel, Sonnenauf- und -untergang). Während einer Klassenreise können Sonnenaufgang und -untergang wirklich bestaunt werden.

– Den Lauf der Sonne von Ost nach West und die unterschiedlichen Himmelsrichtungen ihres Auf- und Untergangs sowie den unterschiedlich hohen Stand zur Mittagszeit beobachten. Wo steht die Sonne um: 9 Uhr, 12 Uhr, 15 Uhr, 18 Uhr? Wo ist sie nachts?
Aufgrund der Richtungsbeobachtungen kann eine Sonnenuhr auf dem Schulhof gebaut werden. Die Schattenrichtung (Tages-

zeit) und die Schattenlänge (Jahreszeit) werden regelmäßig beobachtet.

- Sinnestäuschung: Nach diesen Beobachtungen können die Schüler und Schülerinnen die vielleicht fundamentalste und folgenreichste Sinnestäuschung entdecken, deren historische Entdeckung durch Kopernikus das abendländische Weltbild revolutionierte (Kopernikanische Wende). Unterrichtlich wird die Geschichte dieser Entdeckung und ihrer Folgen von Ptolemäus, Kopernikus, Galilei bis hin zu den Entdeckungsreisen erarbeitet. Dabei sollten die Rolle des Fernrohrs und des Kompaß' als Verbesserungsinstrumente der Sinneswahrnehmung besprochen werden.

Es geht also um die Frage, wie der Augenschein zu trügen scheint: Nicht die Sonne umkreist die Erde, sondern die Erde dreht sich in 24 Stunden um ihre eigene schräge Achse (Tageszeiten) und im Laufe von 365 Tagen um die Sonne (Jahreszeiten). Aber auch die Sonne steht im Kosmos nicht still.

Ein Versuch mit einer Taschenlampe als Sonne und dem Globus wird dieses Phänomen veranschaulichen. Bei dem Versuch kann auch herausgefunden werden, was die schräge, immer gleichstehende Achse der Erde mit der Entstehung der Jahreszeiten zu tun hat. Die unterschiedliche Entfernung zwischen Sonne und Erde auf ihrer Umlaufbahn im Jahreslauf kann die ungleiche Verteilung von Wärme und Kälte auf der nördlichen und südlichen Erdhalbkugel erklären. An dem Beispiel kann deutlich werden, wie Bewußtsein und Theorie die Sinneswahrnehmung verarbeiten müssen, um ihr den „genauen Blick" zu verschaffen.

Es gibt Phänomene, bei denen die einfache Sinneswahrnehmung durch Instrumente präzisiert werden muß (Fernrohr und Mikroskop). Das Problem von innen und außen wird deutlich: Einen Standpunkt außerhalb des Systems (der Sonne) kann man nicht praktisch, aber theoretisch einnehmen. Dieser Standpunkt außerhalb des Systems ist die Bedingung zur Erkenntnis des Systems.

An diesem Vorhaben sollte die ganze Himmelskunde entfaltet werden. Beobachtung der Sternbilder, ihres Wandels in den Jahreszeiten, Beobachtungen des Mondes.[73]

Wie konnten die alten Seefahrer ohne Kompaß den Weg finden (Polarstern, Mond und Sonne als Richtungsweiser)?

Beobachtungen und Orientierungsversuche zu diesem Fragen-komplex lassen sich am besten während eines Aufenthaltes im Schullandheim durchführen: Auf einer Nachtwanderung spielen Fernrohr, Kompaß, Mondlauftabelle, Landkarte, Sternen-karte des Monats eine Rolle. Es werden Geschichten vorgelesen vom Sterntaler-Märchen bis zu Geschichten über die Ent-deckungsreisen.[74]

– Tageslicht und Nachtlicht beobachten:
Studien zu hell und dunkel (Physik und Kunst).
Direktes Licht, schräg auffallendes Licht, buntes Schattenlicht, Schattenspiele, Lichtstrahl im Nebel.
Mit gleicher Belichtungszeit und Blende einen Gegenstand zu verschiedenen Tageszeiten fotografieren.
Warmes Sonnenlicht und kaltes Mondlicht.
Warum geht die Sonne rot auf und als großer roter Feuerball unter (Dunst und Smog)?
Warum erscheint sie morgens und abends so groß und mittags, wo sie am hellsten ist, so klein, obwohl sie doch immer gleich groß ist?

– Wärme und Kälte im Tageslauf:
Temperaturmessungen zu gleichen Tageszeiten während des ganzen Jahres in Luft und Wasser vornehmen und im Kalender notieren.
Eigene Werte mit den offiziellen Durchschnittswerten der me-teorologischen Institute vergleichen (Durchschnittsrechnung, Addition usw.).
Wärme- und Kälteempfindung bewußt wahrnehmen. Welches ist die angenehmste Tages- und Nachttemperatur?
In trockener und feuchter Luft empfinden wir Wärme und Kälte unterschiedlich.
Die Auswirkungen der Lufttemperaturen auf das menschliche Verhalten in Fragen der Kleidung, Reisen und Arbeit können hier oder in einer extra Wettergruppe untersucht werden.

– Die Gerüche von Tag und Nacht in verschiedenen Jahreszeiten und unterschiedlichen Regionen (Wald, Stadt, Feld) einfangen und beschreiben: Blütenduft, Smog, Heu- und Strohduft, Harz-geruch, die Gerüche verschiedener Stadtteile zu verschiedenen Tageszeiten, den Schweiß des Tageswerkes, die Körpergerüche am Morgen, die frische Morgenluft und die schwere Luft am Nachmittag.

- Die Geräusche von Tag und Nacht können in der gleichen Weise beobachtet werden: Ruhe der Nacht und Lärm des Tages. Wann gibt es welche Arbeits-, Musik-, Essens-, Fernseh-, Disco-, Kneipen-, Wind-, Gewitter-Geräusche? Die Geräusche können mit dem Tonband eingefangen werden.

- Geschmack und Appetit verändern sich im Tageslauf:
  Typischen Morgen-, Mittags- und Abendgeschmack beobachten und beschreiben.
  Auch der Kleidergeschmack verändert sich vom Nachthemd über die Arbeitskleidung bis hin zur Freizeit- und Abendgarderobe.

- Nachts sind alle Katzen schwarz. Die Dinge verändern ihre Farben.

- Tag und Nacht gestalten das Leben der Menschen (auch das der Pflanzen und der Tiere).
  Den eigenen Tageslauf und den ganz verschiedener Menschen und Altersstufen beobachten. Notieren, wie Tag und Nacht und deren Übergänge den Tagesrhythmus gestalten. Das Morgen-, Mittags- und Nachtgefühl als Lebensgefühl beschreiben.

- Gute-Nacht-Geschichten:
  Was wissen wir über den Schlaf (Schlafstadien)? Unsere Sinne schlafen, wenn die Träume erwachen. Was wissen wir über Träume als Verarbeitung von Sinneswahrnehmung ohne die Tätigkeit der wachen Sinne?

- Tagträume sind Wunsch-, Lust- und Angstwahrnehmungen mit diffusem Bewußtsein, aber ohne bewußte Sinnestätigkeit. Welche Tagträume haben wir? Wann kommen sie?

Die Aufgaben, die das Tag- und Nachtthema nahelegen, rechtfertigen ein eigenes Projekt „Tageslauf". Es hat den Vorteil, auch kurzfristig machbar zu sein.

Dabei werden aber gerade die im Jahreslauf wahrnehmbaren Zeit- und Veränderungsverläufe ausgeblendet. Man kann die Aufgaben, die hier aufgeführt wurden, auch in anderen Gruppen des Projekts bearbeiten, weil sich alle Ereignisse im Jahr auch in Tag und Nacht abspielen. Wir empfehlen dieses eigene Thema aber deshalb, weil Tag und Nacht die nächstliegenden, unmittelbar beobachtbaren Veränderungen enthalten, die wir sinnlich erfahren und die unser Leben gestalten.

Wetter und Jahreszeiten

Das Interesse der Menschen am Wetter ist wetterunabhängig, man kann sagen, witterungsbeständig. Viele Gespräche am Straßenrand beginnen, indem man sich sagt – was jeder weiß – wie das Wetter ist. Man redet über seine Empfindungen, hat eine Meinung zum Wetter und spricht sie auch noch aus. Was sonst selten geschieht.

Kaum ein Ereignis wird so oft vorausgesagt wie das Wetter. Auch wenn die Voraussagen nicht eintreten, das wirkliche Wetter tritt hundertprozentig ein. Das Interesse am Wetterbericht ist hierzulande ungeteilt. Das ist nicht überall auf der Welt so. In der Sahara z. B. weiß man, wie am nächsten Tag das Wetter sein wird – auch ohne Wetterbericht. Das Interesse hängt also mit dem hiesigen Klima zusammen und mit dem Wunsch der eingesperrten Städter nach ständiger Sonne. Es hängt auch mit dem Wunsch der Bauern nach gelegentlichem Regen selbst im Juli zusammen. Alle haben ihre Wünsche ans Wetter: Die Bauarbeiter wünschen sich gutes Wetter, damit sie Arbeit haben, und schlechtes Wetter, damit sie Schlechtwettergeld bekommen, die Fernfahrer wollen glatteisfreie Straßen und die Mittelmeerhoteliers wünschen sich im Sommer schlechtes Wetter im Norden, während die Kinder nach Sonne hungern, um hitzefrei zu bekommen.

Das Interesse an der Art des Wetters ist also geteilt und hängt von unseren Lebensumständen, Wünschen und Interessen ab. Es gibt Leute, die leben von schlechtem Wetter und gutem Wind: Die Segler, die Sturmschädenversicherer, die Schneeräumer, die Deichbauer, die Wetterfrösche, aber auch die Bauern. Alles wird gebraucht: Sonne, Regen, Schnee, Wärme und Kälte. Aber es gibt Wetterarten, die keiner will, z. B. einen Orkan, Regengüsse, die zu Überschwemmungen führen, Sturmflut und Glatteis auf den Straßen.

Wetter nehmen wir durch alle Sinne wahr, vor allem über die Haut. Das Wetter macht uns froh, aktiv oder schlägt auf's Gemüt. Man wird launisch wie das Wetter. Alte oder kranke Menschen spüren das Wetter in den Gliedern. Ein plötzlicher Witterungsumschwung kann Menschen töten. Auf alle Fälle hängen unser Wohlbefinden, unsere Stimmungslage, unsere Kleiderordnung, unsere Heizkosten und unsere Urlaubspläne mit der Wetterlage eng zusammen.

An die Jahreszeiten haben wir witterungsmäßig ziemlich dogma-

Himmel über Berlin

tische Forderungen, die jeder kennt. Immerhin gestehen wir dem Winter Kälte, Schnee, Eis und lange Nächte zu, auch wenn sie uns teuer zu stehen kommen, wenn wir uns in unserer Haut wohl, d. h. warm fühlen wollen und unsere Augen auch in der Dunkelheit sehen sollen. Die Auswirkungen der Jahreszeiten auf unser Wohlbefinden, unsere Sinne, unsere Aktivitäten und Ruhewünsche sind über das Wetter vermittelt.

Die Stadtmenschen, die mit den Naturkräften wenig zu tun haben wollen oder können, haben die Jahreszeiten funktionalisiert: Sonne gibt es, weil sie Wasser- und Sonnenbaden ermöglicht (Hallenbäder haben nur den Winter überlistet); Winter gibt es zum Skifahren; Frühling zum Spazierengehen und Herbst, um billig Gemüse und Obst einzukaufen. Daß dieses „um zu" durch ein „weil" oder „wenn" ersetzt werden könnte, muß erst wieder entdeckt werden: weil oder wenn im Sommer das Wasser warm ist, können wir schwimmen usw.

Es ist deutlich geworden, daß der Themenschwerpunkt „Wetter und Jahreszeiten" zwar unter natur- und sozialkundlichen Aspekten im Unterricht bearbeitet wird, daß aber unter dem Gesichtspunkt „Entfaltung der Sinne" die wahrnehmbare Wirkung des

143

Wetters auf uns selbst Ausgangspunkt für den Unterricht und ein eigenes Thema sein sollte. In den folgenden Aufgaben versuchen wir, diese „Phänomenorientierung" zu berücksichtigen.

— Wir versuchen die Jahreszeiten in ihrer Wirkung auf uns und die Natur zu charakterisieren (wir schreiben, zeichnen, fotografieren).

— Wir schreiben Tagebuch oder Protokoll über die wahrnehmbaren Gegensätze: Nässe und Trockenheit durch Regen, Wind, Schnee, Hochwasser, Sonne und Eis; Wärme und Kälte durch Sonne, Tag, Winter und Nacht; Helligkeit und Dunkelheit durch Sonne und Tag, Winter, Wolken und Nacht. In diesem Zusammenhang sollten die Entstehung der Jahreszeiten, der Kreislauf des Wassers und die Entstehung von Wolken, Regen, Schnee und Eis behandelt werden.

— Wir suchen alte regionale Wetterregeln, z. B. in Bauernkalendern, und beobachten, ob sie zutreffen.

— Wir beobachten den Zusammenhang von Wetter und Jahreszeit mit Mode, Arbeitsleben und Straßenleben sowie mit dem Wohlbefinden der Menschen. Ausgangspunkt könnten Beobachtungen der Kleidung am eigenen Leibe sein. Es geht um den Zusammenhang des Arbeits- und Freizeitlebens mit dem Klima.

— Wir berichten über besondere Wetterereignisse mit ihren natürlichen und sozialen Folgen: Gewitter, extreme Temperaturen, Wolkenbrüche, Hagel, Smog (als künstliches Wetter), Überschwemmungen, Sturmfluten, Orkane, Wolkenbrüche, Eis- und Schnee-Einbrüche. Selbstverständlich müssen die gemachten Beobachtungen metereologisch erklärt werden.

— Wir beobachten Mond und Sterne im Jahreslauf (s. Themenschwerpunkt Tag und Nacht). Es geht um Zusammenhänge von Mond und Monat, Mond mit Ebbe und Flut und dem Zyklus der Frau, es geht um das Verhalten der Tiere bei Vollmond, um den Sternenhimmel im Jahreslauf.
Wir unternehmen Orientierungsversuche nach Mond und Sternen. Die Bedeutung der Sterne in der Mythologie wird besprochen (Astrologie, griechische Sagen usw.).

— Wir beobachten die Wirkung des Wetters auf die Pflanzenwelt sowie die Wirkung des Pflanzenwuchses, der Gewässer und der Bodenbeschaffenheit auf das Wetter, auf Siedlung und Industrie. Der ökologische Kreislauf wird erarbeitet. (Diese Frage ist auch unter dem Thema Wachsen und Welken exemplarisch zu studieren.)

— Zahlreiche Erweiterungsthemen für den Unterricht, die der sinnlichen Wahrnehmung zugänglich sind, sollten selbst erfunden werden. Beispiele: die Nutzung des Wetters in der Landwirtschaft, Wasserwirtschaft, Energiewirtschaft (Sonnenkollektor bauen), Wetterkunde. Indirekte Nutzung des Wetters durch die Bauwirtschaft, die Modeindustrie (vom Regenschirm bis zum Sonnendach). Auch hier kann die sinnliche Wahrnehmung zu erklärungsfähigen Fragen führen.

Der Themenschwerpunkt „Wetter" könnte in ein Unterrichtsfach (Geographie mit landeskundlichem Aspekt) integriert oder als eigenes kleines Projekt durchgeführt werden. Einige Themen aus den anderen Schwerpunkten müßten in diesem Falle einbezogen sein.

Wachsen und Welken

Wachsen und Welken stehen symbolisch für jeden Lebensweg. Sichtbar und konkret werden diese Prinzipien des Lebens im Jahreslauf durch Geburt und Tod, besonders aber in der uns umgebenden Pflanzenwelt. Auf sie soll sich dieser Themenschwerpunkt auch beziehen. Im naturkundlichen Unterricht wird es sowieso um das Wachsen der Pflanzen gehen. Häufig werden dabei aber nur biologische Prozesse in Momentaufnahme behandelt. Wir plädieren für die sinnliche Wahrnehmung des Werdens und Vergehens von Pflanzen im Jahreslauf. In diesem Zyklus sind dann Einzelversuche und Erklärungen biologischer Vorgänge einzubetten. Ein solches Herangehen an die Lebenswelt der Pflanzen kann den Blick für ökologische Zusammenhänge öffnen und dem vorherrschenden mechanistischen Funktionsdenken entgegenwirken.

Dementsprechend erscheint es am günstigsten, wenn der Ausgangspunkt und Bezugsort für die Wahrnehmung von Wachsen und Welken eine natürliche, ökologische Einheit darstellt. Geeignet wäre ein Biotop, wie z. B. ein intakter Teich oder Sumpf mit seiner natürlichen Umgebung. Ihn gibt es auch in der Stadt. An ihm können alle wichtigen Wachstums- und Welkerscheinungen

Der Blühkalender

April - Mai
- Blumenzwiebeln
  Narzissen, Tulpen, Kaiserkronen,
  Hyazinthen, u. a. Kleinzwiebel-
  gewächse,
- Frühjahrsblumen, Stiefmütterchen,
  Primeln und Bellis, Vergißmeinnicht

Mai
- Obstbaumblüte
- Zierkirschen und -äpfel

Mai - Oktober
- Stauden
  Beetstauden und Wildstauden

Mai - Juni
- Rhododendron u. a. Ziergehölze
- Iris, Pfingstrosen, Mohn

Mai - Juli
- Wiesenblumen

Juni - Juli
- Rittersporn, Salbei, Taglilien,
  Margeriten

Juni - August
- Lilien

Juni - Oktober
- Rosen
  Wildrosen, Strauchrosen, Beetrosen,
  Zwergrosen, Historische Rosen

Juli - September
- Sommerblumen
  Leberbalsam, Salbei,
  Fleißige Lieschen, Fuchsien,
  Wandelröschen, Heliotrop

Juli - August
- Phlox, Sonnenhut, Sonnenbraut

Juli - Oktober
- Dahlien

August - September
- Besenheide, Astilben, Anemonen,
  Rittersporn, Astern

September - Oktober
- Fruchtbehang und Herbstfärbung

Der Kräutergarten

Manche Kräuterarten sind winterhart und ausdauernd, andere müssen jedes Jahr neu ausgesät werden.

ausdauernde Arten: Schnittlauch, Liebstöckel, Winterzwiebel, Weinraute, Ysop, Oregano, Winterbohnenkraut, Zitronenmelisse, Thymian, Pfefferminze, Beifuß, Estragon, Bibernelle, Salbei, Meerrettich, Tripmadam

aus Samen gezogene Kräuter: Borretsch, Bohnenkraut, Fenchel, Dill, Kapuzinerkresse, Kresse, Paprika, Kümmel, Basilikum, Kerbel, Petersilie, Sellerie, Majoran, Portulak

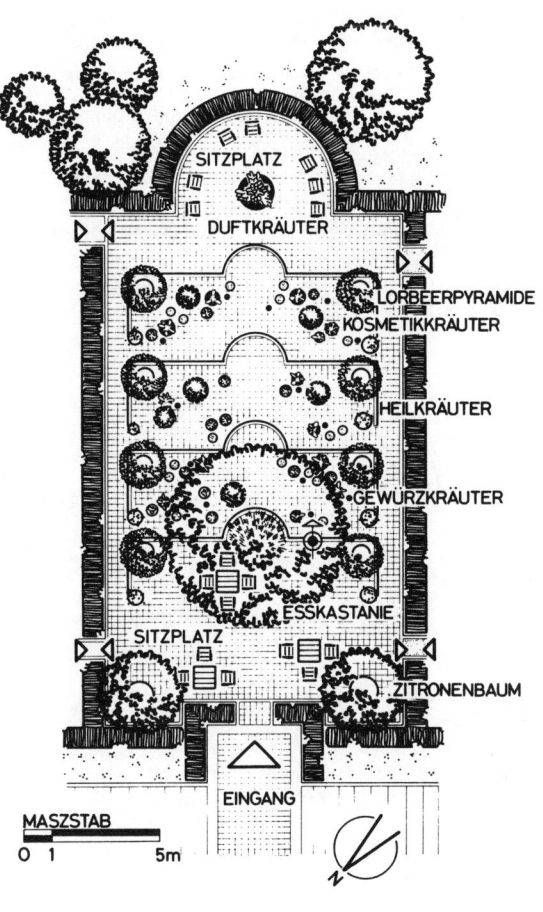

im Jahreslauf mit ihren sichtbaren, hörbaren, ertastbaren und schmeckbaren Ausdrücken wahrgenommen werden.[75]

Ideen für den Sinnengarten

Feuerstelle: Welche Materialien brennen, wie bringt man ein Lagerfeuer zum Brennen? Kann man Lupe, Spiegel, Glas zum Entzünden nutzen? Wie löscht man Feuer? Die Antworten lassen sich durch Ausprobieren finden. Aber es wird auch erfahrbar: Wärme, Flackern und Knistern der Flammen, der Geruch in der Glut gebackener Kartoffeln usw.

Erosionsfläche: Gebaut als schiefe Ebene lassen sich mit Gießkanne oder Gartenschlauch Experimente durchführen. Eingebaute Steine, Stöcke usw. verdeutlichen Fließbewegungen des Wassers; Bepflanzung zeigt, wie sich Erosion mildern bzw. verhindern läßt.

Sonnendusche: Wasser, das in einem schwarzen, spiralig aufgehängten Schlauch steht, wird durch die Sonne auf Dusch-Temperatur gebracht.

Bauecke: Holzscheite ermöglichen Grundrisse, Mauern und Pfade, aus Kanthölzern können Türme, Tore und Brücken gebaut werden. Verbundpflastersteine regen zum Erfinden flächiger Muster und Figuren an, aber auch zum Bauen von Plastiken und hohlen Skulpturen. Ziegelsteine eignen sich zum Bauen von Spielburgen, Mauern, Labyrinthen.
Bauen regt die räumliche Vorstellungskraft an, erlaubt Planen, Entwerfen, Konstruieren, und natürlich Spielen.

Schaukel: Eine Schaukel mit verstellbarem Schwerpunkt ermöglicht die Demonstration des Hebelgesetzes.

Fühlpfad: Welcher Untergrund ist kalt, glatt, kitzlig usw.? Wie verändern Wetter und Tageszeit den Pfad?

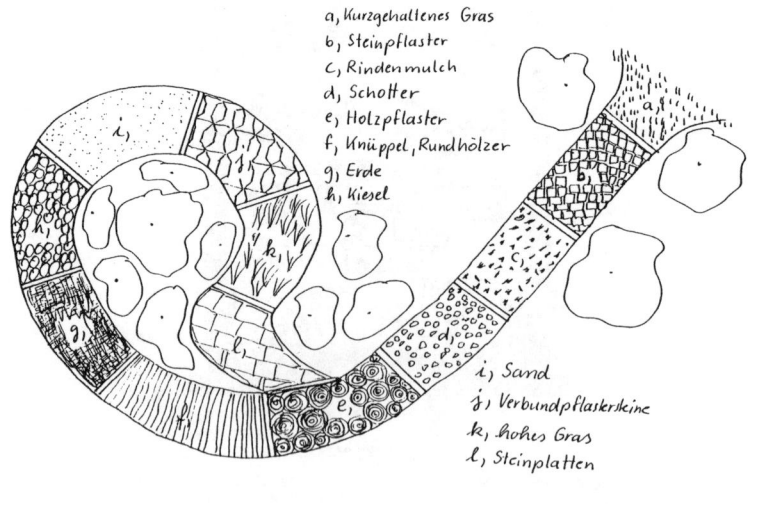

a, Kurzgehaltenes Gras
b, Steinpflaster
c, Rindenmulch
d, Schotter
e, Holzpflaster
f, Knüppel, Rundhölzer
g, Erde
h, Kiesel
i, Sand
j, Verbundpflastersteine
k, hohes Gras
l, Steinplatten

Riechbeet: In einem Hochbeet stark duftende Pflanzen anpflanzen.

Wetterstation: Windstärkemesser, Windrad, Wetterfahne können leicht gebaut werden. Niederschlagsmengen und Luftfeuchtigkeit sind einfach zu messen.

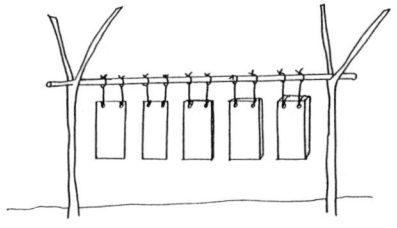

Windstärkemesser

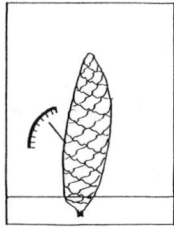

Messung der Luftfeuchtigkeit
mit einem Tannenzapfen

Abbildungen und Anregungen stammen aus dem Buch von Nina Mozer, **Der Schulgarten,** Frankfurt/M. 1989. Der Band bietet eine Fülle von Anregungen für das Gärtnern, Bauanleitungen, Projekte usw.

Gibt es einen Schulgarten oder kann einer angelegt werden, so dürfte das Projekt hier seinen Ort haben. Längerfristig wäre es vielleicht sogar möglich, einen Schrebergarten in Schulnähe zu mieten. So ein Garten hat den Vorteil, daß wir selber pflanzen, pflegen, ernten und überwintern lassen, also auch gestaltend in der Natur tätig sein können. Blumen- oder Kräuterkästen vor dem Klassenzimmerfenster wären ein bescheidener Ersatz für den Schulgarten. Aber wie immer: besser als nichts.

„Wachsen und Welken" könnte wie die anderen Themenvorschläge im Jahreslauf als eigenes Projekt im naturkundlichen Unterricht durchgeführt werden. Allerdings wäre es dann schwierig, die soziale Bedeutung und den kulturellen Zusammenhang mit der umgebenden Natur ausreichend zu berücksichtigen.

Exemplarisch möchten wir ein Thema vorschlagen, das im o. g. Projektzusammenhang durchführbar ist, aber Wachsen und Welken auch für sich im Jahreslauf sinnlich zugänglich macht. „Das Blatt" ist ein bescheidenes Thema, aber wir werden sehen.

Das Blatt

Vielleicht beginnen wir im Herbst. Wir sehen Blätter von den Ahornbäumen an der Allee fallen. Die Bäume werfen sie ab. Neue Knospen sind schon da. Sie haben sich für den Winter verpackt. Der Baum braucht die alten Blätter nicht mehr — es sei denn als Dünger. Trockener Duft steigt in die Nase, wenn unser Ohr das Rascheln des Laubes hört, während unsere Füße es beiseite schieben. Wie fühlt sich das goldgelbe Blatt an, wenn wir mit den Fingern darüber streichen, es zerreiben? Wir nehmen besonders schöne Blätter mit, legen sie auf eine von unten beleuchtete Mattscheibe, zeichnen ihre Struktur, vergleichen die Farben. Symmetrie wird sichtbar. Wir versuchen, das Gerüst der Blätter herauszukratzen, die Adern, Knochen und Nerven des Blattes.

Vergleiche zur Hand werden gezogen. Ist sie das Blatt des Menschen? Mit dem trockenen, bunten Laub lassen sich Collagen und Transparente machen. Aus was besteht eigentlich so ein Blatt, wenn es heruntergefallen ist? Ist es der gleiche Stoff wie im Frühjahr? Wir haben gesehen, wie die Blätter von den Bäumen fallen. Schwerkraft läßt sie fallen, Luft läßt sie segeln. Wir studieren die spiralförmige Fallbewegung, das Segeln. Wir versuchen, diese Bewegung mit einem „Blatt" Papier nachzuvollziehen.
Wie kommen die Blätter auf die Bäume, wo doch alles Schwere nach unten fällt?

Wenn wir die gestorbenen Blätter gerochen, gehört, geschmeckt und gesehen haben, versuchen wir diese Wahrnehmung zu beschreiben: festzuhalten. Die Eindrücke sollen nicht vermodern oder weggekehrt werden wie das Laub auf der Straße.

Während wir das alles tun, sind die neuen Blattknospen schon geboren. Wir betrachten sie an den kahlen Bäumen regelmäßig den ganzen Winter über. Was verändert sich, bis dann im Frühjahr große Veränderungen eintreten? Spätestens im Mai brechen die neuen Blattknospen auf. Die Spitzen, die heraustreten, werden grün, erst hell, dann groß und dunkler. Warum werden sie grün, wenn sie die dunkle, schützende Schale verlassen?

„Das macht die Sonne", kann als Erklärung genauso dienen wie die Darstellung der Fotosynthese bei der Entstehung von Chlorophyll im Sonnenlicht. Je nach Alter, Interesse und Aufnahmefähigkeit der Blattspezialisten wird die Begründung differenziert sein.

Das Blatt entfaltet sich. Der Baum verkleidet sein Skelett. Er wird schwer, spendet dunklen, kühlen Schatten, blüht und duftet. Die entfalteten Blätter sind schwer, voller Wasser und ätherischer Öle. Warum ist der Schatten eines Baumes kühler als der eines Hauses (Verdunstungskälte)? Wieviel Wasser verdunstet so ein Baum? Ein Wald? Ein gleich großer See?

Wir schauen uns die Blätter unter dem Mikroskop an, vergleichen sie mit den Herbstblättern. Wie fühlen sie sich an, wie riechen sie, warum rascheln sie nicht? Aber sie rauschen im Wind!

Aus den Birkenblättern und Lindenblüten kochen wir Tee. Wir trocknen die Blätter. Was geschieht mit ihnen? Blätter schmecken verschieden. Wir vergleichen sie mit Kräutern, Salatblättern und verschiedenen Teesorten.

Wir sehen auch die Blätter der kranken, sterbenden Bäume. Bereits im Juni kräuseln sie sich vom Stamm her, welken, fallen herunter, ohne daß die neuen Blattknospen schon da sind. Naturbeherrschung durch den Menschen?

Den Sommer über ruhen die Bäume in ihrer entfalteten Blattpracht, während wir ihre Früchte reifen sehen. Wie kommen eigentlich die schweren Äpfel und Birnen auf die Bäume? Fragen über Fragen.

Dann aber beginnt die spannende Zeit des Welkens. Es ist die Zeit der Farben und Gerüche.

Die Jahresgeschichte eines Blattes geht zu Ende. Alle Beobachtungen werden sorgfältig notiert, gezeichnet, fotografiert. Blätter werden getrocknet, verarbeitet zu Tee, zu Essenzen. Erklärungen für alle Erscheinungen werden gesucht. Viele Fragen bleiben unbeantwortet. Aber die Ästhetik eines Blattes als eines Ausschnittes der Natur hat ihre Spur in einer Schulklasse hinterlassen.[76]

Weitere Themen

Im Projekt „Jahreslauf" sind noch andere Themen denkbar, auch wenn sie in die bisher skizzierten Schwerpunkte schon einbezogen werden können:

Der Tageslauf des Menschen verändert sich im Jahreslauf. Das ist nicht überall gleich; z. B. liegt nördlich des Polarkreises das Land der Mitternachtssonne und der Mittagsnacht.
Die Klimaverteilung auf der Erde im Jahreslauf.
Die Kraft der Sonne.
Gerüche, Geräusche, Farben, Formen, Gefühle im Jahreslauf.
Gerichte im Jahreslauf.
Die Mode im Jahreslauf.
Himmelskunde.
Die Früchte des Jahres.
Typische Straßenspiele der Kinder (Hüpfen im Frühjahr, Schwimmen im Sommer, Drachensteigen im Herbst, Eislaufen im Winter).
Die Wünsche der Menschen in den Jahreszeiten.
Feste im Jahreslauf.
Die Ökonomie im Jahreslauf.
Der Umgang mit der Zeit.
usw.

Kalendergeschichten

Sie folgen dem Jahr. In alten Kalendern findet man sie noch. Auch moderne Autoren wie Bertolt Brecht haben sich dieses Themas erinnert. Die bekanntesten Kalendergeschichten stammen wohl aus dem „Schatzkästlein des rheinischen Hausfreundes" von Johann Peter Hebel.

Wir können solche Jahreszeitengeschichten sammeln und selber schreiben. Daraus entsteht vielleicht ein eigenes kleines Buch mit Fotografien, Geschichten, Zeichnungen und Vorschlägen: ein Taschenkalender von Schülern und Schülerinnen. Der Kalender an der Wand enthält genug Material, um das Kalendarium mit Beobachtungen und Geschichten zu füllen.

Kalendergeschichte

An Phänomenen orientierter „Fachunterricht"

Was könnte das sein?

Auch im normalen Fachunterricht kann die wahrnehmbare und wahrgenommene Welt Ansatz und Inhalt des Unterrichtens sein und nicht nur deren angebliche Gesetzmäßigkeiten. In ihr sind die Erscheinungen und deren Wesenszüge zu entdecken. Die uns umgebende Welt ist nicht dazu da, um an ihr sogenannte Naturgesetze oder historische Gesetzmäßigkeiten zu bestätigen. Sie ist kein Beweisstück. Eher ist es umgekehrt: Unsere Wahrnehmungen und Einsichten müssen sich im Begreifen, Kritisieren und Gestalten der Welt bewähren. Schändlich ist es, die sinnlich interessanten Dinge nur als Motivationsobjekte, als Einstiege zu verwerten, um dann möglichst schnell zum ausgedörrten Stoff in unterrichtlichen Trockenübungen überzugehen. Kein Wunder, wenn bei dieser Übung auch die Quellen kindlicher Entdeckerlust versiegen.

Wir schlagen vor, den mathematisch-naturkundlichen, historisch-sozialen und den künstlerisch-technischen Unterricht, wo immer es geht, phänomenologisch zu gestalten. Die Eindrücke der wachen Sinne sind dabei das „Material", an dem wir arbeiten. Die Sinne selbst, unser Denken, Sprechen, unsere Begriffe und unsere Hände sind die uns eigenen „Werkzeuge" in einem entdeckenden, forschenden, handelnden und offenen Unterricht. Auch was wir dabei praktisch tun, muß vor unseren Sinnen, dem ästhetischen Empfinden so gut bestehen wie vor dem „Auge der Vernunft". Es darf unsere Nase so wenig beleidigen wie Ohr, Zunge und Haut. Die ästhetischen Dimensionen des Lebens, möglicher Erkenntnisse und Gestaltungen in ihrem individuellen und kulturellen Zusammenhang bleiben so im Vorgang der Bildung enthalten.

Was wir hier meinen ist mehr als Anschauungsunterricht. Es ist genauso Anhörungs-, Anriechungs-, Anfühlungs-, Anschmek-kungs- oder Anpackungsunterricht. Aber auch das sind unbrauchbare Begriffe, weil in ihnen der Zusammenhang der Sinnestätigkeiten unbegriffen getrennt bleibt. Es geht um die Gesamtheit der wahrgenommenen, erkannten und erschaffenen Phänomene, die Bildung ermöglicht.

Der analytische Blick der Natur- oder Sozialforscher ist doch nur akzeptabel, wenn das zu analysierende Phänomen noch in seiner komplexen, widerspruchsvollen, ganzen Gestalt erkannt werden kann. Spätestens am Ende des analytischen Erkenntnisprozesses der Einzelphänomene muß wieder versucht werden zu einem neuen, differenzierteren Begriff vom Zusammenhang des Ganzen zu kommen, wenn nicht Einsicht in Bruchstücke das Ziel von Bildung und Erkenntnis sein soll. Einfacher: Die Wechselbeziehungen zwischen den Phänomenen und ihrer Mitwelt dürfen niemals ausgeklammert werden.

Dies gilt in den allgemeinbildenden Schulen in besonderer Weise. Wir produzieren Lernbehinderungen, wenn wir die mögliche Welterfahrung der Kinder mit unzusammenhängenden Bruchstücken aus der Informationsbörse zudecken. Was dabei verschüttet wird, müßte später mühsam ausgegraben und in einer Art Rückbildung rekonstruiert werden. Wie selten das gelingt, zeigt der verbreitete Fachidiotismus in Hochschulen, Betrieben und Politik.

Sinnliche Elementarerfahrungen von exemplarischen Grundphänomenen, die ästhetisch-intellektuelle Erkenntnisse herausfordern und entsprechende Tätigkeiten anregen, könnten hier vorbeugend oder gar „heilend" wirken.[77]

Sicher ist, daß ein Unterricht, der den sinnlichen Dimensionen der Phänomene gerecht werden will, die engen Fächergrenzen sprengen wird. Wo Lehrer-innen und Schüler-innen aber viele Stunden gemeinsam verbringen (im sogenannten Klassenlehrerunterricht), ist das wenig problematisch. Da können sie mehrere Fachgebiete leicht verbinden. Wo es das nicht gibt, sollte es angestrebt werden. Schulen sind in der Stundenplangestaltung autonomer, als manche ihrer Beamten es wahrhaben wollen.

Obwohl wir für eine offene, lebensbezogene und handelnde Unterrichtsweise in Projekten plädieren, halten wir es für möglich, in einem phänomenorientierten Unterricht auch von fachspezifischen Themenstellungen zu sinnvollen Tätigkeiten zu kommen.

Werden beispielsweise im Physikunterricht die Themen Pendelwirkung, Zentrifugal- und Schwerkraft behandelt, sollten wir vielleicht schaukeln und Karussellfahren, um die Wirkung dieser Kräfte am eigenen Leib zu erfahren, oder wir bauen phantastische Spielgeräte — auch wenn diese Inhalte in die Schubfächer des Biologie-, Sport- oder Werkunterrichts „gehören".

Im folgenden wird an drei Fachbereichen beispielhaft umrissen, wie in einem solchen Unterricht mit den Phänomenen umgegangen werden kann. Wir wählen Beispiele aus dem Geometrie- bzw. Raumlehreunterricht, aus dem Deutschunterricht und dem Bereich der Geschichte. Hier werden im allgemeinen große Schwierigkeiten gesehen, einen Zugang über wirkliche Phänomene zu finden und dann auch bei ihnen zu bleiben. Dagegen scheint im sozialkundlichen, naturkundlichen und vor allem im künstlerisch-technischen Unterricht ein solches phänomenologisches Vorgehen schon durch die Sache nahegelegt zu sein. Die „musischen" Fächer gelten geradezu als kompensatorisches Refugium der Sinne. Damit tut man ihnen und den anderen Gegenstandsbereichen allerdings sehr Unrecht.

Zum Beispiel:
Zugänge zur Geometrie des Raumes

Die ständige Neuorientierung im Raum ist eine der Dauererfahrungen des Erwachsen- und Älterwerdens. Je größer wir werden, desto kleiner werden die Räume. Wer als Erwachsener die Stätten seiner Kindheit wiedersieht, erlebt dieses Phänomen manchmal schmerzlich.

Sich aufrichten, sich in die Höhe strecken, sich legen, zur Seite, nach vorne und hinten, in die Tiefe des Raumes gehen, etwas umgehen, etwas umarmen, sich nähern, sich entfernen, kurz: jede Bewegung des Lebens geschieht im Raum.

Der Raum hat seine Geometrie, die wir in drei Dimensionen erfassen können, die wiederum älter sind als alles Leben auf der Erde. „Die Geometrie ist vor der Erschaffung der Dinge gleich wie der Geist Gottes . . ." meinte Johannes Kepler, der Geometer des Kosmos, der Entdecker der geometrischen Planetenbahnen. Die erfahrbaren Dimensionen des Raumes und der Formenreichtum der Dinge in ihm sollten die Grundlage des Geometrieunterrichts sein. Die Ableitung und Anwendung von allen möglichen Formeln zur Berechnung dieser oder jener Flächeninhalte usw. können nützlich sein, bilden aber nicht den Schlüssel zur Erkenntnis des Raumes.[78]

Sinnliche Erfahrung der Dimensionen

Die erste sinnliche Erfahrung der drei Dimensionen liegt vor der Erinnerung: Liegen auf der Linie des Rückgrades, Kriechen auf der Fläche des Fußbodens und schließlich das Aufrichten in der dritten Dimension des Raumes beim Laufenlernen.

Diese Erfahrung ist den Kindern so selbstverständlich und banal geworden, daß zu ihrer Bewußtwerdung körperliche und begriffliche Übungen hilfreich sein können. Lineares, logisch-folgerichtiges Denken, flächendeckendes, funktionales und dialektisches sowie räumliches, assoziativ-schöpferisches Denken knüpfen sich an Raumerfahrungen. Diese sind mit der Sinnestätigkeit eng verbunden. Zwei Ohren hören, zwei Augen sehen räumlich. Die Welt in Stereo ist für sie normal. Die Haut fühlt die Hülle und die Kanten der Dinge nah und fern, ertastet Körper. Die Nase wittert. Vor allem aber der Gleichgewichtssinn erlaubt uns die Bewegung des eigenen Körpers in der „Raumleere".

Es gibt verschiedene Unterrichtswege zur Geometrie des Raumes. Der schlechteste geht von den abstrakten Begriffen Linie, Fläche und Körper aus, vom Messen, Definieren und Berechnen auf dem Papier oder am Modell. Dieses Vorgehen entspricht der traditionellen Einführung in die Geometrie. Besser ist es, einen umschlossenen Raum, z. B. eine Turnhalle, durch die eigenen Bewegungen in allen Dimensionen zu erleben, zu begreifen, zu verstehen, zu erfahren:

Auf einer Linie, Kante oder Kurve „gehen";

Eine Fläche, also den Fußboden, mit den Füßen ertasten, im Laufen, Spielen, im Tanzen, großflächig „betreten";

Den Raum schwingend an den Ringen durch die Bewegung der Arme bei der Gymnastik „ausfüllen".

Besondere Entdeckungen und Übungen können im Schwimmbad gemacht werden. Das Becken ist ein sichtbarer, umgrenzter, mit Wasser gefüllter Raum, auf den wir von oben, vom Beckenrand aus schauen. Länge und Breite sind sichtbare Größen, die Tiefe des Wassers ist die Höhe des Raumes. Während Kinder, die laufen lernen, Erfahrungen mit der Höhe machen − sie haben Angst vor der Höhe, vor dem Fallen, aber wollen doch hinauf −, können sie beim Schwimmenlernen Erfahrungen mit der Tiefe gewinnen. Sie haben Angst vor dem Versinken, wollen oben bleiben oder später hineinspringen und hinuntertauchen. Insbesondere Brustschwimmen geschieht in der Fläche. Die Wasseroberfläche soll tragen. Die Bewegungen bleiben in der Horizontale. Dabei kann man eine Strecke auf einer Linie schwimmen. Die Tiefe wird durch die Schwimmbewegung überwunden. Man kann sie auch suchen: Beim Tauchen müssen wir uns anstrengen hinunterzukommen. Wir spüren das Gewicht des Wassers als zunehmenden Druck in den Ohren. Die Gleichgewichtsorientierung ist in der relativen Schwerelosigkeit im Wasser eine andere als auf der festen Erde. Im Flug vom Sprungturm suchen wir den freien Fall, versuchen den Aufprall auf die Wasseroberfläche und das Eintauchen in den Raum und Körper des Wassers zu beherrschen.[79]

Solche wirklich gemachten neuen Raumerfahrungen nun auch bewußt zu ergründen, ist verhältnismäßig einfach. Viele Kinder wollen wissen, was mit ihnen geschieht, was sie tun, mit welchen Naturkräften sie umgehen, oder was es mit dem Wasser alles auf sich hat. Der Einwand, beim Schwimmen ginge es nur um Spaß und nicht ums Lernen, konstruiert einen falschen Gegensatz. Lernen darf und kann auch Spaß machen.

Stehen Kinder vor der Alternative, „Raumlehre" im Klassenzimmer allein mit Bleistift und Papier durchzuführen oder im Schwimmbad mit Bewegung, Denken und Sprechen, wählen sie fast immer den zweiten Weg. Dieser zweite Weg kann uns auch mit Karte, Kompaß und Sternenkarte durch unwegsames Gelände in die Anfangsgründe der Trigonometrie, Astronomie, Geomorphologie und was sonst noch am Weg liegt, einführen. Für die dabei möglichen Einsichten gibt es keine Altersgrenze.

Geometrie als Sprache der Formen

Alle natürlichen Phänomene sind körperlich, also räumlich. Lediglich Skalpell, Mikroskop, Fernrohr und theoretische Konstruktion können sie auf zwei- oder eindimensionale, einäugige Sichtweisen reduzieren. Das ist nicht abfällig gemeint. Mit dem Mikroskop können wir aufgrund der Scharfeinstellung einen optischen Schnitt durch eine Zelle oder einen Wassertropfen legen und so die geometrische Form wie im Kaleidoskop betrachten. Grund-, Auf- und Seitenriß, sowie die Perspektivtechnik machen den Raum bildlich zur Fläche, die dem wissend geübten Auge als Raum wieder erscheinen kann.

In dieser Möglichkeit zur Abstraktion und Rekonstruktion liegt ein guter Zugang zur Geometrie, deren Formenreichtum in der Natur und Kunst zu entdecken ist. In den natürlichen Dingen, vom Kosmos über die Wirbel des Wassers, die Formen der Kristalle, die Proportionen der Blätter oder des Skeletts bis hin zur Zelle sind alle geometrischen Gestalten angelegt, die wir kennen. Künstlerische und naturwissenschaftliche Versuche können neue Formen hervorbringen, in denen die natürlichen verfremdet oder variiert wiederkehren. Neue Möglichkeiten erschließen auch die Computerbilder, die variationsreiche Rückübersetzungen der programmierten Regel in ihre Gestalten sind.

Den Kindern sollten solche Entdeckungen an einer lebendigen Geometrie ermöglicht werden. Hier können nur einige Ansätze stichpunktartig gezeigt werden.

Wirbel und Schnecke: In einer länglichen Wanne mit Abfluß können die Wasserbewegungen sichtbar gemacht werden, wenn wir z. B. Aluminiumpulver in Glyzerin mischen und im Wasser verteilen. Gegenstände im fließenden Wasser verursachen Wirbelformen, die so sichtbar werden. Der Sog des Abflusses zwingt das abfließende Wasser zu spiralförmigen Bewegungen. Bilder von Schneckenhäusern und deren Versteinerungen zeigen diese dynamische Gestaltungskraft des Wassers. Solche Formen treten auch wieder in Mikroskopbildern von Zellen auf. Sie nachzuzeichnen und in Kunstwerken, in der Schmuckornamentik und im Alltag zu entdecken, kann ein Kinderspiel sein.

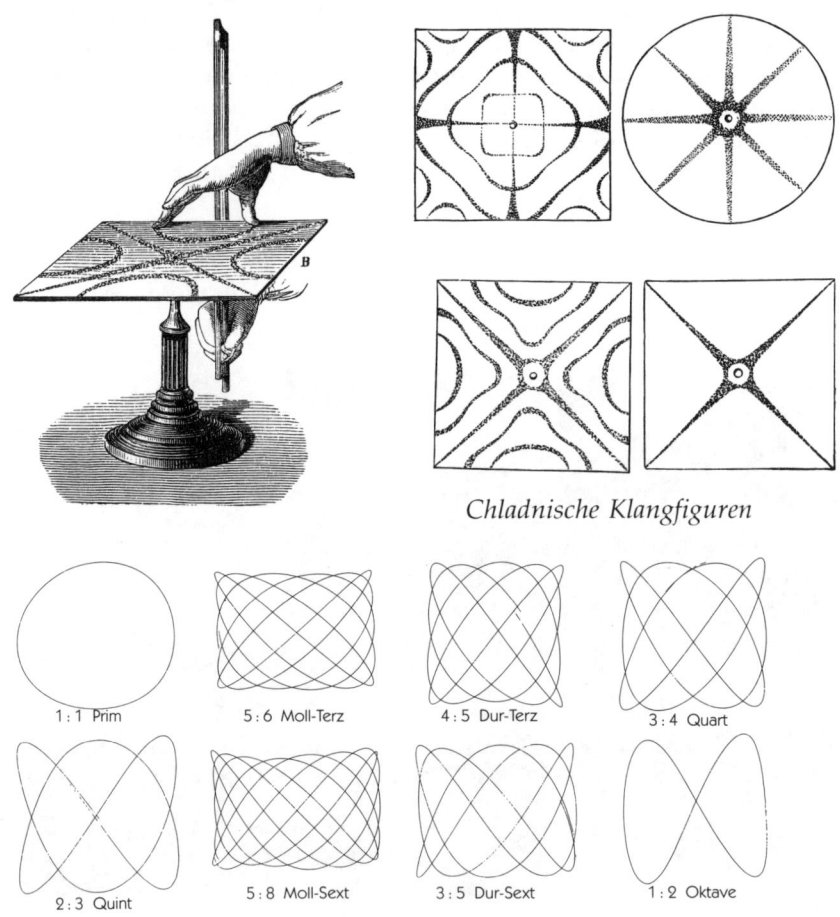

Chladnische Klangfiguren

Lissajous-Pendel (Sinograph)
Anstelle der Tonfrequenzen schwingen hier zwei Pendel rechtwinklig zueinander, wobei ein Stift die Überlagerungsfigur aufzeichnet.

Töne sichtbar machen: Jeder kennt die Erfahrung, daß ein schriller Ton − Kratzen mit dem Messer auf dem Eßteller oder mit der Kreide auf der Tafel − eine sichtbare Hautreaktion, eine Gänsehaut hervorrufen kann. Man kann die Schwingungen der Töne nicht

160

nur in ihrer Wirkung, sondern auch in ihrer optischen Gestalt sichtbar machen:

Wir streuen Quarzsand auf eine Metallplatte und streichen an der Kante mit einem Geigenbogen entlang. Der Sand beginnt sofort auf der Platte geometrische Formen zu bilden, die mit der Veränderung der Schwingungen korrespondieren. In einem Pendelversuch (Sinograph) können die Frequenzen der Intervalle auf Papier gezeichnet werden (siehe Abbildungen).

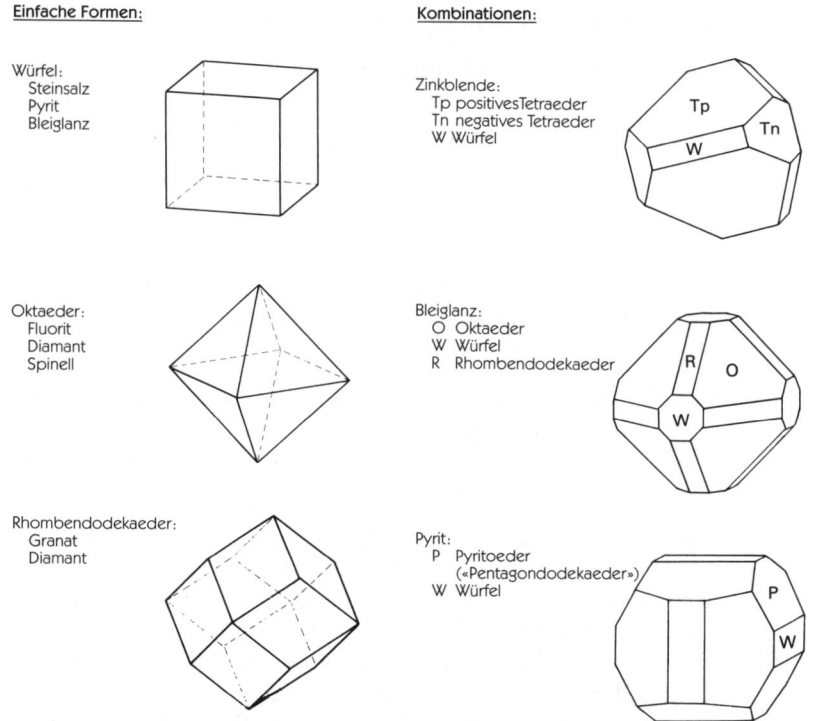

Einfache Formen:

Würfel:
 Steinsalz
 Pyrit
 Bleiglanz

Oktaeder:
 Fluorit
 Diamant
 Spinell

Rhombendodekaeder:
 Granat
 Diamant

Kombinationen:

Zinkblende:
 Tp positivesTetraeder
 Tn negatives Tetraeder
 W Würfel

Bleiglanz:
 O Oktaeder
 W Würfel
 R Rhombendodekaeder

Pyrit:
 P Pyritoeder
  («Pentagondodekaeder»)
 W Würfel

Die Geometrie der Kristalle: Kristalle bilden alle wesentlichen Grundformen gradflächiger und regelmäßiger Körper ab. In ihrem Inneren zeichnen sie Wasserformen nach (Ringbildung im Granat, Schlieren im Bergkristall). Ihr Studium ist vielleicht die beste Einführung in die Geometrie regelmäßiger Körper und dynamischer Formen. In-der-Hand-halten, zeichnen, konstruieren und berechnen beschreibt die Reihenfolge des Umgangs mit diesen Formen. Sie in der Architektur, der Pflanzenwelt, der kristallinen Welt und

Kunst zu entdecken, ist ein weiterer Schritt, um die geometrischen Bauelemente kennenzulernen.

Es ist ein besonderes Erlebnis, die Entstehung von Kristallen aus verdunstenden Salzlösungen zu beobachten. In einer Schale löst man Salz in Wasser auf, legt einen Stab über das Gefäß, von dem aus ein Faden mit einem Knoten als Keimling in die Lösung gehängt wird. Wenn das Wasser verdunstet, kristallisieren die Salze am Faden aus: Kochsalz als Würfel, Fluorid als Oktaeder usw.

Auch im Schnee sind Kristalle zu entdecken, die im Übergang von flüssigem (Regen) zu festem Stoff (Eis) entstehen.

Geometrie der Perspektive: Horizont, Augenhöhe, Flucht, Sichtebenen bei Eisenbahnschienen, Autobahn, Hochhaus, Berglandschaft. Versuche mit „Stereo- und Mono", Hören und Sehen.

Geometrie der Bauwerke: Historische Beispiele sind Sonnensteine, Iglus, Pyramiden, Tempel, Kathedralen bis hin zum Rasterbau der Moderne und seiner Auflösung.

Geometrie des Blattes: Das sich verzweigende Gerüst des Blattes zeigt sich nach dem Blattansatz wie eine geometrische Reihe. (Siehe auch Projekt „Jahreslauf")

Geometrie der Himmelsbewegung: Sonnenuhr mit Schattenlänge und Schattenverschiebung im Tages- und Jahreslauf. Das Schattenbild der ekliptischen Bahn kann nachgezeichnet werden. Himmelsrichtungen, Sternzeichen, Planetenbahnen usw.

Lichtversuche: In einen Diaprojektor schieben wir mit geometrischen Formen bemalte Diagläser. Ihre Projektion auf gerade, schräge oder gekrümmte Flächen (Blech oder Pappe) zeigt die Metamorphosen dieser Formen. Der Scheinwerferstrahl zeichnet z. B. einen Lichtkreis, wenn er senkrecht auf eine Fläche strahlt. Durch langsames Schrägstellen der Fläche gegenüber der Lampe kann der Kreis erst zur einseitigen Ellipse, dann bis zur Parabel verschoben werden. Versuche mit der Spiegelung des Lichts bringen neue Formen hervor. Das Brennglas kann mit dem Sonnenlicht das gleiche machen.

Bei diesen Übungen handelt es sich auch um sinnliche Vorerfahrungen der „analytischen Geometrie", die auf dieser vorbegrifflichen Ebene als „Kurvendiskussion" mit Menschen jeden Alters geführt werden kann.[80]

Zum Beispiel:
Zeichen und Symbole im Sprachunterricht

Verständigung

Immer wieder ging es im Deutschunterricht vor allem um das Erlernen der „Kulturtechniken" Lesen und Schreiben sowie um die Vermittlung von „Kulturgütern" der Literatur. In deren Auswahl fanden die ideologischen Vorgaben der jeweiligen politischen Verhältnisse ihren Ausdruck.

Daß unsere Sprache zur Verständigung da ist, daß wir in ihr denken, träumen und phantasieren, war diesem Unterricht nur schwer anzumerken. Anfang der 70er Jahre wurde das allerdings sogar von den Deutschdidaktikern „wiederentdeckt". Dabei stand diese Bedeutung der Sprache schon seit Herder, Humboldt und bei vielen Reformpädagogen im Vordergrund der sprachlichen Bildung.

Spracherziehung sollte jetzt insbesondere die Förderung der „kommunikativen Kompetenz oder Sprachhandlungskompetenz" bewerkstelligen, wie man das im technologischen Jargon dieser Didaktik nannte. Sie sollte vornehmlich über die Schaffung von Schreib- und Sprechanlässen im Unterricht gefördert werden.

Damit hätten zugleich die sinnlich-assoziativen und dialogisch-inhaltlichen Dimensionen des Sprechens und der Sprache selbst rehabilitiert werden können. Dem standen und stehen aber mächtige Barrieren im Wege, die in der institutionellen Funktion der Schule und ihrer Didaktik sowie der festgeschriebenen Sprache selbst begründet sind. Wer die Wirkungen ständiger Lehrerfragen kennt, weiß, daß da kein Dialog entstehen kann. Wer Sprachäußerungen zensiert, kann keine Wahrheit erwarten. Wer nur über Formen der „Sprachrichtigkeit" unterrichtet, disqualifiziert die Inhalte. „Echte Sprechsituationen" lassen sich nur schwer konstruieren, und die „herrschaftsfreie Kommunikation" oder der gleichberechtigte Dialog lassen sich nicht durchsetzen. Sie setzen Vertrauen unter den Beteiligten voraus.

Die Basis für eine sprachliche Bildung muß im Unterricht also erst demokratisch geschaffen werden. Dies läßt sich am ehesten durch die unzensierbare Verständigung über Inhalte unserer Sinneseindrücke erreichen, weil wir zu den Dingen ein gleichberechtigtes, aber unterschiedliches Verhältnis haben, also auch eine unterschiedliche Wahrnehmung. Diese ist geformt von unserem subkulturellen Lebenshintergrund und unserer sozialen Bedeutung im sogenannten Kommunikationszusammenhang. Anders gesagt: Was da „kommunikative Kompetenz" genannt wird, muß sich an den Inhalten der Verständigung in verständiger Weise entwickeln, damit sie nicht nur eine der üblichen leeren Worthülsen bleibt.

Die Inhalte sind unter dem Aspekt der Sinnesentfaltung durch unsere Sinnesempfindung von den Dingen und Vorgängen, durch unsere Begriffe und Vorstellungen, Erfahrungen und Hoffnungen geprägt. Sie sind der materiale Inhalt, an dessen Reflexion mit anderen Menschen unsere Dialogfähigkeit sich erweisen muß, und in dessen Begreifen sie entsteht. Sie ist also von der Sache her nicht an Sprache und „Kommunikationsstrukturen" allein, sondern genauso an die sinnlich wahrnehmbaren Dinge und Vorgänge gebunden – und die gibt es selbstverständlich in allen „Fachgebieten".

Sprache der Zeichen

Für das Lesen- und Schreibenlernen gibt es im Anfangs- oder Förderunterricht zahlreiche Versuche, die abstrakten Zeichen der Schrift für die Sinne gegenständlich, anschaulich und handhabbar zu machen. Solche Übungen sollen den Schreib- und Lesevorgang unterstützen und bedeuten sicher eine konkrete Erleichterung gegenüber dem rein mechanischen Einpauken abstrakter Zeichen.

Beim Erlernen der Buchstabenschrift handelt es sich aber in der Regel noch nicht um eine Einführung in die Welt der Zeichen und Symbole. Die jedoch scheint uns zunehmend wichtig zu werden. Ein tieferes Verständnis von Zahl und Schrift erfordert Einsichten in das Wesen von Zeichen und Symbolen. In unserer Gesellschaft nehmen komplexe Zeichen und Symbole einen immer größeren Raum ein. Teilweise verdrängen sie alte Symbole und Zeichen wie Schrift und Wort. Sie erscheinen als Verkehrszeichen, Piktogramme, Abzeichen, optische und akustische Signale, als Bedienungsanweisungen auf technischen Geräten, aber auch in der Mode, als Statussymbole und so fort. Sie mit den Schülern zu entdecken und zu entziffern ist verlockend wie ein Detektivspiel, geht es dabei doch um die Entschlüsselung kodifizierter Bedeutungen, Mitteilungen und Botschaften, die einen interessieren könnten (siehe auch Geschichtsunterricht: Spuren).

In gewisser Weise sind solche Spiele eine Hinführung zum Lesen künstlerischer und historischer Texte oder Bilder. Auch hier muß im hermeneutischen Sinn Text und Bildverständnis als Symbolverständnis aus früheren Bedeutungen erschlossen, also entdeckt werden. In spannender Weise hat das Umberto Eco in seinem historischen Kriminalroman „Der Name der Rose" vorgeführt. Mit diesem Text wird uns heutigen Lesern eine konkrete Rückübersetzung bildhafter Zeichen und Symbole des Mittelalters in unsere sinnliche Vorstellungswelt ermöglicht. Nun schlagen wir selbstverständlich nicht vor, dieses Buch in der Grundschule zu lesen. Wir meinen aber, daß dieses Lehrstück einer sinnlich-intellektuellen Semiotik für unsere Arbeit begreifbar und pädagogisch fruchtbar werden sollte.[81]

Piktogramme

Eine phänomenorientierte Einführung in die Welt der Zeichen kann anhand von Piktogrammen versucht werden. Sie ist in allen Schulaltersstufen auf unterschiedlichem Niveau möglich und nach jedem Lehrplan zu legitimieren. In der Verkehrserziehung beispielsweise werden die Kinder mit Piktogrammen in Form von Verkehrszeichen konfrontiert.

Piktogramme sind eine vor-, nach- oder einfach analphabetische Bilder„schrift". Die Zeichen sind komplex und vermitteln Botschaften, die sprachlich nur in Wörtern oder ganzen Sätzen auszudrücken wären. Ihr Verständnis ist an gemeinsame Kulturerfahrungen, aber nicht an eine bestimmte Muttersprache gebunden. Piktogramme sind also eine neue internationale Zeichen„sprache", die von immer mehr Leuten verstanden werden muß, wenn diese sich in den Labyrinthen moderner Bauwerke, Sportstätten, Verkehrswege und Gebrauchsanweisungen zurechtfinden wollen.[82]

Die Problematik solcher Piktogramme liegt nicht zuletzt in ihren undifferenzierten, oft befehlsartigen Botschaften. Das zu begreifen setzt die Kenntnis ihres Charakters, ihrer Möglichkeiten und Beschränktheit voraus. Die Piktogrammatik folgt dem Prinzip der bildlichen Abstraktion, also der Verallgemeinerung des abzubildenden Vorgangs in einer typischen symbolhaft verzerrten, stilisierten Momentaufnahme. Sie setzt beim Leser die sinnliche Vor-

Zur Entwicklung von Piktogrammen

Otl Aicher hat das Konstruktionsschema und Beispiele von Piktogrammen mitgeteilt, die vor allem von Architekten verwendet werden können.
Die zugrundeliegende Konstruktionsmethode wurde eigens für die Zeichensysteme bei den Olympischen Spielen in München und auf dem Frankfurter Flughafen entwickelt. Mit der dabei angestrebten Vereinheitlichung, soll einer drohenden "babylonischen Zeichenverwirrung" entgegengewirkt werden.
Als Kriterien für ein gutes Piktogramm nennt er:

"1. Das Piktogramm muß Zeichencharakter haben und sollte keine Illustration sein.

2. Das Piktogramm muß kulturneutral sein, d.h. es muß von anderen Menschen anderer Kulturkreise verstanden werden.

3. Das Piktogramm darf keine Tabus verletzen.

4. Das Piktogramm muß bildungsneutral sein, d.h. es muß von Menschen mit unterschiedlicher Bildung verstanden werden.

5. Das Piktogramm muß lesbar sein und Informationen leichter machen, aber nicht erschweren.

6. Die Piktogramme sollen nach einheitlichen Gestaltungsregeln, die der Grammatik der Sprache verständlich sind, entwickelt werden."

Problematisch erscheint die geforderte Kulturneutralität, da die Piktogramme beinahe ausschließlich kulturabhängige Zustände, Vorgänge und Hinweise symbolisieren.

stellung des konkreten Vorgangs voraus, der im Piktogramm symbolisch verallgemeinert, also reduziert wurde. Piktogramme vermitteln damit bildlich zwischen einer Realität und der Vorstellung von ihr. Sie zeigen das Bildhafte der Vorgänge in zugespitzter Form, ohne Angabe von Gründen und Folgen. „Mit einem Blick" die Botschaft aufnehmen zu können, das ist ihr Sinn. Der nächste nicht mehr sinnlich vermittelbare Schritt wäre der Verzicht auf das Bild und sein Ersatz durch ein beliebiges Zeichen, auf das man sich einigen muß (Halteverbotszeichen, Flaggensprache, Buchstabe, Operationssymbole auf Tastaturen und Bildschirmen usw.).

Übergänge zu diesem Schritt finden wir zum Beispiel in den analphabetischen Zeichen der Computerbedienung. In ihrer Handhabung sind die Jugendlichen den meisten Erwachsenen haushoch überlegen. Da wäre wechselseitig einiges zu lernen, z. B. in der Frage, wie perfekt man mit den Dingen umgehen kann und was sie andererseits vielleicht bedeuten.

Piktogramme im Unterricht als Rückweg zur Schrift:

1. Nach unseren Erfahrungen ist es günstig, ein Piktogramm (z. B. Verkehrsschild für Radweg, Fußweg oder das Fluchtwegschild aus Gebäuden) mitzubringen und daran seine Merkmale zu entwickeln. Warum ist das Einbahnstraßenschild oder das Parkverbotsschild kein Piktogramm? Warum ist das Radwegschild eins?

2. Wir können selbst Piktogramme aus unserem Lebensbereich sammeln, abzeichnen oder Bilder dazu mitbringen. Sie werden in nachvollziehbare Handlungssituationen rückübersetzt.

Das könnte auch so ausgehen:
Lehrerin: „Stellt euch vor, es brennt im Schulhaus . . ."
Schüler/in: „dann nimmst du das Klassenbuch untern' Arm und führst uns geschlossen auf den Schulhof . . ."
Schüler/in: „nur Heiner sieht keiner, der rennt immer dem weißen Männchen im grünen Feld nach . . ."

3. Wir finden heraus, an welchen Orten es Piktogramme gibt; überall dort nämlich, wo ein Hinweis oder eine Anweisung mit einem Blick, ohne erst lesen zu müssen, erfaßt werden soll: im Flughafen, auf der Straße, in großen Gebäuden, im Supermarkt, im Kino, in Schulen, Sportstätten und so fort.

4. Wir erfinden eigene Piktogramme für Klassenraum, Garten, Schulhof, Spielzimmer, Lehrerzimmer, Küche, Müllschlucker,

Werkraum, Feuerlöscher, für „Achtung: Bissiger Hund", „Vorsicht: giftig" oder „frisch gebohnert" oder „Bitte Ruhe", für Altersheim, für alle möglichen Sportarten, Unterrichtsfächer usw. Bei dieser Arbeit werden auch gute Witze erfunden. Dabei muß eine Hinführung der konkreten Vorstellung und Botschaft zu ihrem allgemeinen, abstrakten Gehalt in bildhafter Form erfolgen. Es sollte also geklärt werden, was typisch (symbolhaft) an der Situation oder an dem Hinweis ist, und warum gerade dieses Bild typisch sein könnte und andere nicht optische oder nebensächliche Merkmale wegbleiben müssen. Vielleicht wäre es auch reizvoll, Piktogramme mit gerade diesen Nebensächlichkeiten der Hauptsache zu erfinden: Die Angst des Fliegers vor der Landung.

Für die Zeichnungen der eigenen Piktogramme ist es hilfreich, ein Raster anzulegen, in dem Größe, Proportion und Strichrichtung der Figuren festgelegt sind. Millimeterpapier eignet sich gut. Man kann auch das zeichnerisch schwierigere System, das bei den olympischen Spielen in München und am Frankfurter Flughafen Anwendung fand, vorgeben (siehe Piktogrammseite). Wichtig ist, daß die Piktogramme graphisch eindeutig gestaltet und sorgfältig ausgeführt werden, weil dies zu ihrem Charakter gehört und auch von den Kindern zu Recht als gut und richtig angesehen wird.

5. Der vorletzte Schritt auf dem Weg zum sinnesnahen Symbol- und Zeichenverständnis besteht in der Entzifferung anderer Zeichen. In historischen Bildern werden Symbole und Zeichen wie Kreuz, Heiligenschein, Teufel, Handwerkssymbole, Herrschaftszeichen, symbolische Gesten, Körperhaltungen und Kleider gesucht und gedeutet. An elektrischen Geräten werden die Symbole der Typenschilder und Bedienungstasten entschlüsselt. Die Flugbilder (Schattenbilder) von Raubvögeln werden als Piktogramme für Kenner dieser Vögel begriffen. In Landkarten (1:25 000) werden die topographischen Symbole gefunden, übersetzt und die Ergebnisse mit der Legende verglichen. Die topographischen Zeichen können in ein Landschaftsbild oder eine Beschreibung übersetzt werden. Was fehlt dabei? Aber auch eine Landschaft kann in ein Bild und dann in eine Karte topographiert werden. Zeichen werden umgesetzt.

Um das „Bild" zu vervollständigen, können Symbole und Zeichen aus anderen Sinnesbereichen als dem des Auges gesucht werden. Kann man den Klang des Martinshorns oder der Pausenklingel als Phonogramm bezeichnen? Jeder kennt deren Bedeutung: „Achtung, Gefahr, Platz machen" und „endlich Pause, raus!"

Auch im Bereich des Tastsinns gibt es symbolische Zeichen. Beispielsweise sind in der Tastatur einiger Rechenmaschinen bestimmte Tasten groß, klein oder aufgerauht, um von den Fingerspitzen sofort als wichtige Orientierungspunkte wiedererkannt zu werden.

6. Dann bleibt schließlich der Übergang zu den Zeichen des Alphabets. Ihre Geschichte kann aus den alten Bilderschriften und heute in den existierenden komplexen Zeichensystemen ostasiatischer Schrift studiert werden. Sie zeigt die zunehmende Abstraktion von Wort- zu Lautbedeutungen, die in Blei gegossen schließlich zu „Buch-staben" geworden sind. Die Worte selbst aber sind etwas anderes als nur eine bestimmte Kombination der aus ihnen gefilterten und sie zusammensetzenden Lautzeichen.

Sag-Bar: Die Sprache der Wörter

Wer sich den Dingen zuwendet, kann der Macht ihrer Namen nicht entgehen. Namen erscheinen als Machtworte derer, die sie benutzen oder geprägt haben, auch wenn diese uns namentlich unbekannt bleiben. Aber was vor und hinter den Namen steht, die Eigenschaften, die Tätigkeiten in Raum und Zeit, die Geschlechter und Fälle sind Erfindungen der unbeherrschten Sprache, hinter denen ihre Festschreiber und Kontrolleure zurückbleiben.

Sprachkritik im Sinne von Karl Kraus wäre gerade dort notwendig, wo mit Wörtern die Dinge verdreht werden, Sprache zensiert und ihre Sprecher verletzt, ja manchmal sogar getötet werden, meinte vor kurzem Pierre Bourdieu. Das kann auch in der Schule der Fall sein.[83]

Oft sagen die Sprecher durch die Sprache selbst, was sie gar nicht sagen wollten, vielleicht nicht einmal dachten, ja sogar verschweigen wollten, was aber doch in ausgesprochener Weise der Grund ihrer Praxis ist. Ihre Versprecher sind ihr Versprechen.

Wir erinnern an die Worte aus Bonn: „Die Bürger da draußen im Lande", „Restrisiko", „Entsorgung", „Verteidigung", „Blauäugigkeit", „Demokratie wagen", „Politik glaubwürdig darstellen" . . .

Oder wir erinnern an den pädagogischen Jargon: „Lernzielkontrollverfahren", „Curricularnormwert", „ABC-Schütze", „Egon kann nicht folgen", „Lernprozeß", „Zensur" . . .

Was wird da alles gesagt? Können wir die richtigen Namen für diese Zumutungen erfinden, ihren Bann brechen?

Es handelt sich um eine neue Verdinglichung der Sprache. Vielleicht kann die Sprache selbst als „Ding" zur Sprache gebracht werden. Vielleicht geht es im Sprachunterricht, obwohl dieser bisher an der Verdinglichung der Sprache in trauriger Weise beteiligt ist.

Nicht „Was hast du gemeint?" sondern „Was hast du gesagt?" ist die Frage der Genauigkeit. Die wirkliche Sprachtat, nicht nur der Gedanke, das Unbewußte, die Absicht, das Motiv, steht zur Sprachkritik an. Wir fragen auch nicht „Was hat Es gesagt?". Die unbewußten Versprecher wären ein sehr intimes eigenes Thema, dessen psycho-analytische „Behandlung" in keinem Unterricht verlangt werden kann. Umso intensiver können wir das gesellschaftliche „Es", das durch die Sprecher sich der Sprache nur bedient, in unser Bewußtsein bringen. Änderung wäre erst dann möglich.

Vielleicht wäre dies ein Anfang: Wörter, Sätze, Redewendungen, die uns unzumutbar erscheinen, kleben wir an die Wand. Unsere Fragen und kritischen Texte darunter. Das genügt zur ersten Aufmerksamkeit.

Wie die mögliche Auflösung von Machtworten vor sich gehen kann, ist gegenwärtig an den Versuchen zu studieren, den „weiblichen Anteil" in den Berufsbezeichnungen zur Geltung zu bringen. Kaum jemand kann noch ungebrochen von den Schülern, Studenten, Lehrern usw. sprechen. Auch wenn die Sprachschöpfungen in diesem Bereich noch sehr krampfhaft bleiben und ein problematischer Trend zur Geschlechtsneutralisierung unübersehbar ist, haben diese Versuche doch viel in Bewegung gebracht. Auch sie verdanken sich der Sprache selbst. Schrecklich wäre ein Curriculum zur Sprachkritik. Das würden wir dann auch an die Wand hängen, „in dieser, unserer Unzumut-Bar."

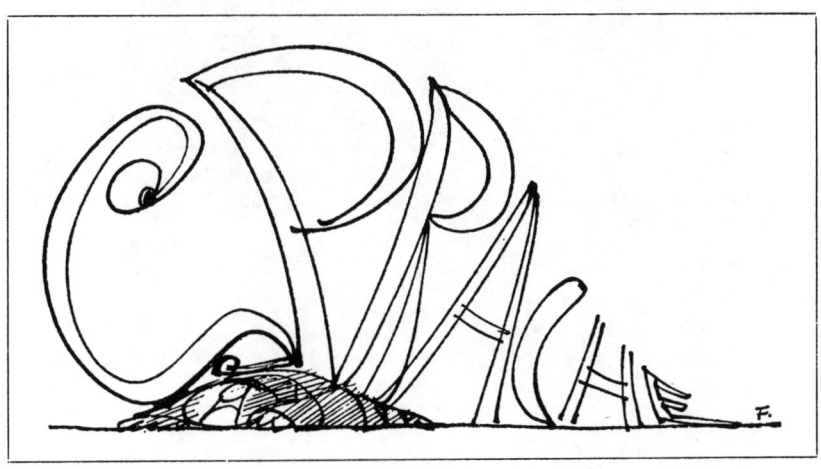

Unter-

-Wegs

Zum Beispiel:
Geschichten der Geschichte

Unter-Wegs

Wegweiser weisen in viele Richtungen, auch in die Vergangenheit. Sind wir in ihr angekommen, können wir die Spuren zur Gegenwart lesen, ihnen nachspüren. Sie müssen nicht immer in die Zukunft verlängert werden.

Wir gehen einen alten Weg entlang. Napoleon soll ihn gebaut haben. War er Straßenarbeiter? Wer hat ihn gebaut? Wie wurde das gemacht? Wer ist auf ihm gegangen oder gefahren und wohin? Woher kamen diese Leute, die nachts in dem Wirtshaus eingekehrt sind? Spurrinnen erzählen, zwischen ihnen wächst Gras über die Geschichte. Und die Pappeln und die Birken am Wegesrand; sollten die nur Schatten spenden?

An wenigen Wegrändern stehen noch hölzerne Telegrafenmasten. Wir halten ein Ohr daran. Als Kinder meinten wir im Singsang der Masten ein unentwirrbares Stimmengewirr der Telefonierer zu hören. Später wurden wir enttäuscht: Es sei angeblich nur der Wind, der die Drähte und das Holz zum Schwingen bringen würde.

Wir können den Weg als dicken Strich auf einer alten Landkarte finden. Auf der neuen ist er nur noch als dünner Pfad eingezeichnet. Landkarten sind Geschichtsbilder aus dem Reich der Zeichen. Sie wären eine eigene Philosophie wert. In ihnen stellte man sich das Land und die Welt vor. Kinder können auf solchen Karten Reisen unternehmen, von denen die meisten Touristen nur träumen könnten. Da gibt es keinen Stau.

Im Museum finden wir noch einen Wagen, der auf diesem Weg gefahren ist. Die Kleider, Geräte und Reiseutensilien machen die Phantasie genauer. Aber wo sind die Lieder, Flüche, der Schweiß und die Fähigkeiten der Wegebauer, Fuhrleute und der Reisenden geblieben? Die nostalgische Folklore gibt sie nicht her: „Es, es, es und es . . . Innsbruck ich muß dich lassen." Das mögen schöne Lieder sein. Aber die Äußerungen der heutigen Straßenarbeiter und Fernfahrer sind da vielleicht genauer und ihren Vorfahren näher. Wir können übrigens mit ihnen reden. Einige sprechen vielleicht türkisch — aber keine Angst, in mancher Klasse gibt es gute Übersetzer unter den Kindern.

Wege laden ein, um auf ihnen zu vagabundieren, Entdeckungen zu machen. Wir verfertigen unsere Gedanken beim Gehen. So ein Gang ist kein Lehrgang nach einer kleinkarierten Geschichtsbuchdidaktik.

Wir schätzen die Irrwege, Kreuzungen, Gabelungen, Brücken, die Auf- und Abstiege, die Lichtungen mit unvergleichlichen Aussichten. Wer ihre Sprache wittern und verstehen kann, muß sich nicht verlaufen. Wir brauchen nur einen festen Punkt außerhalb des Wegelabyrinths, um den Ausweg in eine richtige Richtung zu finden. Gibt es diesen Punkt?

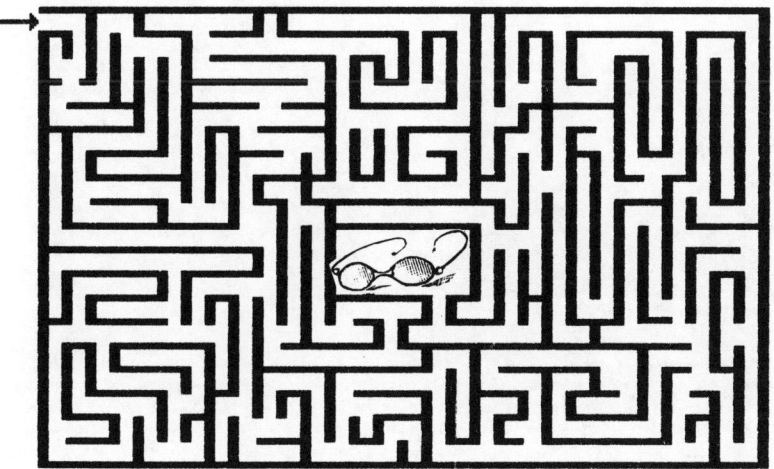

Labyrinthe haben die Menschen schon immer verwirrt und fasziniert. Modernen Verwaltungsschulbauten, Universitäten, Fabriken, Flughäfen und Stadtplänen nach dem Modell der Rasterfahndung sieht man diese verschwiegene Sehnsucht noch an. Da hat sich schon mancher verirrt, weil er den Faden der Ariadne aus Wut zerrissen hat.[84]

Nachforschungen über kleine Dinge

Unsere unvollkommene Methode, mit der wir die Dinge zur Sprache bringen können, soll sich an kleinen alltäglichen Gegenständen bewähren. Wir können ihnen ihre Geschichte entlocken.

Da ist ein alter Stuhl. Wie sieht er aus, wie fühlt er sich an, wie sitzt man darauf? Was haben die auf ihm Sitzenden, Vorsitzenden,

seßhaft

Nachsitzenden, Durchsitzenden getan? Was waren das für Leute, die auf ihm saßen? In welchem Raum stand der Stuhl? Wir können die Spuren seiner Herstellung auffinden. Holzart, Holzverbindungen, Schleifspuren und Oberflächenbehandlung deuten darauf hin. Auch sein Gebrauch hat Spuren hinterlassen. Die blankpolierte Sitzfläche, die abgewetzten Armlehnen verweisen auf lange Sitzungen.

Wir können ihn mit anderen Stühlen vergleichen: Schreibtischstuhl, Küchenstuhl, Schulstuhl, Beichtstuhl, Heiliger Stuhl, Thron, Hocker usw. Die Geschichte des Seßhaftwerdens kann von den Stühlen erstanden werden. Dafür sind sie das geschichtlich dingliche Zeichen. Die industriellen Stuhlmacher dieses Jahrhunderts zeigen schließlich die profitable Vermarktung des Sitzfleisches.

„Galerie der kleinen Dinge" heißt ein kulturgeschichtliches ABC alltäglicher Dinge, das Heiner Boehncke und Klaus Bergmann zusammengetragen haben (Zürich 1988). Vom Aschenbecher über den Bleistift, die Eieruhr, den Knopf, den Lippenstift, Lola, Lüsterklemme, Schlüssel, Schnuller, Wecker bis zum Zündholz gehen viele Autoren 77 Dingen auf die Spur. Amüsante, sogar lehrreiche Geschichten sind da versammelt. In ihnen wird auch die „große Geschichte" greif-bar, die auf die Erde heruntersteigt.

Wie wäre es, wenn wir im Unterricht eigene Geschichten kleiner Dinge erzählten und aufschrieben oder zeichneten? Unsere Versuche in Schule und Universität ermuntern uns zu diesem Vorschlag. Alle Menschen haben kleine Dinge, die sie lieben, mit denen sie täglich umgehen, oder die sie hassen. Sie sind Inhalte gegenwärtiger Sinneswahrnehmung, Zeichen der Erkenntnis und Werkzeuge des Ausdrucks. Aber das soll kein Gliederungsvorschlag für diese Geschichten der Geschichte der kleinen Dinge sein, sondern nur ein Hinweis auf ihre große Bedeutung.

Eigene-Zeit-Geschichte

Der Umgang mit der gegenwärtigen Zeit ist die Schöpfung der Vergangenheit, die zukünftig Geschichte heißen wird. Das gilt selbstverständlich auch für die Schulzeit, die für die Beteiligten immer zugleich Lebenszeit ist. Sie nur der Zukunft zu opfern, hieße die Gegenwart des eigenen Lebens zum Mittel zu machen und die eigene Geschichte zur Abfallhalde. In einem solchen Umgang mit der Zeit müssen sich die Schülerinnen und Schüler, aber auch wir selbst als Mittel für fremde Zwecke erleben. Auch das nennen wir Entfremdung. Man arbeitet und lernt fürs Leben, das demnach offenbar noch nicht stattfindet. Das ist der Bankrott der Pädagogik.[85]

Wie sollten sich Menschen für die Geschichte und die Zukunft interessieren, wenn ihnen die eigene Gegenwart gestohlen wird?

Geschichtliche Bildung beginnt also mit der bewußten Erfahrung nicht nur geopferter, eigener Zeit. Unter den vorgefundenen gesellschaftlichen Bedingungen ist das immer zugleich die Erfahrung der entfremdeten Zeit als Schul- und Arbeitszeit und des Kampfes um sie. Es geht um die Verweigerung des Opfers, um seine Zurückweisung ins Reich wirklicher Not-Wendigkeit, dessen Ausdehnung sich vor der möglichen Freiheit zu legitimieren hätte. Dieser Widerstand ist auch als Versuch der Selbstbehauptung zu begreifen.

Was das alles unter den Bedingungen heutiger Schulzeit, im Schulzwang, unter der Regie von Lohnlehrern, offiziellen oder heimlichen Lehrplänen heißt, welche Folgerungen gezogen werden können, ist hier so einfach nicht aufzuschreiben. Sicher geht es dabei um eines der größten Themen im Verhältnis der Generationen und in der praktischen Kritik des Prozesses der Zivilisation.

Wer aber für die Aufhebung der äußeren Zeitdisziplinierung eintritt, muß wissen, daß er damit zugleich für die Selbstdisziplinierung spricht. Aus dieser Dialektik gibt es kein Entrinnen. Vielleicht haben auch deshalb so viele Menschen diese große Angst vor der Freiheit?

Wenn wir hier für die Freiheit — auch der eigenen Zeit — streiten, dann auch, weil die Selbstentmachtungstendenzen in den öffentlichen Bildungsinstitutionen übermächtig geworden sind. Also setzen wir Vertrauen gegen Kontrolle, Selbstbestimmung gegen Fremdbestimmung, selbstgestaltete Zeit gegen verplante.

In den Schulen sollte es jenseits von 3/4-Stunden-Takt und Fächersalat möglich sein — mit Hilfe von Verabredungen zwischen allen Beteiligten — Arbeitspläne, Projekte, Produktionen, Feste, Pausen und andere Unternehmungen zu vereinbaren.

Die Stillegung der Klingel wäre ein erster Schritt dieser Entkabelung von der Zeitmaschine.

Ort der Handlung

Schulraum als „zweite Haut"

Aus allem, was bisher geschrieben wurde, geht hervor, daß die Räume, in denen wir uns aufhalten, eine große Bedeutung für unseren Umgang mit den Dingen und unseren Sinnen haben. Räume sind selbst dingliche Mittel der Förderung oder Behinderung unserer Sinnesfähigkeiten, ob wir das wissen oder nicht. Sie sind eine Art „zweite Haut", in der wir uns wohlfühlen, oder in der wir lieber nicht stecken wollen.

Betrachten wir unter diesem Aspekt die heutigen Schulhäuser und Unterrichtsräume, so finden wir nur wenige gute Haare, die an ihnen gelassen werden können. Die alten Schulhäuser aus dem vorigen Jahrhundert gleichen eher Kasernen, Krankenhäusern, Gefängnissen oder Verwaltungsgebäuden als Stätten der Bildung. Ihre Architektur verweist auf eine ursprüngliche Funktion der Schule, die viel mit Verwahrung, Überwachung, Verwaltung und Disziplinierung der Insassen zu tun hatte.[86]

Die meisten Schulbauten bestehen nicht nur aus gesundheitsschädlichen Baumaterialien und einer lebensfeindlichen Haustechnik, sie folgen auch noch immer Bauprinzipien, die sich an der „Rationalität" von hierarchisch organisierten Verwaltungsabläufen orientieren. Keinesfalls sind sie anregungsreiche Orte der Bildung. Sie sind aus Beton, Kunststoff und Isoliermaterial gebaute „Lernverhinderungspädagogik".

Eine fundierte Kritik des Schulbaus hat Hugo Kükelhaus vorgelegt. Er hat selber Schulen gebaut, die anders sind, und er gehört zu den wenigen Architekten, die reflektieren, welche Bedeutung ihre Produkte für die Sinne und die übrigen Organe des Menschen haben, also auch für das Leben, das in ihnen stattfinden soll.[87]

Kükelhaus' Beitrag verstehen wir nicht nur als fundamentale Kritik des heute vorherrschenden Schulbaus und der politischen Entscheidungen, die ihn zugelassen haben. Sie ist auch als Kritik an den Pädagogen in Schule und Hochschule zu lesen, die sich aus der Schulbaugestaltung weitgehend herausgehalten haben, weil sie die Bedeutung unserer zweiten Haut entweder nicht erkannt haben, sich ohnmächtig, phantasielos oder einfach unzuständig fühlten. Nun sind die Fakten in Stein geschaffen. Sie zu ändern liegt kaum mehr im Handlungsspielraum derer, die darin hausen müssen. Politische Entscheidungen wären notwendig, Schulabbrecher auch.

An einigen mit Asbest und Formaldehyd verseuchten Schulen in Westberlin haben Eltern- und Schülerschaft mit unumgänglichen politischen Entscheidungen begonnen und boykottieren diese Bauten samt ihren „Trägern".

Wir müssen uns täglich in solchen Räumen aufhalten, auch wenn uns deren gesundheitsschädliche und lernbehindernde Eigenschaften bekannt sind, wir sie am eigenen Leibe spüren. Wir können sie nicht grundsätzlich ändern. In die sogenannte Bausubstanz (Fenster, Wände, Bodenbeläge, Licht-, Schall- und Heizungssystem) können wir kaum eingreifen, es sei denn auf politischen Wegen. Die Gestaltungsmöglichkeiten sind weitgehend auf die Einrichtung und auf die Art des Gebrauchs der Räume begrenzt sowie auf das Verhältnis, das wir zu unseren Räumen entwickeln. In diesem Bereich ist allerdings einiges zu verbessern.[88]

Wünschenswert wäre sicher eine freundliche Beziehung zum eigenen Raum. Gegenwärtig bleibt den Kindern und Jugendlichen häufig nur der zerstörerische Eingriff in ihren toten „Lernraum". Kritzeleien auf den Tischen, zertretene Steckdosen oder Klosprüche sind auch als verzweifelte, hilflose und hoffnungslose Versuche zu verstehen, Spuren zu hinterlassen, etwas Eigenes zu machen: ohnmächtige Gestaltungsversuche in übermächtiger trostloser Umgebung als Rache für vorenthaltene Behaglichkeit, verweigerte Autonomie und verbaute Lebenszeit.

Die heutigen Schulbauten stellen uns alle vor vollendete Tatsachen, denen wir unterworfen sind, mit denen wir im guten Sinn wenig zu tun haben, und in denen wir uns nicht einrichten können, weil uns alles schon eingerichtet worden ist. In manchen dieser Räume kann oder darf nicht einmal ein Nagel in die Wand geschlagen werden, um Bilder aufzuhängen. Manchmal hält auch kein Klebestreifen auf den glatten Kunststoffwänden im Wartesaal 9. Klasse des Parkhauses fürs Leben.

Wie in der eigenen Wohnung gibt es auch im Schulraum den Wunsch, ihn einzurichten, ihn selbst mit Dingen zu beleben, ihm eine eigene unverwechselbare Atmosphäre der Bewohner zu geben. Unsere Erfahrungen mit solchen Gestaltungsversuchen sind positiv. Nach anfänglicher Skepsis — „das wird ja doch nichts; was soll das denn; das ist doch nicht unsere Sache; das lohnt sich doch nicht; die anderen machen ja sowieso alles wieder kaputt" — haben die Schüler und Schülerinnen eigene Ideen und Initiativen entwickelt. Wände wurden gestrichen, Regale gebaut, Blumenkästen bepflanzt, Wandleuchten angebracht, Vorhänge, Bücher, Bilder, Werkzeuge, Geschirr, Einrichtungsgegenstände besorgt oder selbst angefertigt. Uns schwebt eine Mischung aus Studierzimmer, Werkstatt, Atelier, Labor, Bibliothek und Wohnküche vor.

Hoffentlich wird deutlich, daß solche Gestaltungsversuche mit „schöner Wohnen" oder „schöner Lernen" im Sinne der Arbeitshygiene nicht viel zu tun haben, sondern mit „bei sich sein" und zusammensein können, mit eigener Bildung und Inanspruchnahme unserer Sinne. Es geht auch darum, die zerstörerischen Momente des Schullebens, die weitere Selbstzerstörung der Beteiligten zur Folge haben können, zugunsten einer schöpferischen, selbstbewußten Eigentätigkeit zurückzudrängen.

Wenn wir den Raum nicht nur als austauschbaren Aufenthaltsort begreifen, sondern als zweite Haut, die zu uns gehört, dann verweist das auch auf das, was wir in diesem eigenen Raum zu tun haben: Im Raum der Schule sollte es eigentlich um Bildung gehen. In unserem Zusammenhang ist es die Bildung der Sinne im Umgang mit den Dingen, zu der ein Raum taugen soll. Er muß unsere Sinne beanspruchen, ihre Tätigkeit herausfordern und ermöglichen. Keinesfalls darf er sie stillegen und durch einseitige Inanspruchnahme schädigen. Ein phänomenorientierter Unterricht braucht den Raum selbst als sinnlich anregendes, veränderbares Phänomen.

Einige Änderungen sind leicht machbar:

Die in den Klassenräumen übliche Totalausleuchtung klaut uns den Schatten, lähmt die Augen und schädigt auch die anderen Organe. Wir können uns den Schatten zurückholen, indem wir unterschiedlich helle Strahler, Wandleuchten oder Stehlampen verwenden und das gesundheitsschädliche Neonlicht möglichst ausgeschaltet lassen. Zumindest aber sollten Schattenspender aufgehängt werden, die in ihrer Bewegung das Licht reduzieren und modulieren können. Geeignet sind z. B. großflächige Mobiles, die unter die Deckenbeleuchtung gehängt werden können.

Die öde Rechteckform der Klassenräume schreit geradezu nach Auflösungen. Arbeitsateliers, Lernstudios, die Bareinrichtungen der Sinneswerkstatt, Sitzecke oder Teestube können mit Stellwänden abgeteilt werden. Sie variieren den Raum und erlauben verschiedenartige Tätigkeiten seiner Bewohner zur gleichen Zeit. Nicht jeder sieht jeden zu jeder Zeit. „Für sich sein können" will jeder, aber auch das Auge braucht diese Momente der Ruhe, um wieder aufmerksam zu werden.

Eine solche Raumaufteilung verbessert auch die akustische Qualität des Raumes, die andernfalls durch glatte große Flächen oder schallschluckende Bauelemente das Ohr überschwemmt oder um seine Reize bringt. Diese differenzierten Reize aber sind notwendig, um das Ohr nicht zu schädigen, um Aufmerksamkeit und Konzentration zu ermöglichen. Konzentration ist Hinwendung zu etwas und Abwendung von etwas anderem zugleich. Wenn es im Raum nichts gibt, wovon sich die Sinne abwenden können, dann können sie sich auch nicht etwas anderem zuwenden.

Akustische und optische Verbesserung erreichen wir durch einen vielgestaltig angenehm eingerichteten Raum. Wir erreichen sie nicht durch architektonische Berechnungen, bei denen das Verlangen der Sinne und der Wunsch nach körperlicher und geistiger Bewegung unberücksichtigt bleiben.

Großes Unrecht widerfährt unseren Füßen. Fußböden tragen ihren Namen in den Schulhäusern zu Unrecht. Es sind kratzfeste, schallisolierende, klebefähige, leicht verlegbare, rutschsichere, schwer entflammbare, kostengünstige, geruchsneutral nach Kleber stinkende, pflegeleichte Beläge der Unterseite des Raumes. Die Böden sind Abstellflächen für die Insassen und Möbel dieser Anstalt, aber es sind keine Böden für unsere Füße. Verschiedenartige „fußfreundliche", also den Füßen freundlich gesonnene Böden gibt es kaum. Bodenberührung wird vermieden. Nicht einmal in der Turnhalle ist ein nackter Fuß üblich. Was gerade noch „geht", ist ein Handstand ohne Handschuhe. Ein Fußstand ohne Fußschuhe ist aus angeblich hygienischen Gründen die Ausnahme.

Zu wünschen ist wenigstens eine Ecke im Klassenraum, vielleicht eine Teestubenecke, in der man barfuß oder in Strümpfen auf dem Boden gehen oder auf dem Teppich sitzen kann, eine Ecke ohne Straßendreck. Aus dem Orient kennen wir die Sitte, daß das Innerste des Hauses wie das der Moschee, nicht mit Schuhen betreten werden darf. Sammlung, Besonderheit, Gelassenheit und Ruhe kennzeichnen solche Orte. Wir wünschen den Schulen Fußböden, denen man ansieht und mit den Füßen anfühlt, ob sie innen oder außen sind, die wir spüren, und auf denen wir uns niederlassen können.

In Dänemark haben wir eine kleine Schule gesehen, in der die Fußböden je nach Zweck des Raumes aus Parkett, Fliesen, Steinen, Holzscheiben, Teppichen, Fellen oder einfachen Dielen bestanden. Wir konnten bemerken, wie die Kinder sich sehr verschiedenartig in diesen Räumen bewegten. Raumerfahrung „geht" zu allererst mit den Füßen auf dem Boden. Um eine Sache vom Kopf auf die Füße zu stellen, und darum geht es in der Bildung auch, benötigen wir dringend richtigen Fußboden unter den eigenen Füßen, der uns trägt, und keine Abstellflächen.

Wir brauchen Räume, die durch Schüler und Lehrer nach ihren Wünschen gestaltet werden können. Was wir nicht brauchen, ist eine durch Spezialisten und Verordnungen vorfabrizierte, sterile Raumatmosphäre. Die Schulhausbauer hätten nur die Bedingungen für unsere Selbsttätigkeit nicht zu verbauen. Der eigene Raum einer Gruppe wird ihr Gesicht tragen. Er ist ihr Werk. In ihm sollte jeder ein Kapitel seiner eigenen Bildungsgeschichte einschreiben können, einen Platz haben, und sei es nur eine Schublade, die nur er selbst öffnen darf oder eine kleine Wandfläche für eigene Bilder und Texte. Die „Einräumung" dieser Eigenheit durch die Schule bedeutet eine Vertrauens- und Respektbezeugung vor der Besonderheit der Kinder und Jugendlichen.[89]

Wer allerdings an einem gradlinig von der Lehrperson ausgerichteten Unterricht festhält, wird für unsere Überlegungen wenig Verständnis aufbringen können, denn ihm wird bei der sinnesfeindlichen Schularchitektur nichts fehlen, und Kinder mit wachen Sinnen wären sowieso „Störfaktoren" eines solchen Unterrichts.
Erst wenn Schülerinnen und Schüler sagen können, daß es um *ihren* Unterricht, um ihre Bildung, um ihr Leben, um ihren Raum, um ihre Erfahrung, um ihre Gegenwart und Zukunft geht, werden sie aktiver Teil in der Gestaltung des Schullebens sein können. Daß auf dem mühsamen Weg dahin die Erkenntnis und Gestaltung der wahrnehmbaren Phänomene und Ereignisse des Lebens unter dem Aspekt der Bildung wichtig sind, das wollten wir auch an der Bedeutung des Raumes zeigen.

Wie können wir für Räume, die auf konventionellen Frontalunterricht ausgerichtet sein müssen, die räumlichen Qualitäten und pädagogischen Möglichkeiten der „Open Schools" mit einplanen?

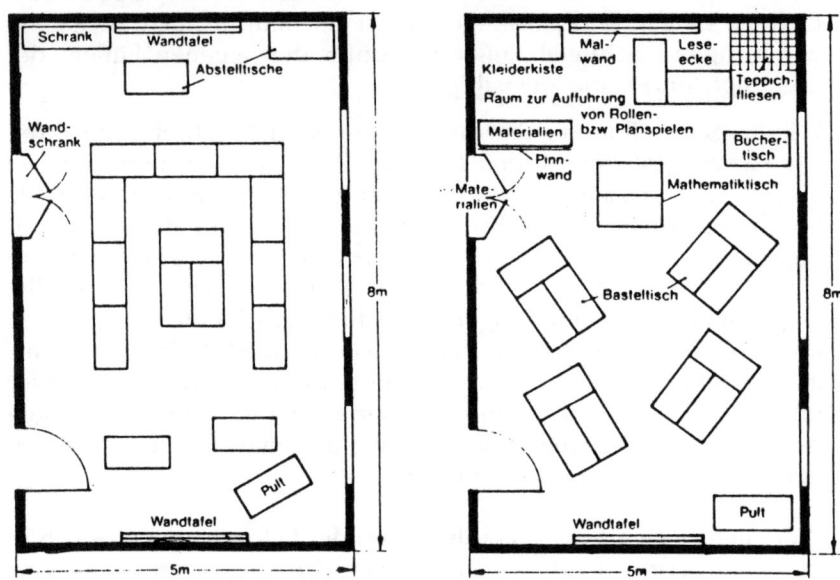

Klassenraum vor und nach der Einteilung in Lernecken

Die Wohnlichkeit entsteht vor allem dadurch, daß den Kindern sehr viele Rückzugsmöglichkeiten in Form von Ecken und Nischen angeboten werden. Die Mittel hierzu sind oft verblüffend einfach: Vorhänge, selbstgebastelte Regale, Schränke . . . Zusätzlich wird eine starke Differenzierung der einzelnen Bereiche mittels Bodenbelag und Ausstattung angestrebt.

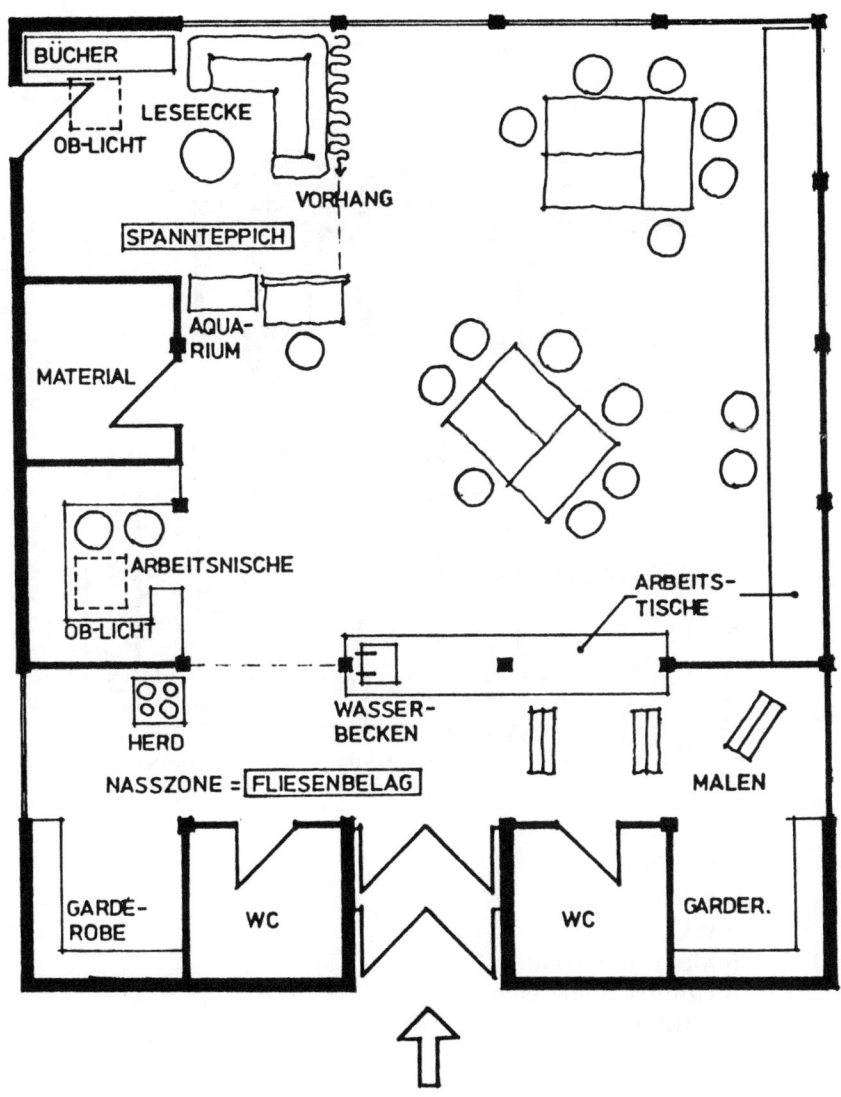

BÜCHER

LESEECKE

OB-LICHT

VORHANG

SPANNTEPPICH

AQUA-RIUM

MATERIAL

ARBEITSNISCHE

OB-LICHT

ARBEITS-TISCHE

HERD

WASSER-BECKEN

NASSZONE = FLIESENBELAG

MALEN

GARDE-ROBE

WC

WC

GARDER.

ein beinahe idealer Raum

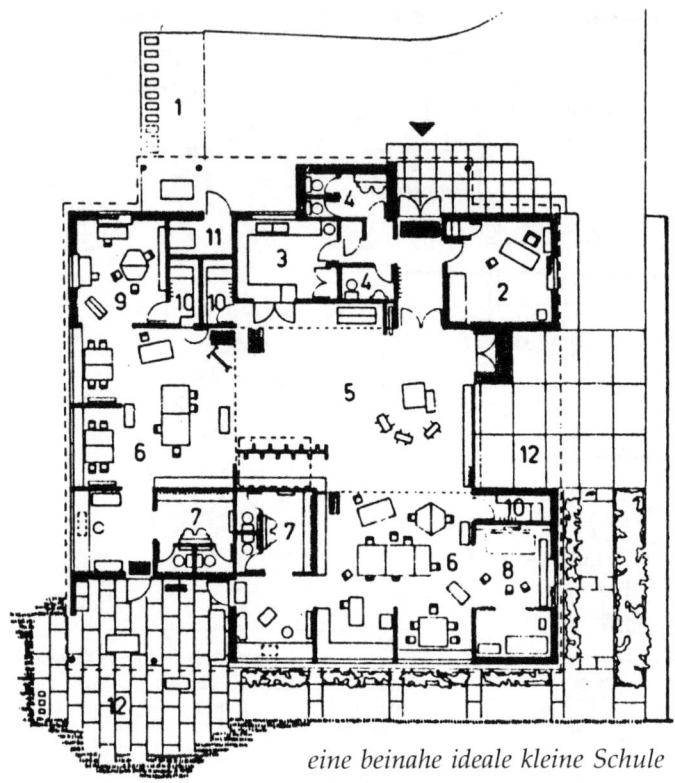

eine beinahe ideale kleine Schule

1 Fahrräder
2 Schulvorsteher
3 Küche
4 WC
5 Mehrzweckraum
6 Unterrichtsbereich
7 Garderobe
8 Feuerstelle
9 Bibliothek
10 Abstellraum
11 Heizung
12 Überdeckter Spielplatz

Räume des Widerspruchs und der Muße

Der Widerspruch steht im Raum. Ganz ohne Streit wird er nicht belebt werden können, wenn wir in ihm die Sprache wiederfinden und entschlüsseln wollen, in der die Dinge und die Sinne zu schweigen scheinen.

Aufklärung, Muße und eigenes Tun brauchen Räume. Die aber sind besetzt wie die Wörter, in denen wir uns kaum erklären können. Zu tief sind die Besetzer auch in sie eingedrungen. Sie wahrzunehmen, zu erkennen, sie zu vertreiben ist der Akt des Ent-setzens — auch der Räume. Vielleicht fallen uns dabei die richtigen Wörter und Namen ein für das, was uns mit den falschen vorgemacht worden ist. Die besetzten Wörter zu entsetzen bedeutet Widerspruch, widersprechen, also sprechen. Die richtigen Namen werden uns einfallen, wenn wir die Dinge ins rechte Licht setzen, und das ist manchmal der Schatten.

Um dies zu tun, brauchen wir eigene und öffentliche Räume. Es gibt sie überall dort, wo wir sind. In ihnen geht es um den nächsten möglichen Schritt. Das ist manchmal nur ein Wort, eine eigenwillige Inszenierung, ein Bild an der Wand, die Einrichtung einer Sinneswerkstatt, eine ganze Ausstellung oder ein Gespräch.[90]

Scholè bedeutete in der Antike einmal Ort der Muße, der Besinnung — daran können wir nicht oft genug erinnern. Die eigene Zeit wiederzugewinnen wäre ein Anfang. Warum sollte die Schule, in der wir zusammenkommen, nicht ein Ort dazu sein? Trotz allem.

Wir sind auch noch da. Sie sollen es merken, wo wir die Dinge zur Sprache bringen.

Nachdruck: Ästhetik der Bildung

„Die Ästhetik des Widerstands ist nichts anderes als der Widerstand der Ästhetik", schrieb Alfred Andersch.

Könnte man von Bildung nicht das gleiche sagen? Alle drei enthalten den Widerspruch, den ihre Beherrscher unfähig sind zu beherrschen.

Die Ästhetik der Bildung wäre dann nichts anderes als die Bildung der Ästhetik im Widerstand. Es ist der Widerstand gegen alles, was die sinnliche Schönheit der Dinge und des möglichen Lebens mit Füßen getreten hat und noch immer tritt.

Die Bildung ist eine Schwester der Kunst.

„Du verstehst, das Harte unterliegt."

Entfaltung der Bücher im Geiste der Sinne

Vorsätze

Anmerkung Nr. Null:

Über unsere unterschiedlichen Zugänge zum SinnesWandel:

Heide Wellershoff: Von 1977−87 arbeitete ich als Klassenlehrerin in einer Schule für Lernbehinderte (Jg. 3−9). Die Tätigkeit der eigenen Sinne und der Umgang mit wirklichen Dingen wurde mir in dieser Zeit immer wichtiger.

1984/85 schrieb ich (am Institut für Sonder- und Heilpädagogik an der FU Berlin, bei Hans Eberwein) einen längeren Text über die „Bildung der Sinne". Er wurde Anlaß für intensive Diskussionen mit Kollegen und Kolleginnen. Schließlich wurde er zum ersten Entwurf für dieses Buch.

In den Schuljahren 85/86 und 86/87 arbeitete ich gemeinsam mit einer Kollegin (Ina Hesse) in mehreren Abschlußklassen. Wir versuchten, offenen Unterricht zu realisieren und Wege zu finden, mit den Schülern zu leben.

Im Unterricht, auf Klassenreisen, aber auch bei privaten Treffen fand ich Gelegenheit zu begreifen, wie die Schülerinnen und Schüler ihre Welt wahrnehmen, und wie ein bewußterer Umgang mit den Sinnen und den Dingen möglich ist.

Gespräche und praktische Unternehmungen, aber auch „Freie Texte", die sie selber schrieben und öffentlich machten, öffneten die Tür zu ihren Empfindungen und Vorstellungen ein wenig. Ich sah in diesen Versuchen eine Möglichkeit, das Vertrauen in die eigene Kraft zu stärken und einer falschen Form der Abstraktheit im Unterricht entgegenzuwirken. Doch auch die Grenzen der vertrauensvollen „Offenbarungen" wurden sichtbar. Ich will sie auch in diesem Buch nicht verletzen.

Johannes Beck: In unseren Jahrbüchern für Lehrer (Rowohlt, 1976−82) schimmerte die Bedeutung der Sinne und der Dinge nur zwischen vielen Zeilen. Die neuerliche Beschäftigung mit den pädagogischen Ideen der Aufklärung, besonders mit Rousseau, zeigte, welche Bedeutung den Dingen und den Sinnen damals für die Bildung eingeräumt worden ist. (Emile R. − Irrfahrten, Reisebilder aus der pädagogischen Provinz, Reinbek, 1982). Dagegen machte mich die „postmoderne", didaktische und esoterisch-therapeutische Inanspruchnahme des Themas eher mißtrauisch.

In Lehr- und Forschungsprojekten an der Universität Bremen versuche ich seit 1985 mit Studentinnen und Studenten den Sinnen-Wandel in bildungstheoretischer Absicht zu begreifen. Die Themen: Bildung in Lebenszusammenhängen; Kulturgeschichte und Bildung der Sinne (mit Heiner Boehncke); Die Sprache der Dinge; Reisen-Wege-Orte; Die Sprache der Wörter; Ästhetik der Bildung.

Seit einigen Jahren treffen wir uns bei kleinen Sommeruniversitäten in einem alten Bergdorf am Lago Maggiore. Dort versuchen wir, unsere theoretischen Einsichten mit praktischen Tätigkeiten zu konfrontieren.

Zu Klärungen halfen die Gespräche im Kreis der „Ungezogenen" (H. Dauber, M. Gronemeyer, I. Illich, C. Marzahn, W. Sachs, H. Stubenrauch; s. Das Recht auf Ungezogenheit, Reinbek 1983).

Vorträge und Diskussionen bei praktisch tätigen Pädagogen (bes. die in Hamburg, München, Zürich, Wien und Delmenhorst) zwangen zu Konkretisierungen in bildungspraktischer Hinsicht.

Vor allem die Zusammenarbeit mit Heide Wellershoff zeigte mir Möglichkeiten, sogar in der Schule die Sinne und die Dinge zur Geltung zu bringen. Sie bestand darauf, – so gut es geht – schon dort zu leben, wo sie ist, und nicht erst dort, wo sie gerne sein würde.

Gerade wenn es ein richtiges Leben im falschen nicht geben kann, geht es um einen möglichen nächsten Schritt. Auch ihn wird das gestellte Bein zum Stolpern bringen.

Bildungstheoretische Zugänge

1 Wer sind die Kinder und Jugendlichen, die Schülerinnen und Schüler? In unserem Text schreiben wir oft recht pauschal von ihnen. Dabei wäre es in jedem Fall richtig, in konkreter Weise auf die Unterschiede einzugehen, die durch Alter und Geschlecht, durch soziale, individuelle und kulturelle Besonderheiten begründet sind. Gerade die Sinnestätigkeit im Umgang mit den Dingen und deren Bedeutungen folgt diesen Unterschieden.

So ist es beispielsweise im Bereich des Geschmacks unmöglich, von qualitativ gleichen Wahrnehmungen und Vorlieben auszugehen. Er wandelt sich im Laufe der Altersphasen und ist auch in den sozialen Etagen der Gesellschaft, aber auch individuell völlig unvergleichbar. Zwang und mögliche Freiheit sind zum Teil auch Geschmackssache und nicht nur Ausdruck des Wohlstandes.

Die Eßgewohnheiten und Kleidersitten der Völker, Epochen und Kulturen zeigen diesen „Relativismus".

Banaler: Die mittelmeererfahrenen Mittelschichten-Lehrer genießen die Speisen der Genügsamkeit aus dieser Gegend als Delikatessen, ja sogar Weinbergschnecken. Nur als Mutprobe würden die „Pommes" gewohnten Trabantenstadtkinder so etwas schlucken.

Die unterschiedlichen Wahrnehmungsweisen kennenzulernen, wäre ein Gegenstand des Dialogs im Unterricht.

Uns sind keine Untersuchungen und Vorschläge bekannt, die diese dialogische Erforschung ersetzen könnten. (Vgl. auch P. Freire, Pädagogik der Unterdrückten)

Bei den Studien zur Situation von Jugendlichen und Kindern (Shell-Studie z. B.) stehen meist materielle Lage und „Bewußtsein" im Vordergrund. Die subjektive Wahrnehmung der Welt läßt sich eben kaum quantitativ „erfassen". In diesem Bereich ist die Werbung erfolgreicher.

Anregungen bieten vielleicht: H. Hartwig: Jugendkultur. Ästhetische Praxis in der Pubertät. In England haben vor allem J. Clark und P. Willis vom Centre for Contemporary Cultural Studies in Birmingham (CCCSB) differenzierte Studien durchgeführt, die auch kulturspezifische Wahrnehmungs-, Denk- und Handlungsweisen beschreiben. Als Beispiel sei genannt: P. Willis: Spaß am Widerstand. Gegenkultur in der Arbeiterschule.

Die Forschungen des CCCSB haben die Oral-History-Forschung, z. B. die deutschen Geschichtswerkstätten beeinflußt. Siehe die Arbeiten von L. Niethammer und das zusammenfassende Buch von H. Heer/V. Ullrich (Hg): Geschichte entdecken.

Solche Forschungen zeigen den „SinnesWandel" innerhalb der letzten Generationenfolgen, ohne ihn zu thematisieren.

Für den Bereich der Schularbeit sind interdisziplinäre Kulturanalysen zum „Fremdverstehen anderer Lebenswelten" vorgeschlagen worden, die mit Methoden qualitativer und ethnographischer Feldforschung durchgeführt werden können. Theoretische Zugänge dazu sind formuliert bei H. Eberwein/K. Köhler: Ethnomethodologische Forschungsmethoden in der Sonder- und Sozialpädagogik. In: Zeitschrift für Pädagogik. 30. Jg., 3/1984, S. 363–380. Ausführlich: H. Eberwein (Hg.): Fremdverstehen sozialer Randgruppen.

Wir vermuten, daß die Einsicht in die unterschiedlichen Wahrnehmungs- und Ausdrucksweisen ähnliche Bedeutung gewinnen könnte, wie sie die „Entdeckungen" der soziolinguistischen Forscher zum Sprachgebrauch in den 60er Jahren (B. Bernstein usw.) hatten.

2 Der gesamte Text ist im „Freibeuter" Nr. 3 und Nr. 4, Berlin 1980 (Wagenbach) nachzulesen. Eine leicht gekürzte Fassung gibt es in einem Sammelband mit Pasolinitexten, der den schönen Titel „Das Herz der Vernunft" trägt (Berlin 1986, Wagenbach).

3 Zur Bedeutung der Dinge, also auch der „Wirklichkeit" für die Bildung, weisen wir auf zwei bildungstheoretische Aufsätze hin:
K. Mollenhauer: Die Dinge und die Bildung des Menschen. In: H. Liebich/W. Zacharias (Hg), Vom Umgang mit Dingen; H. Rauschenberger: Die Bildung der Wirklichkeit. In: H. Dauber (Hg), Bildung und Zukunft. Außerdem: W. Lippitz/C. Rittelmeyer (Hg.): Phänomene des Kinderlebens.

4 Dazu: Christa Wolf: Kassandra. Frankfurter Poetik-Vorlesung; M. Gronemeyer: Die Macht der Bedürfnisse, bes. S. 251 ff.

5 In dem von H. P. Duerr herausgegebenen Werk „Der Wissenschaftler und das Irrationale" sind zahlreiche Beispiele aus der ethnologischen Forschung enthalten, in denen solche kulturabhängigen Wahrnehmungs- und Ausdrucksweisen beschrieben und diskutiert werden. Siehe darin bes. den Aufsatz des schwedischen Ethnologen A. Hultkranz: Ritual und Geheimnis: Über die Kunst der Medizinmänner, oder: Was der Herr Professor verschwieg (Bd. 1, S. 73–97).
Siehe auch:
P. Parin u. a.: Die Weißen denken zuviel; H. P. Duerr: Traumzeit; P. Feyerabend: Erkenntnis für freie Menschen.
In diesen Arbeiten werden unter anderem die Wahrnehmungs- und Denkbarrieren problematisiert, die sich in den am Positivismus orientierten Wissenschaften etabliert haben.

Zur Geschichte der Sinneswahrnehmung:
D. Hoffmann-Axthelm: Sinnesarbeit; R. zur Lippe: Sinnenbewußtsein.

Ein Zitat I. Kants von 1798 (aus: Anthropologie in pragmatischer Hinsicht, S. 432 ff.) mag daran erinnern, wie die Aufklärung die Sinne und die Sinnlichkeit rehabilitierte, indem sie diese zugleich dem gebietenden

Verstand unterwarf. Auch das war Naturbeherrschung am Menschen, die andauert:

Apologie für die Sinnlichkeit

§ 8. Dem *Verstande* bezeigt jedermann alle Achtung, wie auch die Benennung desselben als *oberen* Erkenntnisvermögens es schon anzeigt; wer ihn lobpreisen wollte, würde mit dem Spott jenes den Lob der *Tugend* erhebenden Redners (stulte! quis unquam vituperavit) abgefertigt werden. Aber die Sinnlichkeit ist in üblem Ruf. Man sagt ihr viel Schlimmes nach: z. B. 1) daß sie die Vorstellungskraft *verwirre;* 2) daß sie das große Wort führe und als *Herrscherin*, da sie doch nur die *Dienerin* des Verstandes sein sollte, halsstarrig und schwer zu bändigen sei; 3) daß sie sogar *betrüge* und man in Ansehung ihrer nicht genug auf seiner Hut sein könne. – Andererseits fehlt es ihr aber auch nicht an Lobrednern, vornehmlich unter Dichtern und Leuten von Geschmack, welche die *Versinnlichung* der Verstandesbegriffe nicht allein als Verdienst hochpreisen, sondern auch gerade hierin und daß die Begriffe nicht so mit peinlicher Sorgfalt in ihre Bestandteile zerlegt werden müßten, das *Prägnante* (die Gedankenfülle) oder das *Emphatische* (den Nachdruck) der Sprache und das *Einleuchtende* (die Helligkeit im Bewußtsein) der Vorstellungen setzen, die Nacktheit des Verstandes aber geradezu für Dürftigkeit erklären.

Wir brauchen hier keinen Panegyristen, sondern nur einen Advokaten wider den Ankläger.

Das *Passive* in der Sinnlichkeit, was wir doch nicht ablegen können, ist eigentlich die Ursache alles des Übels, was man ihr nachsagt. Die innere Vollkommenheit des Menschen besteht darin: daß er den Gebrauch aller seiner Vermögen in seiner Gewalt habe, um ihn seiner *freien Willkür* zu unterwerfen. Dazu aber wird erfordert, daß der *Verstand* herrsche, ohne doch die Sinnlichkeit (die an sich Pöbel ist, weil sie nicht denkt) zu schwächen: weil ohne sie es keinen Stoff geben würde, der zum Gebrauch des gesetzgebenden Verstandes verarbeitet werden könnte.

Ein Tadel, den die Logik der Sinnlichkeit entgegen wirft, ist der: daß man dem Erkenntnis, so wie es durch sie befördert wird, *Seichtigkeit* (Individualität, Einschränkung aufs Einzelne) vorwirft, da hingegen den Verstand, der aufs Allgemeine geht, eben darum aber zu Abstraktionen sich bequemen muß, der Vorwurf der *Trockenheit* trifft. Die ästhetische Behandlung, deren erste Forderung Popularität ist, schlägt aber einen Weg ein, auf dem beiden Fehlern ausgebeugt werden kann.

Gänzlich andere Ansichten über das Verhältnis der Sinne zum Verstand (der Sprache) zeigt bereits Herders Schrift „Über den Ursprung der Sprache" (1770).

6 J. J. Rousseau: Émile, S. 10. Für ihn enthält der Umgang mit den Dingen das Material, das in seiner „negativen Erziehung" wirksam wird.
Auf die „Erziehung der Sinne" geht Rousseau ausführlich ein (S. 111 ff.). Sie bedeutet ihm Schärfung der eigenen Werkzeuge.

7 Dies ist das Werk gesellschaftlicher, d. h. gemeinsamer Tätigkeiten der einzelnen Menschen. In ihnen entfalten sich ihr *Eigensinn* und *Gemeinsinn* zugleich.
Wie dieser Zusammenhang sich physiologisch, psychisch also gesellschaftlich entfaltet hat, zeigen O. Negt und A. Kluge in ihrem spannenden, kaum rezipierbaren Montagebuch: Geschichte und Eigensinn. Siehe auch die folgende Anmerkung.

8 In seinen „Ökonomisch-philosophischen Manuskripten" (1844) hat K. Marx die Sinnestätigkeit in ihrem gesellschaftlichen Zusammenhang zu begreifen versucht. Wir zitieren so ausführlich, weil der Text Einsichten und Andeutungen enthält, die in der gegenwärtigen wissenschaftlichen Diskussion um die Sinne aufgenommen bleiben müßten, damit eine menschliche Wissenschaft sich ihres „sinnlichen Bewußtseins" inne werden kann:
Wie das *Privateigentum* nur der sinnliche Ausdruck davon ist, daß der Mensch zugleich *gegenständlich* für sich wird und zugleich vielmehr sich als ein fremder und unmenschlicher Gegenstand wird, daß seine Lebensäußerung seine Lebensentäußerung ist, seine Verwirklichung seine Entwirklichung, eine *fremde* Wirklichkeit ist, so ist die positive Aufhebung des Privateigentums, d. h. die *sinnliche* Aneignung des menschlichen Wesens und Lebens, des gegenständlichen Menschen, der menschlichen *Werke* für und durch den Menschen, nicht nur im Sinne des *unmittelbaren*, einseitigen *Genusses* zu fassen, nicht nur im Sinne des *Besitzens*, im Sinne des *Habens*. Der Mensch eignet sich sein allseitiges Wesen auf eine allseitige Art an, also als ein totaler Mensch. Jedes seiner *menschlichen* Verhältnisse zur Welt, Sehn, Hören, Riechen, Schmekken, Fühlen, Denken, Anschauen, empfinden, wollen, tätig sein, lieben, kurz alle Organe seiner Individualität, wie die Organe, welche unmittelbar in ihrer Form als gemeinschaftliche Organe sind, sind in ihrem *gegenständlichen* Verhalten oder in ihrem *Verhalten zum Gegenstand* die Aneignung desselben. Die Aneignung der *menschlichen* Wirklichkeit, ihr Verhalten zum Gegenstand ist die *Betätigung der menschlichen Wirklichkeit;* menschliche Wirksamkeit und menschliches *Leiden,* denn das Leiden, menschlich gefaßt, ist ein Selbstgenuß des Menschen.
Das Privateigentum hat uns so dumm und einseitig gemacht, daß ein Gegenstand erst der *unsrige* ist, wenn wir ihn haben, [er] also als Kapital für uns existiert, oder von uns unmittelbar besessen, gegessen, getrunken, an unsrem Leib getragen, von uns bewohnt etc., kurz *gebraucht* wird. Obgleich das Privateigentum alle diese unmittelbaren Verwirklichungen des Besitzes selbst wieder nur als *Lebensmittel* faßt, und das Leben, zu dessen Mittel sie dienen, ist das *Leben* des *Privateigentums,* Arbeit und Kapitalisierung.
An die Stelle *aller* physischen und geistigen Sinne ist daher die einfache Entfremdung *aller* dieser Sinne, der Sinn des *Habens* getreten. Auf diese absolute Armut mußte das menschliche Wesen reduziert werden, damit es seinen innern Reichtum aus sich herausgebäre.
Die Aufhebung des Privateigentums ist daher die vollständige *Eman-*

zipation aller menschlichen Sinne und Eigenschaften; aber sie ist diese Emanzipation gerade dadurch, daß diese Sinne und Eigenschaften *menschlich*, sowohl subjektiv als objektiv geworden sind. Das Auge ist zum *menschlichen* Auge geworden, wie sein *Gegenstand* zu einem gesellschaftlichen, *menschlichen*, vom Menschen für den Menschen herrührenden Gegenstand geworden ist. Die *Sinne* sind daher unmittelbar in ihrer Praxis Theoretiker geworden. Sie verhalten sich zu der *Sache*, um der Sache willen, aber die Sache selbst ist ein *gegenständliches menschliches Verhalten zu sich selbst und zum Menschen und umgekehrt*. [Ich kann mich praktisch nur menschlich zu der Sache verhalten, wenn die Sache sich zum Menschen menschlich verhält.]

Das Bedürfnis oder der Genuß haben darum ihre *egoistische* Natur und die Natur ihre bloße *Nützlichkeit* verloren, indem der Nutzen zum *menschlichen* Nutzen geworden ist.

Eben so sind die Sinne und der Geist der andren Menschen meine *eigne* Aneignung geworden. Außer diesen unmittelbaren Organen bilden sich daher *gesellschaftliche* Organe, in der *Form* der Gesellschaft, also z. B. die Tätigkeit unmittelbar in Gesellschaft mit andren etc. ist ein Organ einer *Lebensäußerung* geworden und eine Weise der Aneignung des *menschlichen* Lebens.

Es versteht sich, daß das *menschliche* Auge anders genießt, als das rohe, unmenschliche Auge, das menschliche *Ohr* anders als das rohe Ohr etc.

Wir haben gesehn. Der Mensch verliert sich nur dann nicht in seinem Gegenstand, wenn dieser ihm als *menschlicher* Gegenstand oder gegenständlicher Mensch wird. Dies ist nur möglich, indem er ihm als *gesellschaftlicher* Gegenstand und er selbst sich als gesellschaftliches Wesen, wie die Gesellschaft als Wesen für ihn in diesem Gegenstand wird.

Indem daher überall einerseits dem Menschen in der Gesellschaft die gegenständliche Wirklichkeit als Wirklichkeit der menschlichen Wesenskräfte, als menschliche Wirklichkeit und darum als Wirklichkeit seiner *eignen* Wesenskräfte wird, werden ihm alle *Gegenstände* als die *Vergegenständlichung* seiner selbst, als die seine Individualität bestätigenden und verwirklichenden Gegenstände, als *seine* Gegenstände, d. h. Gegenstand wird er *selbst*. Wie sie ihm als seine werden, das hängt von der *Natur* des *Gegenstandes* und der Natur der *ihr* entsprechenden *Wesenskraft* ab; denn eben die *Bestimmtheit* dieses Verhältnisses bildet die besondre, *wirkliche* Weise der Bejahung. Dem *Auge* wird ein Gegenstand anders als dem *Ohr* und der Gegenstand des Auges *ist* ein andrer als der des *Ohrs*. Die Eigentümlichkeit jeder Wesenskraft ist gerade ihr *eigentümliches Wesen*, also auch die eigentümliche Weise ihrer Vergegenständlichung, ihres *gegenständlichen wirklichen*, lebendigen *Seins*. Nicht nur im Denken, sondern mit *allen* Sinnen wird daher der Mensch in der gegenständlichen Welt bejaht.

Andrerseits und subjektiv gefaßt: Wie erst die Musik den musikalischen Sinn des Menschen erweckt, wie für das unmusikalische Ohr die schönste Musik *keinen* Sinn hat, [kein] Gegenstand ist, weil mein Gegenstand nur die Bestätigung einer meiner Wesenskräfte sein kann, also nur so für mich sein kann, wie meine Wesenskraft als subjektive Fähigkeit für sich ist, weil der Sinn eines Gegenstandes für mich (nur Sinn für einen ihm entsprechenden Sinn hat) grade so weit geht, als *mein* Sinn geht, darum sind die *Sinne* des gesellschaftlichen Menschen *andre* Sinne wie die des ungesellschaftlichen; erst durch den gegenständlich entfalteten Reichtum des menschlichen Wesens wird der Reichtum der subjektiven *menschlichen* Sinnlichkeit, wird ein musikalisches Ohr, ein Auge für die Schönheit der Form, kurz, werden erst menschlicher Genüsse fähige *Sinne,* Sinne, welche als *menschliche* Wesenskräfte sich bestätigen, teils erst ausgebildet, teils erst erzeugt. Denn nicht nur die 5 Sinne, sondern auch die sogenannten geistigen Sinne, die praktischen Sinne (Wille, Liebe etc.), mit einem Wort der *menschliche* Sinn, die Menschlichkeit der Sinne wird erst durch das Dasein *seines* Gegenstandes, durch die *vermenschlichte* Natur. Die *Bildung* der fünf Sinne ist eine Arbeit der ganzen bisherigen Weltgeschichte. Der unter dem rohen praktischen Bedürfnis befangene *Sinn* hat auch nur einen *bornierten* Sinn. Für den ausgehungerten Mensch existiert nicht die menschliche Form der Speise, sondern nur ihr abstraktes Dasein als Speise: eben so gut könnte sie in rohster Form vorliegen, und es ist nicht zu sagen, wodurch sich diese Nahrungstätigkeit von der *tierischen* Nahrungstätigkeit unterscheide. Der sorgenvolle, bedürftige Mensch hat keinen Sinn für das schönste Schauspiel; der Mineralienkrämer sieht nur den merkantilischen Wert, aber nicht die Schönheit und eigentümliche Natur des Minerals; er hat keinen mineralogischen Sinn; also die Vergegenständlichung des menschlichen Wesens, sowohl in theoretischer als praktischer Hinsicht, gehörte dazu, sowohl um den *Sinn* des Menschen *menschlich* zu machen, als um für den ganzen Reichtum des menschlichen und natürlichen Wesens entsprechenden *menschlichen Sinn* zu schaffen.

Wie durch die Bewegung des *Privateigentums* und seines Reichtums wie Elends − oder materiellen und geistigen Reichtums und Elends − die werdende Gesellschaft zu dieser *Bildung* alles Material vorfindet, *so* produziert die gewordne Gesellschaft den Menschen in diesem ganzen Reichtum seines Wesens, den *reichen* und tief *allsinnigen* Menschen als ihre stete Wirklichkeit.

Man sieht, wie Subjektivismus und Objektivismus, Spiritualismus und Materialismus, Tätigkeit und Leiden erst im gesellschaftlichen Zustand ihren Gegensatz, und damit ihr Dasein als solche Gegensätze verlieren; man sieht, wie die Lösung der *theoretischen* Gegensätze selbst *nur* auf eine *praktische* Art, nur durch die praktische Energie des Menschen möglich ist und ihre Lösung daher keineswegs nur eine Aufgabe der Erkenntnis, sondern eine *wirkliche* Lebensaufgabe ist, welche die *Philosophie* nicht lösen konnte, eben weil sie dieselbe als *nur* theoretische Aufgabe faßte.

Man sieht, wie die Geschichte der *Industrie* und das gewordene *gegenständliche* Dasein der Industrie das *aufgeschlagene Buch* der *menschlichen Wesenskräfte,* die sinnlich vorliegende menschliche *Psychologie* ist, die bisher nicht in ihrem Zusammenhang mit dem *Wesen* des Menschen, sondern immer nur in einer äußeren Nützlichkeitsbeziehung gefaßt wurde, weil man – innerhalb der Entfremdung sich bewegend – nur das allgemeine Dasein des Menschen, die Religion, oder die Geschichte in ihrem abstrakt-allgemeinen Wesen, als Politik, Kunst, Literatur etc., als Wirklichkeit der menschlichen Wesenskräfte und als *menschliche Gattungsakte* zu fassen wußte. In der *gewöhnlichen, materiellen Industrie* (– die man eben so wohl als einen Teil jener allgemeinen Bewegung fassen, wie man sie selbst als einen *besondren* Teil der Industrie fassen kann, da alle menschliche Tätigkeit bisher Arbeit, also Industrie, sich selbst entfremdete Tätigkeit war –) haben wir unter der Form *sinnlicher, fremder, nützlicher Gegenstände,* unter der Form der Entfremdung, die *vergegenständlichten Wesenskräfte* des Menschen vor uns. Eine *Psychologie,* für welche dies Buch, also grade der sinnlich gegenwärtigste, zugänglichste Teil der Geschichte zugeschlagen ist, kann nicht zur wirklichen inhaltvollen und *reellen* Wissenschaft werden. Was soll man überhaupt von einer Wissenschaft denken, die von diesem großen Teil der menschlichen Arbeit *vornehm* abstrahiert und nicht in sich selbst ihre Unvollständigkeit fühlt, so lange ein so ausgebreiteter Reichtum des menschlichen Wirkens ihr nichts sagt, als etwa, was man in einem Wort sagen kann: ,*Bedürfnis*' ,*gemeines Bedürfnis*'!?

Die *Naturwissenschaften* haben eine enorme Tätigkeit entwickelt und sich ein stets wachsendes Material angeeignet. Die Philosophie ist ihnen indessen eben so fremd geblieben, wie sie der Philosophie fremd blieben. Die momentane Vereinigung war nur eine *phantastische Illusion.* Der Wille war da, aber das Vermögen fehlte. Die Geschichtsschreibung selbst nimmt auf die Naturwissenschaft nur beiläufig Rücksicht, als Moment der Aufklärung, Nützlichkeit, einzelner großer Entdeckungen. Aber desto *praktischer* hat die Naturwissenschaft vermittelst der Industrie in das menschliche Leben eingegriffen und es umgestaltet und die menschliche Emanzipation vorbereitet, so sehr sie unmittelbar die Entmenschung vervollständigen mußte. Die *Industrie* ist das *wirkliche* geschichtliche Verhältnis der Natur und daher der Naturwissenschaft zum Menschen; wird sie daher als *exoterische* Enthüllung der menschlichen *Wesenskräfte* gefaßt, so wird auch das *menschliche* Wesen der Natur oder das *natürliche* Wesen des Menschen verstanden, daher die Naturwissenschaft ihre abstrakt materielle oder vielmehr idealistische Richtung verlieren und die Basis der *menschlichen* Wissenschaft werden, wie sie jetzt schon – obgleich in entfremdeter Gestalt – zur Basis des wirklich menschlichen Lebens geworden ist, und eine *andre* Basis für das Leben, eine andre für die *Wissenschaft* ist von vornherein eine Lüge. Die in der menschlichen Geschichte – dem Entstehungsakt der menschlichen Gesellschaft – werdende Natur ist die *wirkliche* Natur des Menschen, darum die Natur, wie sie durch die Industrie, wenn auch in *entfremdeter* Gestalt wird, die wahre *anthropologische* Natur ist.

Die *Sinnlichkeit* muß die Basis aller Wissenschaft sein. Nur, wenn sie von ihr, in der doppelten Gestalt, sowohl des *sinnlichen* Bewußtseins als des *sinnlichen* Bedürfnisses ausgeht – also nur wenn die Wissenschaft von der Natur ausgeht – ist sie *wirkliche* Wissenschaft. Damit der ,*Mensch*' zum Gegenstand des *sinnlichen* Bewußtseins und das Bedürfnis des ‚Menschen als Menschen' zum Bedürfnis werde, dazu ist die ganze Geschichte die Vorbereitungsgeschichte. Die Geschichte selbst ist ein *wirklicher* Teil der *Naturgeschichte*, des Werdens der Natur zum Menschen. Die Naturwissenschaft wird später ebenso wohl die Wissenschaft von dem Menschen, wie die Wissenschaft von dem Menschen die Naturwissenschaft unter sich subsumieren: es wird *eine* Wissenschaft sein.

Der *Mensch* ist der unmittelbare Gegenstand der Naturwissenschaft; denn die unmittelbare *sinnliche Natur* für den Menschen ist unmittelbar die menschliche Sinnlichkeit (ein identischer Ausdruck) unmittelbar als der *andere* sinnlich für ihn vorhandne Mensch; denn seine eigne Sinnlichkeit ist erst durch den *andren* Menschen als menschliche Sinnlichkeit für ihn selbst. Aber die *Natur* ist der unmittelbare Gegenstand der *Wissenschaft vom Menschen*, der erste Gegenstand des Menschen − der Mensch − ist Natur, Sinnlichkeit, und die besondren menschlichen sinnlichen Wesenskräfte, wie sie nur in *natürlichen* Gegenständen ihre gegenständliche Verwirklichung, können nur in der Wissenschaft des Naturwesens überhaupt ihre Selbsterkenntnis finden. Das Element des Denkens selbst, das Element der Lebensäußerung des Gedankens, die *Sprache* ist sinnlicher Natur. Die *gesellschaftliche* Wirklichkeit der Natur und die *menschliche* Naturwissenschaft oder die *natürliche Wissenschaft vom Menschen* sind identische Ausdrücke.

9 ebenda.

10 dazu: G. Anders: Die Antiquiertheit des Menschen, a. a. O., bes. Bd. 2

11 Siehe im Literaturverzeichnis die Arbeiten von D. Kamper/C. Wulf; H. Rumpf;   H. v. Hentig;   K. W. Bauer/H. Hengst;   J. Baudrillard; R. z. Lippe;   U. Eco;   N. Postman;   G. Anders;   aber   auch   I. Illich; M. Gronemeyer; H. Dauber.

12 Zum geschichtlichen Weg von der Mündlichkeit in die verschriftete Existenz:

I. Illich: Schule ins Museum, Phaidros und die Folgen.

13 Drei Aspekte möchten wir hier anmerken:

1. G. ANDERS hat in „Die Antiquiertheit des Menschen" (a. a. O., Bd. 2) die Industrialisierung als Entmachtung des Menschen gegenüber seiner Geschichte beschrieben. Waren die Menschen zu Beginn „Anhängsel" der Maschinen (Marx), so sind sie heute deren Produkte geworden, ihnen also unterworfen. Die „atomare Situation" ist das Paradigma. Sie ist durch Menschen produziert und produziert heute die Menschen (Angst, Abhängigkeit von Sicherheitssystemen und Computern). Unter diesem Aspekt erscheinen Anders auch die Sinne − die Eigenmächtigkeiten − antiquiert. Es sei denn, die Menschen würden sich gegenüber

ihren Produkten behaupten wollen. (Siehe dazu auch: J. Weizenbaum in: H. Dauber, Bildung und Zukunft).

2. Diese Sichtweise von Anders ist neu. Noch 1945 hat der von den Faschisten aus Deutschland vertriebene, jüdische Musiker und Pädagoge H. JAKOBY gemeinsam mit E. GINDLER in Zürich Kurse für Lehrer und Erzieher durchgeführt, in denen es um die „Entfaltung des Menschen" ging. Seine Anregungen werden gerade heute wieder pädagogisch wichtig.

Trotz der Beschädigung des Lebens in schwerer Zeit glaubte er noch, vom Vorhandensein der „Eigenmächtigkeit" des Menschen ausgehen zu können. Sinnesentfaltung war für ihn „Nachentfaltung" und „Wiedergewinnung" der schöpferischen Möglichkeiten der Menschen. Er sagt u. a.:

„Was man über die Sinne, Sinnesorgane und vor allem über Sinnesschulung zu denken gewohnt ist, steht meistens im Widerspruch zu dem, was sich in der Realität abspielt. Die Sinnesorgane selbst sind so vollkommen, daß an ihnen nichts zu ‚schulen' ist. Falls bei sog. Sinnesschulung irgendein Qualitätszuwachs erreicht wird, kann er nur darin bestehen, daß man erfahrener wird im bewußten Interpretierenkönnen der Reize, die uns über unsere Empfangsorgane erreichen . . ." (H. Jakoby: Jenseits von begabt und unbegabt, a. a. O., S. 47)

Mit G. ANDERS ist zu fragen, ob angesichts der Beschädigungen des Lebens, also auch des menschlichen Organismus, die Potenz überhaupt noch vorhanden ist (von der JAKOBY spricht), um „nachentfaltet" werden zu können.

Inzwischen ist durch die Organisation der Erfahrungswelt die Sinnesfähigkeit selbst in Frage gestellt. Darin unterscheidet sich unser Problem grundsätzlich von dem reformpädagogischen Problemverständnis: Was dort als Kraft der Sinne noch vorausgesetzt werden konnte, ist heute in Frage gestellt. Hier ist das Antiquiertheitspostulat von G. ANDERS zu bedenken. Mit den Dingen wandeln sich die Sinne, die diese Dinge wahrnehmen und mit ihnen geformt werden.

3. Wenn die „neue Welt" die Sinnestätigkeit durch Überfütterung und Isolation einschränkt, können daraus nicht nur pädagogische, sondern auch juristische, medizinische und politische Konsequenzen abgeleitet werden. Die Behinderung des Lebens durch die Installierung einer sinnesfeindlichen Dingwelt − etwa in Schulen, Wohnungen, Verwaltungsgebäuden, Gefängnissen, Fabriken (Kunstklima, Schallisolierung, voll ausgeleuchtete Räume, gefährliche Bauteile) − muß als Körperverletzung oder Behinderung der freien gesunden Entfaltung der Menschen verstanden werden. (Siehe dazu das Kapitel „Ort der Handlung")

Dazu I. Kant: Von den Ursachen der Vermehrung oder Verminderung der Sinnesempfindungen dem Grade nach, (in Anthropologie, S. 458 ff.): „durch 1) den Kontrast, 2) die Neuigkeit, 3) den Wechsel, 4) die Steigerung."

14 F. Schiller: Über die ästhetische Erziehung, 2. Brief; P. Freire: Der Lehrer ist Politiker und Künstler

15 R. z. LIPPE hat den Zusammenhang der lebendigen Sinnestätigkeiten im menschlichen „Sinnenbewußtsein" betont und in einer anthropologisch begründeten Ästhetik formuliert (R. z. Lippe: Sinnenbewußtsein). Zum „sinnlichen Bewußtsein" siehe Anmerkung 8.

In Anlehnung an M. Scheler und vor allem R. Steiner geht H. E. LAUER von einem ganzheitlichen Sinnesmenschen aus. Er spricht von 12 Sinnen: die „unteren Sinne" sind Tast-, Lebens-, Bewegungs- und Gleichgewichtssinn; in der Mitte stehen Geruchs-, Geschmacks-, Seh-, Wärme- und Hörsinn; die „oberen Sinne" sind Sprach-, Gedanken- und Ichsinn.

Während die „unteren Sinne" die eigene Leiblichkeit wahrnehmen lassen, richten sich die „mittleren Sinne" vom Menschen aus auf die umgebende Natur und auf gesellschaftliche Phänomene, während erst die „oberen Sinne" bewußte sinnliche Hinwendung zum anderen Menschen, zu dessen Wahrnehmung und Erkenntnis ermöglichen. Dabei bedienen sich Sprach-, Gedanken- und Ichsinn der anderen Sinne als Organ. (H. E. Lauer: Die zwölf Sinne des Menschen, a. a. O., S. 35 ff.); siehe auch: J. G. Herder: Erkennen und Empfinden der menschlichen Seele.

Ganzheitliche Vorstellungen von der „Sinnesorganisation" finden sich z. B. bei V. V. WEIZSÄCKER: Der Gestaltkreis, a. a. O., S. 59—130 (Funktionswandel der Sinne); sowie H. PLESSNER über die Anthropologie der Sinne in: Philosophische Anthropologie, a. a. O. Zu Plessners Sinnesanthropologie gibt es einen interessanten Aufsatz von R. THIESSEN: Mit den Ohren denken, mit dem Körper hören, a. a. O.

THIESSEN wendet gegen Plessners „Hermeneutik der sinnlichen Substrate geistiger Gebilde" ein, daß das sinnliche Substrat sicher so sehr Kunstprodukt ist wie das geistige Gebilde:

„Unbedingte Voraussetzung dafür ist, daß die Musik erklingt, Luft und Körper, Räume zum Schwingen bringt. Das ist ja die Ironie der Adornoschen Formel: der mit den Ohren Denkende braucht die Musik nicht zu hören. Plessners ,Notwendigkeit des musikalischen Vortrags' ist rückständig gegenüber der Formel Adornos und stimmt unbedingt gegenüber der Rockmusik. Der Hörer kann mit den Ohren erst denken, wenn er mit dem Körper gehört hat." (a. a. O., S. 134)

16 Zur Geschichte der Sinne, ihrer Veränderung und zum wissenschaftlichen Umgang mit den Sinnen: D. Hoffmann-Axthelm: Sinnesarbeit. Das Buch ist eine wichtige Ergänzung zu O. Negt/A. Kluge: Geschichte und Eigensinn.

17 Vgl. dazu J. Habermas: Erkenntnis und Interesse. Er sieht in der Hermeneutik (Dilthey) ein praktisches Erkenntnisinteresse, dessen Methode „verstehen" heißt, im Positivismus (Popper) ein

technisches Interesse, das sich funktionsanalytischer Methoden bedient und in der Kritischen Theorie (Horkheimer/Adorno) ein emanzipatorisches Interesse, das Erklärung und Kritik in der Selbstreflexion einschließt.

18 dazu R. z. Lippe: Am eigenen Leibe und Naturbeherrschung am Menschen.

19 Zur Kritik des „Fortschritts" und der „Entwicklung" I. Illich: Fortschrittsmythen.

20 T. W. Adorno: Negative Dialektik; ders.: Minima Moralia, a. a. O., S. 42; ders. und M. Horkheimer: Dialektik der Aufklärung.
H.-J. Heydorn: Bildungstheoretische Schriften, darin bes.: Bildung und Herrschaft.

21 S. Bernfeld: Sisyphos; I. Illich: Schulen helfen nicht, Reinbek 1970; J. Zinnecker: Der heimliche Lehrplan; J. Beck: Lernen in der Klassenschule, Reinbek 1974; C. Marzahn: Das Zucht- und Arbeitshaus, Bremen 1980; N. Elias: Der Prozeß der Zivilisation.
Zur pädagogischen Rechtfertigungsliteratur K. Rutschky: Schwarze Pädagogik.

22 Wir verzichten auf Literaturhinweise. Für manche Pädagogen der Gegenwart wäre es provozierend, die Originaltexte der „Klassiker" wieder zu lesen: Pestalozzi, Rousseau, J. Paul, Herder, Goethe, Humboldt, Schleiermacher, Schiller, Marx und andere. Da würde deutlich werden, wie sich seit dieser Zeit pädagogisches Denken durch seine politisch-ökonomische Vernützlichung selbst entmachtet und von den Möglichkeiten der Bildung verabschiedet hat.

23 Den „Widerspruch zwischen Bildung und Herrschaft" in der bürgerlichen Gesellschaft hat insbesondere H.-J. HEYDORN herausgearbeitet. In seinen „Bildungstheoretische(n) Schriften" geht er ausführlich auf den Bildungsbegriff des Neuhumanismus und auf sozialistische Bildungsvorstellungen ein, deren Gegenwartsbedeutung er betont.
Heydorns Schriften gehören sicher zum wichtigsten, was Bildungstheoretiker seit 1945 vorgelegt haben. Es kommt aber darauf an, sie nicht nur zu loben. Sie sollten wirksam werden.

24 Auch in der Pädagogik wird eine ganzheitliche Sicht menschlicher Tätigkeiten − also auch der Bildung − wieder aufgegriffen. Autoren wie P. Goodman, J. Holt, G. Dennison, H. v. Hentig, H. Rumpf, J. Jegge, C. Manske (I. Mann), H. Stubenrauch, T. Ziehe, O. Negt oder die Lehrer der Freinet-Kooperativen und vieler freien Schulen seien hier genannt (vgl. Kap. „Reformpädagogik").
Die „Gestaltpädagogen", die sich auf Ansätze der Gestalttheorie, -psychologie und -therapie beziehen (Perls/Hefferline/Goodman: Ge-

stalt-Therapie, 2 Bd.) versuchen ein Lernen aus „lebendigen Ganzheiten" zu begründen.

L. S. WYGOTZKY hat im Zusammenhang von Denken und Sprechen die Sinnestätigkeit als eine vermittelnde Handlung verstanden, die „Denken und Sprechen" (a. a. O.) den „Sinn", also den Inhalt gibt.

R. z. LIPPE und H. KÜKELHAUS (Sinnenbewußtsein/Entfaltung der Sinne) gehen von der gesamten Lebenstätigkeit aus, in der keine Einzeltätigkeit aus der Wechselbeziehung zu allen anderen Tätigkeiten ausgeblendet werden kann.

Zu wünschen bleibt eine kritische Reflexion der vorgeschlagenen und probierten Praxis in ihrer gesellschaftlichen Widersprüchlichkeit, damit sie nicht blind dem Zusammenhang verfällt, dem sie ein besseres Leben entgegensetzen will (siehe Heydorn).

25 Hier ist insbesondere die Fachdidaktik gemeint, die eher von fachsystematischen als von bildungstheoretischen Gesichtspunkten bestimmt wird. Diese Systematik läßt sich in Lehrplänen erkennen, deren allgemeine Präambeln in den speziellen „Stoffplänen" oder Curricula oft nicht eingelöst werden, weil sie den historischen und sozialen Zusammenhang der Themen zugunsten der Fachsystematik weitgehend ausklammern.

26 Für diese Richtung nennen wir die noch vielfach rezipierten Autoren R. Mager: Motivation und Schulerfolg, Weinheim 1972; W. Correll: Lernen und Verhalten, Ffm 1971; J. Grell: Techniken des Lehrerverhaltens, Weinheim 1974 – also vor allem Konzepte der sog. Verhaltensmodifikation.

27 Die Funktionalisierung der körperlich-psychischen Tätigkeiten fällt besonders in den schulpädagogischen Umsetzungen der Arbeiten A. N. Leontjews und P. J. Galperins durch J. LOMPSCHER auf (z. B. in: Psychologie des Lernens in der Unterstufe, Berlin 1971, Verlag Volk und Wissen).

Die tatsächliche, komplizierte Wechselwirkung zwischen körperlichen und geistigen Handlungen im Lernprozeß, die von alten Begriffen über neue Wahrnehmungen und Handlungen zu neuen Begriffen führen, wird linear und hierarchisch gesehen. Dies erlaubt es, Lernprozesse ebenfalls linear und systematisch zu organisieren. Die Lehrer repräsentieren dabei die Stufe der nächsten Entwicklung und auch der neuen Begriffe. Entdeckendes Lernen und gleichberechtigter Dialog sind unter diesen Prämissen nur als Widerspruch möglich.

Eine Kritik der sowjetischen Psychologie – insbesondere Leontjews – hat D. HOFMMANN-AXTHELM in seiner „Sinnesarbeit" an verschiedenen Stellen versucht. Er bezieht in seine Kritik K. Holzkamps „Sinnliche Erkenntnis" ein.

Siehe dazu auch G. Vinnai: Die akademische Psychologie als Veranstaltung zur Zerstörung psychologischer Reflexionsfähigkeit.

28 Curriculumansätze z. B. von Robinsohn oder Bloom sind in Achtenhagen/Meyer (Hg): Curriculumrevision, München 1971 zusammengetragen. Sie gingen auch in die Vorschläge des Deutschen Bildungsrates sowie in verschiedene Rahmenrichtlinien ein.
Eine umfangreiche Darstellung der Ansätze in H. Meyer: Unterrichtsmethoden (2 Bde). Eine frühe kritische Einschätzung bei Becker, Haller, Stubenrauch, Wilkending: Das Curriculum, München 1974.

29 Dies entspricht ungefähr den Forderungen, die von den Professoren des Collège de France in „Vorschläge für das Bildungswesen der Zukunft" (1985) erhoben wurden (in S. Müller-Rolli (Hg): 1987).

30 Ausführlich dazu:
W. Scheibe: Die reformpädagogische Bewegung, Weinheim 1969;
W. Flitner/G. Kudritzki (Hg): Die deutsche Reformpädagogik, 2 Bde, München/Düsseldorf 1961/62; B. Schonig: Irrationalismus als pädagogische Tradition, Weinheim 1973; Reformpädagogik, in D. Lenzen (Hg): Enzyklopädie Erziehungswiss., Bd. 8, S. 531 ff, Stuttgart 1983; B. Gleim: Was kann man von der Reformpädagogik lernen?, in: J. Beck/H. Boehncke (Hg): Jahrbuch für Lehrer Bd. 4, Reinbek 1979, S. 117 ff
Zur Kritik der Reformpädagogik siehe vor allem H. J. Heydorn: Über den Widerspruch von Bildung und Herrschaft.
Zusammenfassend: B. Schonig: Reformpädagogik, in: D. Lenzen (Hg.): Enzyklopädie Erziehungswissenschaft, Bd. 8, Stuttgart 1983, S. 531 ff.

31 E. Key: Das Jahrhundert des Kindes, Berlin 1902, 2. Auflage, S. 293

32 Eine Zusammenfassung ihrer Ideen gibt H. Helmig: Montessori-Pädagogik; Freiburg 1958. Aus der Pädagogik Montessoris' haben zahlreiche Reformpädagogen – z. B. Freinet oder Blonsky – Anregungen für ihre Materialien gewonnen, die der „Selbsterziehung" dienen sollten.
K. Wünsche hat in seinem Aufsatz: Die Muskeln, die Sinne, die Reden: Medien im pädagogischen Bezug (in: Kamper/Wulf: Die Wiederkehr des Körpers, a. a. O. und in: WPB 6/81) den umfassenden Anspruch Montessoris' problematisiert: „. . . eine Pädagogik, die den Körper ernst nahm, hatte ihn doch verfehlt, weil sie an ihm vorbei auf Vollkommenheit zielte." (WPB 6/81, S. 246)
Ein „Körpercurriculum", wie Montessori es impliziert, orientiert sich ganz offensichtlich an den Möglichkeiten privilegierter Kinder und stellt Kinder aus der Unterschicht – über die sie nichts sagt – vor neue Barrieren. Bis heute fehlen hinreichende Untersuchungen, die der Körperlichkeit dieser Kinder gerecht werden.

33 Zusammenfassend in: Geschichte der Erziehung, Berlin 1969.

34 Zur Kunsterziehungsbewegung siehe D. Kerbs: Historische Kunstpäd-
agogik.
Zum Anschauungsunterricht siehe J. Kühnel: Moderner Anschauungs-
unterricht, Leipzig 1921.
Zu den Anfängen eines handelnden Unterrichts sind die Schriften von
GANSBERG und SCHARRELMANN grundlegend.

35 A. Ferriere: Die Schule der Selbstbetätigung oder Tatschule, Weimar
1927.
Insbesondere C. Freinet: Die moderne französische Schule.

36 J. Dewey/W. H. Kilpatrick: Der Projektplan, Weimar 1935. Dieses Un-
terrichtskonzept, auf das heute noch Bezug genommen wird, wurde
von DEWEY und KILPATRICK aus Kooperationsverfahren der Industrie
übernommen.

37 S. Bernfeld: Antiautoritäre Erziehung und Psychoanalyse; Bd. 1–3, herausgeg. v. L. v. Werder und R. Wolff, Frankfurt/M. 1969. Darin sind
wichtige pädagogische Schriften gesammelt. Bd. 2 enthält eine ausführliche Bibliographie (S. 666–671).
Ders.: Kinderheim Baumgarten, Bericht über einen ernsthaften Versuch
mit neuer Erziehung, Berlin 1921.

38 Ziemer/Wolf: Wandervogel und freideutsche Jugend, 2. Aufl., Bad
Godesberg 1961; E. E. Geissler: Der Gedanke der Jugend bei Gustav
Wyneken, Ffm. 1963;
Interessant in diesem Zusammenhang sind die frühesten Schriften WAL-
TER BENJAMINS, der, von Wyneken beeinflußt, in der Berliner Jugendzeit-
schrift „Der Anfang" über „Erfahrung", „Jugendlichkeit" u. a. schrieb.
W. Benjamin: Über Kinder, Jugend und Erziehung; ders.: Illumination;
ders.: Berliner Kindheit;
Zu den Landerziehungsheimen: Th. Dietrich (Hg): Die Landerziehungs-
heimbewegung, Bad Heilbrunn 1967; Flitner/Kudritzki: Die deutsche
Reformpädagogik;
Schriftenreihe der Odenwaldschule.

39 F. Karsen (Hg): Die neuen Schulen in Deutschland, Langensalza 1924;
G. Porger (Hg): Neue Schulformen und Versuchsschulen, Biele-
feld/Leipzig 1925; C. Dantz: Peter Stoll. Ein Kinderleben, München 1978
(mit einer Einleitung über Versuchsschulen von D. Richter und
H. Boehncke); B. Gleim: Was kann man von der Reformpädagogik lernen? (s. Anmerkung 30)

40 Zu B. Otto siehe Flitner/Kudritzki a. a. O.
B. OTTO gab die Zeitschrift „Der Hauslehrer, Wochenschrift für den gei-
stigen Verkehr mit Kindern" heraus (Berlin ab 1901).
H. M. Enzensberger: Plädoyer für den Hauslehrer.

41 Über die Waldorfschulen und deren Literatur informiert zusammenfassend C. Lindenberg: Waldorfschulen: angstfrei lernen, selbstbewußt handeln, Reinbek 1975.
Siehe auch Anmerkung Nr. 15 zu H. E. Lauer
Zur Kritik: Ch. Rudolph: Waldorf-Erziehung; Darmstadt, Neuwied 1987.

42 Zur Freinetpädagogik gibt es inzwischen eine umfangreiche − auch deutschsprachige − Bibliographie sowie z. B. eine eigene Zeitschrift der Pädagogik-Kooperative: „Fragen und Versuche", Bremen.
Zusammenfassende Informationen in: Beck/Boehncke (Hg): Jahrbuch für Lehrer 1977. Eine gute Literaturübersicht bis 1980 findet sich in C. Freinet: Pädagogische Texte, a. a. O., S. 234 ff.
Übersicht der freien oder alternativen Schulen mit Skizzen ihrer Konzeption und Praxis in L. v. Dick: Alternativschulen; D. Goldschmidt/P.-M. Oeder (Hg): Alternative Schulen? Gestalt und Funktion nichtstaatlicher Schulen im Rahmen öffentlicher Bildungssysteme, Stuttgart 1979.
Mittlerweile gibt es viele Einzeldarstellungen von Unterrichtsversuchen und freien Schulen, in denen auch die reformpädagogischen Fragen neu gewendet werden. Eine umfassende pädagogische Begründung ihrer Arbeit hat H. v. Hentig mit seinem Gutachten für die Freie Schule Frankfurt vorgelegt (a. a. O.).
Zur Literatur über einen Unterricht, der offen, erfahrungsbezogen, handelnd und projektorientiert sein soll, siehe ausführliche Anmerkung Nr. 72

43 Eigentlich wäre hier eine Kritik der Reformpädagogik anzuschließen. Sie ist in der Literatur geleistet (vgl. Heydorn, Schonig, o. a.).
Unser Erinnerungsversuch bezieht sich auf praktische Pädagogik, die einiges bewirkt hat und weniger auf die Problematik ihrer theoretischen Begründungen.

Über die tätigen Sinne

44 Selbst in einem der besseren Schulbücher für den Sach- und Fachunterricht an Sonderschulen haben wir ein Beispiel dafür gefunden, das der Tätigkeit und Bedeutung der Sinne nicht gerecht wird. Die Sinne als Organe in dieser abgeschnittenen Form darzustellen, entspricht nicht dem Zusammenspiel der Sinne, nicht einmal ihrer physiologischen Funktion. Es erinnert schon eher an eine Darstellung von Leichenteilen (s. nächste Seite).
Unzureichend erscheinen uns Ansätze, die nur isolierte Übungen einzelner Sinne vorsehen. Als Beispiel sei hier auf G. Harnisch: „Erziehung der Gefühle" hingewiesen, der im Kapitel über die fünf Sinne solche Übungen vorschlägt.

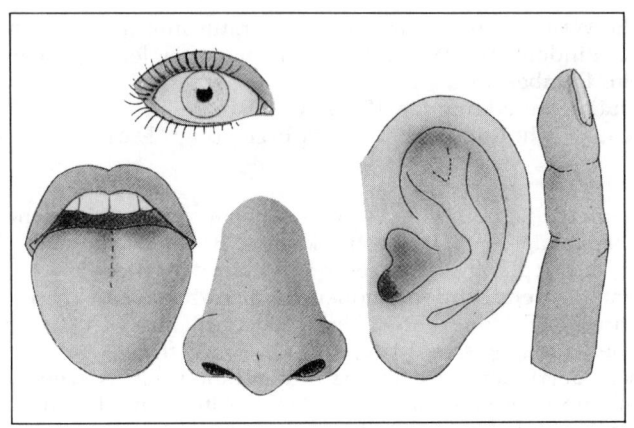

(aus: Arbeitsbuch Fachunterricht, Klasse 6, Düsseldorf 1981)

Ähnliches gilt für die zahlreichen Förder-, Trainings- und Spiel-„Programme" zur Wahrnehmungsschulung, die z. T. detailliert ausgearbeitete Vorlagen für die Elementar- und Primarerziehung darstellen. In den Verlagsanpreisungen („Schulerfolg leicht gemacht") spiegeln sich eher kommerzielle Interessen und Ängste von Eltern als das Interesse an einer umfassenden Persönlichkeits- und Sinnesentfaltung.
Trotzdem findet man in diesen Vorlagen Spiele und Übungen, die − in einen sinnvollen Zusammenhang gestellt − brauchbar sind. Ausdrücklich empfehlen möchten wir ein Buch mit anregenden Spielvorschlägen von Chr. Riemer, Neue Spiele ohne Sieger.

Als Beispiel für eine problematische Art, „Wahrnehmungsförderung" zu betreiben, muß kurz auf das bekannte, Anfang der 70er Jahre entwickelte Frostig-Programm, das für verschiedene Sinnesbereiche ausgearbeitet vorliegt, eingegangen werden. Das „Visuelle Wahrnehmungstraining" ist das erste aus der Frostig-Serie. In drei Trainingsheften und einem Individualprogramm sind Übungen zur Durchführung des „Programms" enthalten, wobei M. Frostig fünf Teilfähigkeiten des Sehvermögens unterscheidet und die Übungen entsprechend systematisch aufgliedert.
Für Eigentätigkeiten läßt das Programm (!) wenig Raum. Der von M. Frostig selbst betonte ganzheitliche Aspekt ihres Programms kommt wenig zum Tragen.
A. E. Reinartz, (Hg): Visuelles Wahrnehmungstraining. Anweisungsheft und Trainingshefte 1−3. Dortmund 1974a; dies.: Individualprogramm zum visuellen Wahrnehmungstraining. Anweisungsheft und Umdruckfolien; Dortmund 1974b. Von M. Frostig haben dies. weiter herausgeg.: Hören − Auditive Wahrnehmungsförderung; Sprachaktivierung; Bewegen-Wachsen-Lernen; − alle in Programmform.

Dazu siehe auch L. Merkens: Die Instrumentalisierung des Frostig-Programms ,Visuelles Wahrnehmungstraining', in: Zeitschrift f. Heilpädagogik Heft 7/82, S. 462—468; L. MERKENS will das Programm handhabbarer machen, d. h. noch eher einsetzbar als Instrument, indem sie danach fragt „welche Kinder welche Übungen in welcher Reihenfolge benötigen" und Antworten in ihrem Sinn entwickelt. Hier wird versucht, noch mögliche schöpferische Schülertätigkeiten in den pädagogischen Griff zu kriegen.

Die Sinne spielten in der alten „Hilfsschuldidaktik" schon immer eine besondere Rolle. Für „hilfsschulbedürftig" galten z. B. als „Schwach*sinnige*" bezeichnete Kinder. Auch in dieser problematischen Weise also waren die Sinne „wichtig". Noch 1970 verwendeten U. BLEIDICK/G. HEKKEL den Begriff „Schwachsinnige" zur Bezeichnung von Schülern, die die Sonderschule besuchen — und zwar ohne Anführungszeichen (in: Praktisches Lehrbuch des Unterrichts in der Hilfsschule, 2. Aufl., Berlin 1970).

WILHELM SCHADE hat in „Allgemeine Grundsätze der Arbeit in der Hilfsschule" (Berlin 1962, S. 42/43) eine „umfassende Anschauung durch die Sinne" gefordert. Er begründet dies aber auch mit den besonderen Mängeln der „Hilfsschüler":
„Während in der Volksschule die Aufnahme oft schon durch einen Sinn oder zwei Sinne ausreicht, muß in der Hilfsschule grundsätzlich eine alle Sinne ansprechende Anschauung erfolgen. Gerade durch die niederen primitiven Sinne wird ein stärkerer physiologischer Reiz ausgelöst, der wieder intensiver bildend auf die Gesamtpersönlichkeit wirkt (Betasten, Begreifen, Riechen, Schmecken). Außerdem kann bei einer allsinnigen Erfassung Sinnesschwäche auf einem Gebiete kompensiert werden."
Nach den Forschungsergebnissen der neueren Humanbiologie (F. Vester, F. Varela) ist die zuletzt genannte Sicht des Lernens für *alle* Menschen einigermaßen zutreffend.
Immerhin knüpft SCHADE mit seinen praktischen Vorschlägen noch an ganzheitliche Vorstellungen an, die in der Folgezeit immer mehr aufgegeben wurden.
Die Sinnestätigkeit in der Hilfsschul- und Lernbehindertendidaktik ist mit dem „Anschauungsprinzip" eng verbunden. „Die Anschaulichkeit führt, wenn möglich bis zur ,Handgreiflichkeit' . . . Der Hilfsschulunterricht versteht sich vorrangig als Augen-Hand-Methode gegenüber einer Ohr-Mund-Methode." (Bleidick/Heckel, s. o., S. 65)

Noch vor dem Übergang der „Hilfsschulpädagogik" zur „Lernbehindertenpädagogik" war die „Sinnesschulung" ein fester Bestandteil des didaktischen Repertoires. Darunter verstand man „sowohl die Übung der Sinnesorgane selbst als auch vor allem der sensorisch gebundenen *Denkleistungen*." (Bleidick/Heckel, s. o., S. 86)
Obwohl diese „Sinnesschulung" formal und funktional gesehen wurde, war sie doch noch vorhanden. Im neuen „Handbuch der Lernbehinder-

tendidaktik", ebenfalls von BLEIDICK mit BAIER (Stuttgart 1983) tauchen die Sinne nicht einmal mehr in dem umfangreichen Sachwortregister auf. Sie sind kein allgemein didaktisches Thema mehr, auch wenn sie in einzelnen methodischen Vorschlägen als Mittel zur Erreichung kognitiver Lernziele oder als Lernmittel verschiedener (vor allem „musischer") Fächer noch zum Ausdruck kommen.

Mehr noch als die alte „Hilfsschuldidaktik" scheint die „Lernbehindertendidaktik" die Sinne als eine Art Serpentinenstraße zum Bewußtsein zu begreifen, die diejenigen benutzen müssen, die den direkten Aufstieg nicht schaffen. Damit wird sie der Bedeutung der Sinne nicht gerecht.

45 Auf einige Projekte haben wir im Exkurs „Reformpädagogik" hingewiesen; siehe auch Anmerk. Nr. 72.
In drei außerschulischen Projekten fanden wir wichtige Anregungen:

1. Die Züricher Ausstellung „Phänomena" zeigte 1984 Phänomene und Rätsel der Umwelt.
In mehreren Pavillons, in Zelten und im Freien wurden Objekte gezeigt, an denen in faszinierender Weise Naturphänomene demonstriert und durch eigene Versuche der Besucher erfahren werden konnten.
Die Themenbereiche waren: Akustik/Harmonik, Mechanik, Luft, Wasser, Optik/Licht, Mathematik, Kristalle. Es gab einen Spielbereich mit Illusionsräumen, eine Sonnenwarte, einen Bambusturm (Statik und Bewegung) und vieles mehr.
Inzwischen ist eine Dokumentation zu der Ausstellung erschienen, die einen ausgezeichneten Einblick in diese Wunderwelt der Naturphänomene und der Wahrnehmung gibt (Phänomena-Katalog).

2. Eine weitere bemerkenswerte Ausstellung war im Herbst 1984 in Berlin-Schöneberg zu sehen. Ihr Titel „Das Auge schläft, bis es der Geist mit einer Frage weckt" ist die Übersetzung eines arabischen Sprichwortes.
Die Ausstellung zeigte Arbeiten eines Kindergartens in Reggio/Emilia (Norditalien), die auf der Grundlage einer pädagogischen Konzeption entstanden sind, die unseren Vorstellungen sehr nahe kommt.
In 16 Thesen hat LORIS MALAGUZZI sein pädagogisches Konzept vorgestellt. Es orientiert sich an Fragen der Wahrnehmung und der Ausdruckskraft, an der Verbindung von Körper, Geist und Seele und der Auseinandersetzung mit der Welt. Sein Schluß soll hier zitiert sein:
„Am Ende der Ausstellung möchten wir sagen: Wenn die Leistungen der Kinder, die Darstellungen des außersprachlichen Denkens der Kinder Ihre Bewunderung erregen, so soll diese Bewunderung wieder abklingen, damit man sich besser Art und Weise, Qualität und Vielfalt der Prozesse, die unzählig vielen kleinen Handlungen und Beteiligungen vorstellen kann, die bei diesem Projekt und den mit ihm angestrebten Zielen mitbeteiligt waren (Auge, Gehör, Beobachtung, Zielgerichtetheit, Gedächtnis, Körperlichkeit, Überlegung, Tastsinn, Begriffsbestimmung, Symbolisierung, Phantasie, Empfindung, Gemeinschaftlichkeit, und nicht zuletzt Beharrlichkeit, Erwartungsfreude, Wunsch etc.).

Nur dann kann man ermessen, welche Fähigkeiten die Kinder haben, dem Druck der Vorbilder und den Einflüssen der physischen und sozialen Umwelt zu widerstehen und sich Freiräume zu erhalten für ihre eigene Ausdruckskraft, für ihre Urteilsfähigkeit und ihren Spaß." (L. Malaguzzi: Thesen und Kommentare, S. 6). Inzwischen werden diese Ansätze unter dem Namen „Reggio-Pädagogik" breiter diskutiert.

3. Die „*Schule der Sinne*" des Architekten HUGO KÜKELHAUS war in Form einer Ausstellung der „Stiftung Leben und Umwelt, Lernen lernen e. V. (Oldenburg)" zu sehen.

Das ganze Projekt ist als Konzeptentwurf für ein Erfahrungsgelände in Cappenberg (Ruhrgebiet) formuliert worden. Es wird als „angewandte Anthropologie in den hochindustrealisierten Gesellschaften" bezeichnet und ist ausführlich in Wort und Bild dargestellt in: Kükelhaus/Lippe, S. 59—176.

In über 30 Stationen werden für folgende Bereiche Erfahrungsmöglichkeiten angeboten: Aufrechter Gang, Greifende Hand, Geruch, Orientierungen, Wissen, Hören und Klänge, Betrachtung von Phänomenen.

Zu den Stationen gibt es ausführliche Erklärungen, die den Besucher anregen sollen, sich nicht nur körperlich auf die Erfahrungen einzulassen, sondern auch deren Bedeutung zu erkennen.

Für uns waren diese Ansätze sehr anregend, vor allem für die praktischen Übungen zu den einzelnen Sinnesbereichen. Aber wir haben auch Bedenken und Kritik.

Es erscheint problematisch, *die Sinne* in solchen Stationen zum Thema zu machen. Sie werden doch wieder aus dem normalen Zusammenhang von Wahrnehmung, Erkennen und Handeln mit Phänomenen herausgelöst und als pädagogisches Problem isoliert. Wahrnehmung und Erfahrung sollen dann in der Weise gemacht werden, wie sie in den Stationen vorgegeben sind. Dagegen plädieren wir dafür, die Phänomene selbst zum „Gegenstand" der Bildung werden zu lassen. In der Auseinandersetzung mit den Phänomenen entfalten sich die Sinne — und das geht im normalen Alltagsleben, auch dem der Schule.

Außerdem haben wir gewisse Schwierigkeiten mit der Kükelhausschen „essentiellen" Begrifflichkeit: Eine „sphärisch handelnde Hand", ein „siebenfältiges Angespanntsein", die „Leibeswirksamkeit" und die „Wesensschau" erinnern doch sehr an das, was Adorno den „Jargon der Eigentlichkeit" nannte.

Zu einer mehr historischen Kritik an Kükelhaus siehe auch D. Hoffmann-Axthelm, Brauchbare Sinnlichkeit, kurzer Problemkatalog zu Hugo Kükelhaus, in: Arch., Nr. 78, Aachen, Dez. 1984, S. 56 ff.

Im theoretischen Zusammenhang mit der „Schule der Sinne" stehen die Übungen, die R. z. Lippe im „Sinnenbewußtsein" und G. Selle im „Gebrauch der Sinne" beschrieben haben.

Wichtige Anregungen findet man bei H. Jakoby, „Jenseits von ‚begabt' und ‚unbegabt'"; V. W. Brooks, „Erleben durch die Sinne"; M. Feldenkrais, „Bewußtheit durch Bewegung".

Für die Schularbeit haben W. LIPPITZ und J. PFLAUM in „Tasten — Gestalten – Genießen" Übungen erprobt und vorgeschlagen. Sie beziehen sich auf eine „lebensweltliche Orientierung in der Humanwissenschaft" und wenden sich aus anthropologischer Sicht kritisch gegen eine Pädagogik, die ihre Handlungen mit „mechanistischen Konstruktionsweisen" der Medizin und Psychologie zu begründen sucht. Die Autoren gelangen über diesen Weg zu ähnlichen Annahmen über eine Entfaltung der Sinne wie wir mit eher bildungstheoretischen Überlegungen.

46 P. FREIRE hat eindringlich darauf hingewiesen, daß es zweierlei sei, nur große Pläne zu haben, oder das „historisch Mögliche" auch wirklich zu tun. Aber ohne Perspektive kann man auch das „historisch Mögliche" nicht tun, weil man dann nicht weiß, was man will . . . (aus: Der Lehrer ist Politiker und Künstler, S. 95 ff.)
Eine Kursteilnehmerin von H. JAKOBY fragte ihn, was sie tun solle, da sie nun erkannt habe, wie unnatürlich und destruktiv die Unterrichtsweise sei, zu der sie in der Schule verpflichtet sei. Er antwortete: „Warum sollten Sie Ihren Beruf aufgeben? Ein anderer mit weniger Sensitivität wird nur Ihren Platz einnehmen. Machen Sie so weiter, wie Sie sind, und machen Sie sich keine Gedanken darüber. Es wird aber dann und wann Gelegenheiten geben, in denen Sie mehr unterrichten, als in Wirklichkeit von Ihnen verlangt wird. Seien Sie wach für diese Zeiten. Dann können Sie anstelle des üblichen Schulunterrichts den Samen legen, der zu selbständiger Erforschung aufgehen kann." (aus: Brooks, Erleben durch die Sinne, S. 217)

47 J. Merkel/M. Nagel: Erzählen; darin wird diese vergessene Kunst in vielen Beispielen – auch aus anderen Völkern – vorgestellt. Es enthält Anregungen für eigenes Erzählen.
J. Jegge: Angst macht krumm; H. Zulliger: Die Angst unserer Kinder, Ffm 1970; B. Bettelheim: Kinder brauchen Märchen; F. Gansberg: Schaffensfreude. Anregungen zur Belebung des Unterrichts; Leipzig/Berlin 1907; W. Benjamin: Berliner Kindheit; ders.: Aufklärung für Kinder (Rundfunkgeschichten).

48 Aus pädagogischer Sicht dazu:
M. Buber: Die Entfaltung der schöpferischen Kräfte im Kinde (1925), in: Dialogisches Leben, Zürich 1947; P. Freire: Dialog als Prinzip, Wuppertal 1980.

49 E. Canetti: Die Stimmen von Marrakesch.
Auch in anderen Texten CANETTIS ist die Genauigkeit der Wahrnehmung und des sprachlichen Ausdrucks das unausgesprochene Thema. Zum Zuhören mit allen Sinnen gehört das ruhig und still sein. Konzentration und Entspannung sind dann möglich. „Still zu werden" schlagen viele reformpädagogisch, theologisch oder geisteswissenschaftlich orientierte Pädagogen vor.
H. JAKOBY sieht es unter dem Aspekt der Erfahrung: „Wenn der Mensch mehr, wenn er differenzierter erfahren will, so ist das vor allem ein Problem des Stillerwerdens. Der Gebrauch und die Entfaltung unserer Fä-

higkeit, still sein, still werden zu können, sind von entscheidender Bedeutung für das Zustandekommen qualifizierter Erfahrungen und Leistungen! Solange man sich anstrengt, verpaßt man trotz aller „Erfolge" das Wesentliche!" (S. 47)
Was heißt das auf dem Hintergrund der sozialen Erfahrungen vieler Schülerinnen und Schüler? Was bedeutet das angesichts der Tatsache, daß sie nicht unbedingt freiwillig in der Schule sind? Findet ihr „Stillsein" nicht täglich vor dem Fernseher statt? — Viele Fragen!
Zur Bedeutung, Phänomenologie und Mythologie des Hörens, des Ohres, des Klangs: J. E. Berendt: Das dritte Ohr. Vom Hören der Welt.

50 Ausgezeichnet geeignet ist das Buch von P. Schleunig: Kinderlieder selber machen, Reinbek 1980 — mit Beispielen aus der Praxis.
M. Hässner („is echt stark, aber was lernen wir hier eigentlich? Rockmusik mit Verhaltensauffälligen. Ein Projektbericht", in: WPB 6/81, S. 255 ff.) geht der Frage nach, was Schülerinnen und Schüler zwischen 13 und 16 Jahren an Musik interessiert. Auf keinen Fall interessieren demnach „pädagogische Spielchen" wie Hüpfen, Klatschen usw. Seine Vorschläge gehen dahin, eine Musik-Band aufzubauen. Für entsprechende Vorübungen gibt er konkrete Hinweise.

51 Beispiele sind im Phänomena-Katalog zu finden (s. Anm. 45).

52 Zur Veränderung des Geschmacks und der geschmacklichen Wünsche: W. Schivelbusch: Das Paradies, der Geschmack und die Vernunft, München 1980.
Als historische Momentaufnahme ein Buch des „Spurensuchers" C. Ginzburg: Der Käse und die Würmer. Die Welt des Müllers um 1600; Ffm. 1979.
C. D. Rath: Die Reste der Tafelrunde, Kulturgeschichte des Essens; Reinbek 1984; G. Mattenklott: Geschmacksachen. Über den Zusammenhang von sinnlicher und geistiger Ernährung, in: Kamper/Wulf, Schwinden der Sinne, S. 179—190.

53 Dazu R. Spitz: Ja und Nein. Ursprünge menschlicher Kommunikation. Die Psychoanalyse sieht in diesem Zusammenhang eine der Grundprägungen der Psyche. Wenn die Bedürfnisse in der „oralen Phase" nicht erfüllt werden, und die entsprechenden „Entbindungen" nicht stattfinden können, kann es u. U. zu Erscheinungen kommen, wie sie T. Ziehe beschrieben hat (T. Ziehe: Pubertät und Narzißmus, Ffm., 4. Aufl. 1981)

54 Es gibt wenig Literatur zum Thema „Essen in der Schule".
In der „Hauswirtschaftslehre" geht es um viele nützliche Tätigkeiten, deren Zukunftsbedeutung sicher gegeben ist. Aber die Hauswirtschaft der Schule selbst, in der die Schüler jetzt leben, wird nicht berücksichtigt. Hier liegt ein weites, pädagogisch erfreulich unbewirtschaftetes Feld der Selbsttätigkeit offen.

MARIANNE DITTMANN berichtet über einen positiv verlaufenen Versuch Turiner Lehrer aus der „Movimento di Cooperazione Educativa", die in einer Elementarschule das Essen und andere leibliche Wünsche – wie Ruhen und Bewegen – in die Unterrichtsgestaltung einbezogen haben: Nicht als neues Lehrprogramm, sondern als eine alltägliche Wirtschaft des Hauses „Schule" (M. Dittmann: Mit dem Körper in der Schule, in: Beck/Boehncke (Hg), Jahrbuch für Lehrer 5, S. 295 ff.).
Eine Sammlung guter Kochbücher sollte in der Klassenbibliothek nicht fehlen. Seit Gutenbergs Zeiten sind sie Spiegel einer der wichtigsten Lebenstätigkeiten in allen gesellschaftlichen Schichten.
Wir wollen hier auf ein Kochbuch hinweisen, dem wir im Laufe der Jahreszeiten viel Gutes verdanken: Marcel X. Boulestin, Almanach der guten Küche. Ein Tagebuch der besten französischen Rezepte, Ffm. 1935 (1. Aufl. 1932)

55 L. Baier: Zur Geschichte der niederen Sinne.
Auch er bezieht sich auf die großartig geschriebene Geschichte des Geruchs von A. Corbin: Pesthauch und Blütenduft. Es ist dies eigentlich eine Geschichte der Gerüche von Paris; aber gerade durch ihre Beschränkung auf ein Exempel ist sie exemplarisch. Angesichts dieses Buchs verzichten wir auf weitere Literaturangaben.

Nur das Sittenbild des „Rüssels" von JOHANN GOTTFRIED SEUME wollen wir nicht versäumen (Apokryphen, Ffm., 1966, S. 119):
Vor mehreren Jahren habe ich eine Diatribe über die Nase geschrieben, und es ist noch jetzt eine meiner gewöhnlichen unwillkürlichen Beschäftigungen, die Nasen zu belugen und zu ordnen. Den Familienstoff abgerechnet, bin ich immer noch der Meinung, daß jeder Mensch so ziemlich seine Nase selbst macht. Daher haben die Kinder fast durchaus unbestimmte Nasen. Zu der Nase, als der festen Prominenz, rechne ich zu psychologischem Behufe auch alle angrenzenden Muskelpartien, vorzüglich die Nasenwinkel und Augenwinkel und Mundwinkel, die sich sogar bis zum Kinn herabziehen. Auch die Maler nennen diese ganze Partie, wenn ich nicht irre, die Leidenschaftsmuskeln, und das mit Recht. Aber die Nase scheint vorzugsweise das Aushängeschild des herrschenden Charakters zu sein, woran Jeder ziemlich viel lesen kann, dem die Natur ein ordentliches Rhinoskop gegeben hat. Ich classificire dann mit vieler Gewißheit alle meine Nasen. Da ist die stolze Nase, die ärgerliche Nase, die eingebildete Nase, die vornehme Nase, die impertinente Nase, die tyrannische Nase, die listige Nase, die sclavische Nase, die dumme Nase, die bigotte Nase, die fromme Nase und viele andere Nasen. Zur bessern Bestimmung muß man die oben angeführten Winkel mitnehmen. Ich sehe jedes Gesicht als eine Grenzfestung der Seele an, von welcher die Nase den Cavalier und das Hornwerk macht. Vor andern zeichnen sich noch aus die vorwitzige und die geile Nase. Unschuldige Nasen oder vielmehr Näschen findet man auch; aber ich erinnere mich nie, eine vernünftige Nase gesehen zu haben. Sehr selten sind die rein schönen, ganz charakterlosen Nasen, und wo man sie

trifft, gehört viele artistische Beschauung dazu, sie auch reizend zu finden. Die Vernunft scheint mit und auf dem Gesichte wenig zu thun zu haben, wie überhaupt mit dem Menschen. Das Gesicht ist der Tummelplatz der Leidenschaften. Bei Vielen ist es sehr unterhaltend, zu untersuchen, wie kommt der Mensch zu der Nase? Die besten Nasen haben im Allgemeinen die Frauen, ausgenommen die vielen verdrießlichen und spöttischen Nasen, welche den Trägerinnen nicht weniger als den Beschauern zur Last fallen. Die vernünftigsten Nasen haben noch die Lazzaroni in Neapel. Der geizigen Nase thut man zu viel Ehre, wenn man sie Nase nennt; sie nähert sich an Gestalt und Bewegung dem Rüssel.

56 Siehe auch A. Montagu, Touching: The Human Significance of the Skin, New York 1978.

57 Hier sei nur ganz allgemein auf die umfangreiche Literatur zum bildnerischen Gestalten und zum Werken (Arbeitslehre) hingewiesen. Problematisch ist deren weitgehende Vernachlässigung der Wahrnehmungs- und Gestaltungsprozesse zugunsten einer Orientierung auf das fertige Produkt. Eine wichtige Ausnahme:
G. Selle: Gebrauch der Sinne — eine kunstpädagogische Praxis.

58 Gute Tastübungen und -spiele sind bei Lippitz/Pflaum (a. a. O. S. 56—115) im Zusammenhang eines Unterrichtsprojektes „Tastwahrnehmung" beschrieben.
Außerdem sei an dieser Stelle nochmals auf das Montessori-Material hingewiesen (vgl. Anm. 32).
Im Berliner Botanischen Garten gibt es einen „Tastgarten". Er ist vor allem für Blinde eingerichtet. Die Lagepläne der Pflanzengruppen und die Namenschilder der einzelnen Pflanzen sind in Blinden- und Sehendenschrift abgefaßt und in Tasthöhe der Hände angebracht.

59 Zur Wahrnehmungs- und Ausdrucksfähigkeit des Auges siehe C. V. W. Brooks, a. a. O., S. 103—106.
M. Merlau-Ponty schreibt zu der Fähigkeit des Auges, andere Sinne in seine Wahrnehmung einzubeziehen:
„Man sieht die Sprödigkeit und Zerbrechlichkeit des Glases . . . Man sieht die Elastizität des Stahls, die Biegsamkeit des glühenden Eisens . . . und wenn ich mit geschlossenen Augen ein Stahlrohr oder einen Lindenzweig biege, so nehmen auch hier meine Hände die verborgenste Struktur des Materials oder des Holzes wahr." (aus: Phänomenologie der Wahrnehmung, a. a. O., S. 269)
Zur Geschichte des Sehens:
D. Hoffmann-Axthelm: Sinnesarbeit; J. Berger: Sehen

60 H. Kükelhaus: Eine mitzuteilende Methode, a. a. O. S. 46.

61 J. W. Goethe hat in seiner Farbenlehre (Bd. 2, Der Versuch als Vermitt-

ler von Objekt und Subjekt, 1793, S. 119 f.; Erfahrung und Wissenschaft, 1798, S. 132 f.) auf dieses Phänomen hingewiesen. Die Sehbewegung schiebt sich zwischen den Erkennenden und das, was zur Erkenntnis wahrgenommen wird. Da die Sehbewegung bei allen Menschen und vermutlich auch in verschiedenen Kulturen und Epochen unterschiedlich verläuft, berührt dies das Problem objektiver Wahrnehmung und in deren Folge auch der Erkenntnis. Sogar die Konstituierung von Subjekt und Objekt selbst ist damit problematisiert.

Später hat H. HELMHOLTZ („Über das Sehen des Menschen") gezeigt, wie man mit einem Finger, der den Augapfel seitlich verschiebt – während das andere Auge bedeckt ist – „die Welt zum Wackeln" bringen kann.

Heute werden diese Beobachtungen im Bereich der Biologie und Neurologie wieder aufgegriffen. F. VARELA („Biologie der Freiheit"): „Wir stehen gegenwärtig am Übergang von einer physikalischen zu einer biologischen Weltsicht" (a. a. O. S. 84). Dieser Übergang wird auch „das Paradigma der Informationsverarbeitung" von „Input und Output" differenzieren und individualisieren.

„Was ein Organismus als seine Welt sieht, hängt von seinen Handlungen ab. Beides ist nicht voneinander zu trennen [...] Im Alltag bezweifeln wir das ja auch nicht. Und deswegen finde ich es ziemlich schizophren, daß wir in der Wissenschaft so tun, als könnten Leute wohl verschiedene Meinungen zum Beispiel über Kunstwerke haben, aber nicht über Formen, Farben oder Berührungsreize." (a. a. O. S. 88)

Dieser Relativismus der „Meinungen" ist geschichtlich und korrespondiert mit dem der sinnlichen „Ansichten" scheinbarer Objektivität. (siehe Anmerkung 8).

Wenn zum Beispiel auf dem „abfahrenden Bahnsteig" Menschen entlanglaufen, haben wir ein Modell der „relativen Geschwindigkeit in Raum und Zeit". Diesen Vorgang nehmen die Menschen im Zug und die auf dem Bahnsteig völlig verschieden wahr. Nur von außerhalb ließe sich der ganze Vorgang beobachten, aber, wo ist außerhalb?

62 O. Negt/A. Kluge: Geschichte und Eigensinn, S. 17

63 J. W. Goethe: Farbenlehre, Bd. 1, S. 276

64 In dem Brief, mit dem Goethe seine „Farbenlehre" an Hegel geschickt hat, heißt es: „Es ist hier die Rede nicht von einer durchzusetzenden Meinung, sondern von einer mitzutheilenden Methode, derer sich ein jeder, als eines Werkzeugs, nach seiner Art, bedienen möge." (s. Farbenlehre; Anhang)
Den Brief findet man auch als Einleitung zu Kükelhaus' „Eine mitzuteilende Methode".

65 J. W. Goethe: Farbenlehre; Bd. 1, Über Sprache und Terminologie, S. 272–273

66 ebd. S. 79

67 a) Rezept für große Seifenblasen:
³/₄ l Neutralseife, 45 g Tapetenkleister, 500 g Zucker, 10 l Wasser! Von den 10 l Wasser 1 l abnehmen, erhitzen und darin den Zucker lösen. Neutralseife dazu. Den Kleister in das kalte Wasser einrühren. Dann alles mischen und vorsichtig rühren, bis die Mischung sämig ist. Über Nacht ziehen lassen. Ab und zu den Schaum abschöpfen. Die Seifenblasen mit großen Draht- oder Plastikschlingen (ca. 15 cm Durchmesser) herausheben. Vorsichtig blasen.
(nach: „Fragen und Versuche", Nr. 46, Bremen 1988, S. 79.)

b) Über das Farbensehen schrieb W. BENJAMIN (Aussicht ins Kinderbuch, in: Über Kinder, Jugend und Erziehung, S. 52 f.).
„Im Farbensehen läßt die Phantasieanschauung im Gegensatz zur schöpferischen Einbildung sich als Urphänomen gewahren. Aller Form nämlich, allem Umriß, den der Mensch wahrnimmt, entspricht er selbst in dem Vermögen, ihn hervorzubringen. Der Körper selbst im Tanz, die Hand im Zeichnen bildet ihn nach und eignet ihn sich an. Dieses Vermögen aber hat an der Welt der Farbe seine Grenze; der Menschenkörper kann die Farbe nicht erzeugen. Er entspricht ihr nicht schöpferisch, sondern empfangend: im farbig schimmernden Auge. (Auch ist ja, anthropologisch gesprochen, das Sehen die Wasserscheide der Sinne, weil es Form und Farbe zugleich auffaßt. Und so gehören ihm zu rechter Hand die Vermögen aktiver Korrespondenzen an: Formsehen und Bewegung, Gehör und Stimme, zur Linken aber die passiven: Farbsehen gehört zu den Sinnesbereichen von Riechen und Schmecken. Die Sprache selber faßt in „(aus-)sehen", „riechen", „schmecken", die vom Objekt (intransitiv) wie (transitiv) vom menschlichen Subjekte gelten, diese Gruppe zur Einheit zusammen.) Kurz: reine Farbe ist das Medium der Phantasie, die Wolkenheimat des verspielten Kindes, nicht der strenge Kanon des bauenden Künstlers. Hiermit hängt ihre „sinnlich-sittliche" Wirkung zusammen, die Goethe ganz im Sinne der Romantik erfaßte."

68 Zahlreiche Anregungen zum „Sehen" in diesem Sinn enthält der Phänomena-Katalog (s. Anm. 45).
Außerdem:
L. Malaguzzi: Das Auge schläft, bis es der Geist mit einer Frage weckt; J. Berger u. a.: Sehen; H. Hartwig (Hg): Sehen lernen; ders.: Jugendkultur; G. Otto: Auslegen; Klewitz/Mitzkat: (Hg): Wir und unsere Körper. Wir entdecken Farben; Kamper/Wulf (Hg): Das Schwinden der Sinne, darin das Kapitel „Blick und Auge" S. 21—97; G. Mattenklott: Das gefräßige Auge; in: Kamper/Wulf (Hg): Die Wiederkehr des Körpers, S. 224—240;
Zur neueren Geschichte des fotografischen Blicks:
D. Kerbs (Hg): Edition Photothek, Nishen Verlag, Berlin (Fotodokumentarische Hefte zu historischen Themen)

69 Diese wichtige und bekannte Feststellung stammt von J. G. SEUME, der zu seiner „Sommerreise" nach Skandinavien 1805 schrieb:
„Ich halte den Gang für das Ehrenvollste und Selbständigste in dem Manne*, und bin der Meinung, daß Alles besser gehen würde wenn man mehr ginge. Man kann fast überall blos deswegen nicht recht auf die Beine kommen und auf den Beinen bleiben, weil man zu viel fährt. Wer zu viel im Wagen sitzt, mit dem kann es nicht ordentlich gehen. Wenn die Maschine stecken bleibt, sagt man doch noch immer, als ob man recht sehr thätig wäre: Es will nicht gehen."
(J. G. Seume: Mein Sommer; in: Prosaschriften a. a. O., S. 638)
(*solche Einschränkungen waren zu jener Zeit unter Männern normal. Immerhin stammt von SEUME aber auch folgender Satz: „. . . ob die Weiber so viel Vernunft haben wie die Männer, mag ich nicht entscheiden; aber sie haben ganz gewiß nicht so viel Unvernunft.", aus: ‚Apokryphen', Frankfurt/M. 1966, S. 60)

70 a) Nach der Lektüre vieler Bücher über Körperlichkeit und Bewegung − die wir hier nicht alle angeben wollen − scheinen uns die Arbeiten von R. z. LIPPE noch am ehesten geeignet zu sein, pädagogisches Handeln zu begründen. Unter Hinweis auf die moderne Neuroforschung schreibt er, daß es weder ein Primat des „Körpers" noch des „Geistes" geben kann.
„Ehrfurcht vor dem Leben wird [. . .] nicht länger nur eine ethische Forderung bleiben. Auch wer nicht in ein Ashram übersiedeln will, wird dennoch die indische Lehre der Achtsamkeit der Sinne, die chinesische Lehre, daß man der Strömung des Wassers sich anvertrauen muß, um es zu durchqueren, oder die indianische Lehre einer geschwisterlichen Einstellung zu Tieren, Steinen und Pflanzen als Maßstäbe einer vernünftigen Haltung zu sich und der Mitwelt anerkennen müssen. Was dies alles in einer industriell komplizierten Welt bedeuten kann, wird noch zu erfinden sein. Rationalisten fürchten gemeinhin den Mythos. Das Ergebnis ihrer Furcht sind aber vielfach heimliche Mythen und Mystifikationen, die, weil verdrängt, primitiv und gefährlich sind." (zitiert aus seinem resümierenden Artikel „Am eigenen Leibe", in: Kamper/Wulf, Die Wiederkehr des Körpers, S. 36)
LIPPE will einen Umgang mit Körper und Geist, der auf unserer eigenen Tradition aufbaut, die wiederzuentdecken ist. „Ich meine, dies sei eine Aufgabe, die wir als Beitrag zu einer ‚transkulturellen Kultur', also im Austausch geschichtlicher Erfahrungen zwischen den ‚ersten, zweiten, dritten, vierten Welten' anzugehen haben." (ebd. S. 37/38)

b) Wie Erziehung mitgeholfen hat, die heutige Situation zu schaffen, haben wir skizziert. Literatur dazu:
K. Rutschky: Schwarze Pädagogik; A. Keil/H. Meier: Körperdressur, im Kapitel „Schulkörper-Körperschule", in: Beck/Boehncke (Hg): Jahrbuch für Lehrer 5, 1980, S. 214−389; Ph. Aries: Geschichte der Kindheit; R. Scherer: Das dressierte Kind. Sexualität und Erziehung; R. z. Lippe: Naturbeherrschung am Menschen, 2. Bd.; N. Elias: Über den Prozeß der Zivilisation; I. Illich: Fortschrittsmythen.

c) In praktischen Vorschlägen beziehen sich verschiedene Autoren auf die Arbeiten von M. FELDENKRAIS. Dieser geht in seinem Buch „Bewußtheit durch Bewegung. Der aufrechte Gang" von einer umfassenden Persönlichkeitsanalyse sowie einer Beschreibung der Gehirntätigkeit aus und sieht alle körperlichen und geistigen Tätigkeiten in Bewegungen vereint.

Seine Übungen bieten viele Anregungen für den Unterricht. Sie können aber als Ganzes in der Schule nicht praktiziert werden, weil mit ihrer Durchführung Kontinuität, eine veränderte Lebensführung und bestimmte Einstellungen verbunden sind. Das aber kann in der öffentlichen Schule von niemandem verlangt werden.

Dieser Einwand trifft auf viele Bewegungs-, Körperschulungs- und Therapiekonzepte zu.

71 Anregungen sind vor allem in diversen Spiel-Handbüchern zu finden. Aus der Werkstatt des Theaters z. B. berichten mit vielen Tips:

M. Batz und H. Schroth, in: Theater zwischen Tür und Angel, Reinbek 1983; dies.: Theater grenzenlos. Handbuch für Spiele und Programme; Reinbek 1985.

Aus der Schulpraxis stammt:

Arbeitsgruppe Oberkircher Lehrmittel/AOL (Hg): Schulspaß und Schulspiele, Reinbek 1983. Darin ist auch eine kommentierte Literaturliste zu Spielbüchern, Adressen für Spielaktionen und mehr zu finden.

Sehr zu empfehlen sind die Schriften der Pädagogischen Aktion München (Schellingstr. 109a).

Zum Unterricht

72 a) Hier und an anderen Stellen weisen wir darauf hin, daß die Entfaltung der Sinne am besten in einem weitgehend handelnden, erfahrungs- und problembezogenen, in Projekten organisierten, also fächerübergreifenden Unterricht geschehen kann, in dem entdeckendes Lernen möglich ist. Das sind die Begriffe, mit denen die Konzepte der inneren Schulreform heute bezeichnet werden.

Diese „Leitbegriffe" bleiben für sich formal. Interessant wird es erst, wenn sie inhaltlich gefüllt werden; wenn gesagt wird, worin die Handlungen, Probleme, Erfahrungen und Entdeckungen eigentlich bestehen, oder was in Projekten erarbeitet werden soll und was die Öffnung des Unterrichts in der Sache bedeutet, − auch angesichts einer anregungsarmen Lebenswelt z. B. in Trabantenstädten.

Für die Sinnesentfaltung kann man sagen, daß die wahrnehmbaren, begreifbaren und auf uns einwirkenden Phänomene diesen Inhalt ausmachen sollen. Wir plädieren also für einen weitgehend phänomenorientierten Unterricht − und fügen damit der o. g. Aufzählung einen weiteren alten Begriff hinzu.

Aus der großen Zahl der neuen reformpädagogischen Texte, die den

schulpädagogischen Rahmen unseres Ansatzes mitbegründen, werden nur einige angegeben, deren Vorzüge, Widersprüche, Schwächen und Differenzen in diesem Rahmen nicht diskutiert werden können.:
T. Ziehe/H. Stubenrauch: Plädoyer für ungewöhnliches Lernen; Geisler/Scholz/Schweim (Hg): Projektorientierter Unterricht. Lernen gegen die Schule? Weinheim 1976; C. Manske (I. Mann): versch. Bücher, siehe Literaturverzeichnis; J. Jegge: Dummheit ist lernbar; ders.: Angst macht krumm; H. Meyer: Unterrichtsmethoden, 2 Bde, Frankfurt/M. 1987; O. Negt: Schule als Erfahrungsprozeß; H. v. Hentig: Schule als Erfahrungsraum?; I. Scheller: Erfahrungsbezogener Unterricht; E. Westphal: Lebensproblemzentrierte Unterrichtsgestaltung; Fauser/Fintelmann/Flitner: Lernen mit Kopf und Hand; J. Ramsegger: Offener Unterricht in der Erprobung; J. Beck/H. Boehncke (Hg): Jahrbücher für Lehrer, Bd. 1−7 (darin sind Artikel zu den relevanten Ansätzen, bes. auch der Freinet-Pädagogik, enthalten).
Wichtig sind noch die im Kapitel über die Reformpädagogik angegebenen Schriften, sowie Themenhefte, z. B. von „päd. extra"; Westermanns Pädagogische Beiträge und „betrifft: erziehung".
Hervorheben möchten wir noch die Arbeiten von M. Wagenschein − besonders zum exemplarischen Lernen (siehe Literaturverzeichnis).

b) Unter der Überschrift „Offener Unterricht: Mut zum Risiko − Ein Praxisbeispiel" hat A. C. WAGNER (in: WPB 1/85) exemplarisch für „offenen Unterricht" in der Hauptschule ein Projekt vorgestellt, an dem sie mit Studenten und den Schülern einer 9. Klasse sowie mit deren Klassenlehrern beteiligt war. Das Thema des Projekts: „Sinnesorgane".
Dabei „wurde das Gebiet der Sinnesorgane in vier Unterbereiche aufgeteilt: Der Gesichtssinn − das Auge; der Gehörsinn − das Ohr; der Tastsinn − die Haut; die chemischen Sinne − Geschmack und Geruch" (S. 18). Die Schüler konnten mit bereitgestellten Wahrnehmungsmaterialien experimentieren.
Leider sagt die Verfasserin nichts über die Inhalte der Sinneswahrnehmung und die Sinnestätigkeiten selbst. Wir sind skeptisch gegenüber solchen auf die Sinnesorgane beschränkten Projekten. Über Denken, Sinneswahrnehmung und Ästhetik sollte man vor allem in Form von Selbstreflexion (über die eigenen Wahrnehmungen) und deren Anwendung (Tätigkeiten) etwas erfahren − gerade im offenen Unterricht! Der Umgang mit den Sinnen und den Dingen ist ein Weg der Bildung, also nicht nur ein Thema.

c) Es wäre interessant, die Begriffsgeschichte der Idee, die mit „Gesamtunterricht" in der Reformpädagogik gemeint war (B. Otto; F. Ganzberg), nachzuzeichnen. Gesamtunterricht sollte die Idee der „Ganzheit der Bildung" didaktisch und stofflich fassen. Er wurde in der „Heimatkunde" ideologisch überladen und dann später im Zuge der sog. Verwissenschaftlichung in Sachkunde und einzelne Fächer aufgelöst.
Es wäre sinnvoll, die Idee, die mit Gesamtunterricht gemeint war, zu rehabilitieren. Dabei geht es nicht um Wörter. So ein Unterricht könnte

Ausgangspunkt für Problemverständnis und dann auch für die Vertiefung in Einzelfragen sein, zumal die an „der Wissenschaft" orientierte Fächeraufsplitterung von dieser selbst zunehmend problematisiert wird.

73 Die einfachsten Grundregeln bietet jeder gute Atlas.
Wer genauer hinschauen will, findet eine gründliche Einführung in H. v. Baravalle: Einführungen am Sternenhimmel. Zum Selbststudium und für den Unterricht, Stuttgart 1930; sowie ders.: Der Sternenhimmel über und unter uns. Sternkarten. Bern o. J. (Troxler Verlag)

74 Für die Vorbereitung und Durchführung von Klassenreisen gibt es ein sehr nützliches Buch: W. Scherf: Das große Lagerbuch, Recklinghausen 1954. Es ist eigentlich für Jugendgruppen geschrieben, aber es enthält auch viele Anregungen für Naturbeobachtungen, Geschichten und Ideen − die auf Klassenreisen und für fast alle Themen dieses Projekts brauchbar sind.
Hinweise gibt auch:
Arbeitsgruppe Oberkircher Lehrmittel/AOL (Hg), in: Handbuch zum Schulalltag, Bd. 1 u. 2, Reinbek 1982/83 (Schullandheimaufenthalte bes. Bd. 1); Göpfert, H.: Naturbezogene Pädagogik, Weinheim 1988

75 Unter didaktischen Aspekten zu einem exemplarischen Biotop:
W. Engelhard: Was lebt in Tümpel, Bach und Weiher, 2. Aufl. 1980; E. Schmidt: Ökosystem See, 1978; F. Junge: Der Dorfteich als Lebensgemeinschaft − Ziel und Verfahren des naturgeschichtlichen Unterrichts, Kiel, Leipzig 1907
Zum Schulgarten:
G. Winkel: Das Schulgarten-Handbuch, Velber 1985; P. G. Wilhelm: Zwölf Monate im Garten, Hamburg 1982; Mozer: Der Schulgarten mit Alternativen für draußen und drinnen, Frankfurt 1989
Aktion: Grün macht Schule. Hundert grüne Lernorte, Nr. 3, Stiftung Naturschutz, Berlin 1985; Informationsmaterial der Bundesgartenschau Berlin 1985 (z. B. „Blühkalender" und „Kräutergarten")
Auf der Bundesgartenschau gab es auch einen fantastischen Duftgarten − die Gerüche können hier leider nicht als Anmerkung wiedergegeben werden!

76 In der Ausstellung „Das Auge schläft, bis es der Geist mit einer Frage weckt" (a. a. O.) wird gezeigt, wie Kinder mit den Platanenblättern vor ihrem Kindergarten spielerisch umgehen: deren biologische Geschichte, Feuchtigkeit und Trockenheit, Transparenz, Symmetrie, Skelett, Assoziationen zum Blatt, Geräusche − all das wird „erforscht" (S. 37−40)

77 Ob dabei „„deduktiv" oder „induktiv" verfahren werden soll, ist als Gegensatz keine Frage. Wir machen beides zu seiner Zeit. Die philosophische Kritik am Sensualismus und an der Phänomenologie (Scheler, Husserl) hat deren Grenzen gezeigt, aber die Phänomene nicht bedeu-

tungslos gemacht: im Gegenteil. (Siehe T. W. Adorno: Zur Metakritik der Erkenntnistheorie, Studien über Husserl und die phänomenologischen Antinomien, Stuttgart 1956)
Gegenwärtig versucht auch die akademische Pädagogik die Phänomene wiederzuerkennen (Mollenhauer, Flitner, v. Hentig u. a.). Der jüngste, uns bekannte Versuch (1989): W. Lippitz/Chr. Rittelmeyer (Hg.): Phänomene des Kinderlebens, a. a. O., mit theoretischen Vorüberlegungen, Beispielen und Kommentaren einer „pädagogischen Phänomenologie".

78 Wir verdanken diesen Zugang zur Geometrie-Raumlehre dem Besuch der Züricher Ausstellung „Phänomena", den Büchern von H.v. BARAVALLE und dem bewußten Umgang mit Räumen.

79 Aus diesen Raumerfahrungen können auch Aufgaben für den Physikunterricht gewonnen werden: spezifisches Gewicht, Auftrieb, relative Schwerelosigkeit, Druck usw.
Die Überlegungen zu diesem ganzen Abschnitt gehören auch zu dem Thema „Bewegung und Gleichgewicht".

Wir zitieren hier einige Anregungen von H. JAKOBY zum naturwissenschaftlichen Lernen:
Zur Mathematik: „. . . Wenn man sich schauend analog verhält wie beim Lauschen, empfindet man die Entwicklungstendenz eines eindeutig begonnenen Fragments einer Linie, und man empfindet ebenso sicher, wieweit gesetzmäßige Verhältnisse in der Ausdehnung von Flächen, in ihrer Beziehung zu anderen Flächen, in der Ausdehnung von Helligkeitsquantitäten und in den Qualitäten von Helligkeit erfüllt oder verletzt sind etc." Er bemerkt weiter, „daß selbst die Grundlagen der höheren Mathematik durch die elementare und allgemeine Struktur unserer biologischen Ausrüstung gegeben sind." (S. 380)
Zur Physik: „Auch der Mensch ist nur ein Teil der Masse des Himmelskörpers ‚Erde'. Die Schwerkraft, der Luftdruck etc., all das wirkt genauso auf uns — genauso bestimmend, entscheidend und gesetzmäßig — wie auf irgendwelche andere Masse im Bereich des Schwerefeldes der Erde.
Gewöhnlich besteht keine Brücke zwischen unseren eigenen Schwere-Erlebnissen und dem, was man über Schwere in der Physikstunde lernt. Was wir im Physikunterricht über Mechanik lernen mußten, haben wir vorher längst gelebt und an uns selber erfahren! Würde der Unterricht in Physik auch auf der Basis zweckmäßiger Fragestellung vor sich gehen, würde man im Grunde nur wiederzuerkennen, zu benennen und einzuordnen brauchen, was man in und mit seiner leiblichen Organisation von früh bis spät erfährt und leisten muß. Jede Handbewegung läßt wesentliche Probleme der Mechanik akut werden! Jeder Gegenstand, den ich hebe, läßt wesentliche Probleme der Mechanik akut werden! . . . Die Voraussetzungen (der Mechanik, B./W.) tragen wir in uns. Man müßte nur dafür sorgen, daß sie uns bewußt werden:" (S. 468)

„Die Art des Vorgehens, der Methode (ergibt, B./W.) sich zwangsläufig ... aus dem Verständnis des Phänomens, zu dem eine Beziehung erarbeitet werden soll..." (S. 323)

F. VESTER hat im Kapitel „Lernen. Auf dem Weg zu einer biologischen Lernstruktur" (in: Vester, Neuland des Denkens, S. 469 ff.) zu ähnlichen Entdeckungen angeregt, die allerdings in einem systemtheoretischen Denken verhaftet sind.

Auch in der „Lernbehindertendidaktik" zur Geometrie kommt man immer mehr dazu, von Raumerfahrungen auszugehen.

In seinem Aufsatz „Handlungsorientierter Raumlehreunterricht bei Schülern mit geringeren mathematischen Fähigkeiten" (Zeitschrift für Heilpädagogik, 4/84) beschreibt P. HAASE einige Inhalte seines nicht mehr nach euklidischen Grundsätzen aufgebauten Geometrieunterrichts.

Dabei bezieht er sich auf I. KARWOT von der Hochschule für Spezialpädagogik in Warschau, der u. a. vorschlägt, statt von Linie und Fläche zum Körper zu kommen, erst Grunderfahrungen mit Körper und Raumwinkeln sammeln zu lassen, und dann vom Schattenbild eines Körpers zu seinen flächigen Figuren zu kommen (Einsatz von Overheadprojektor und Kegel). Über diesen Weg lassen sich auch Winkelbeziehungen im Kreis nachvollziehen.

80 Siehe dazu H. v. Baravalle: Geometrie als Sprache der Formen, S. 45 ff. und S. 95–126 mit den entsprechenden Abbildungen.

81 U. Eco: Der Name der Rose; ders.: Zeichen. Einführung in einen Begriff und seine Bedeutung

82 Zur Entwicklung der Schrift:
I. Illich: Schule ins Museum
Zu Zeichensystemen:
M. Barthes: Im Reich der Zeichen; O. Aicher/M. Krampen: Zeichensysteme; U. Eco: Zeichen

83 P. Bourdieu: Für eine Realpolitik der Vernunft, in: S. Müller-Rolli (Hg); S. 232

84 Zur Spurensuche:
L. Niethammer: Lebenserfahrung und kollektives Gedächtnis; C. Ginzburg: Spurensuche. Der Jäger entziffert die Fährte, Sherlock Holmes nimmt die Lupe, Freud liest Morelli – die Wissenschaft auf der Suche nach sich selbst, in: Freibeuter, Heft 3 und 4, Berlin 1980
Für unter-wegs:
J. Beck: Emil R., Irrfahrten
Zum Labyrinth:
U. Eco: Der Name der Rose; J. A. Comenius: Das Labyrinth der Welt, Jena 1908; J. L. Borges: Die Bibliothek von Babel, in: Sämtliche Erzählungen, München 1970; H. Kern: Labyrinthe, München 1982

85 Über die problematische Aufopferung des Augenblicks für die Zukunft in der Erziehung hat Schleiermacher Notwendiges geschrieben. Über den gegenwärtigen Umgang mit der Zeit: G. Anders: Die Antiquiertheit des Menschen, Bd. 2, Kap. Die Antiquiertheit der Zeit

86 Dazu: M. Foucault: Überwachen und Strafen; K. Rutschky: Schwarze Pädagogik; P. Gstettner: Die Eroberung des Kindes durch die Wissenschaft, Reinbek 1981

87 Der folgende Text stammt von KÜKELHAUS: Eine mitzuteilende Methode, S. 51–54. Der Text ist für Architekten geschrieben.

KÜKELHAUS hat seine Architekturkritik ausführlich dargestellt in: Unmenschliche Architektur. Von der Tierfabrik zur Lernanstalt, Köln 1973.

Die von ihm mitkonzipierte Sonderschule Rodtegg (Luzern) entspricht weitgehend seinen Vorstellungen von einer menschenwürdigen Architektur.

KÜKELHAUS beschreibt die „fensterlose Schule" als weltweit rezipiertes Modell moderner Schulbauten. Diese real existierende Schule wurde 1967 in Harlem (New York) für ca. 2 000 Schüler „in Betrieb" genommen. Es ist dies eine Schule, in der alles, aber auch wirklich alles vorgeplant und künstlich steril ist: eine grauenhafte Vollendung der Idee einer pädagogischen Provinz. KÜKELHAUS fährt in seiner Skizze einer Fehlentwicklung fort und formuliert dabei Kriterien, denen sich die Schulhausbauer zumindest hätten stellen müssen; sie sind lange bekannt:

„Nun wäre es ein Wunder, wenn dieses Projekt nicht in Westdeutschland eine Parallel-Entwicklung gefunden hätte. Eine der ersten solcher inzwischen massenhaft sich ausbreitender Schultypen wurde 1970/71 in Neu-Isenburg, Kreis Offenbach, in Betrieb genommen (nach einem monatelangen Streik der Eltern, die sich jedoch mangels Vorbringung fundierter Gegenargumente nicht durchsetzen konnten). Die dortige Anlage übertrifft das Harlemer Modell durch Einführung weiterer biogenetischer Negativ-Faktoren beträchtlich. Die Anlage ist ebenerdig. Ihre Raumsätze bewegen sich in ein derselben Ebene stufenfrei. Die Belichtung erfolgt ebenfalls durch gereihte Leuchtstoffröhren bei etwa 1 200 lux schattenlos. Die Physiologie gestattet maximal 250 lux Kunstlicht. Die Schule läßt Tageslicht in der Form in die Klassenräume, daß sie vom Boden her bis in Augenhöhe reichende Öffnungen mit farbig abgedämpften Glasflächen wie bei den Panoramafenstern von Touristik-Bussen aufweist. Man hat sich dazu bereitgefunden, um nach ernsten medizinischen Vorhaltungen Phobien bei den eingeschlossenen Kindern vorzubeugen. Man erblickt auf diese Weise den unter Augenhöhe liegenden Teil der Außenwelt wie durch eine Schneebrille. Kein Himmel. Die stufenfreie Bodenebene ist mit einem für alle Räume einheitlich maisgelben Spannteppich aus Perlon-Velours ausgelegt. Die Wände bestehen durchweg aus eierschalenweiß beschichteten Aluminiumblechen über den üblichen Isolierschichten. Die Decke: Schallschluckkassetten aus Synthetik. Die Unterrichtsräume sind mittels vom Boden bis zur Decke reichender Glasflächen von den Gängen, der foyerartigen Pausenhalle und anderen Klassenräumen aus einsichtig. Das Mobiliar — Gestühl und Tische — aus weißem oder grauem Kunststoff. Akustik praktisch bis zur Echolosigkeit abgedämpft. Gleichförmige Auswärmung durch Vollklimatisierung. Als farbiges Element, soweit baugebunden, monochrom behandelte Kunststofftürflächen. [. . .]

Bewegungsführung in ein und derselben Ebene
Das Kind lebt nicht in einem zwei-, sondern in einem dreidimensionalen Bewegungsstil. Ein lineares Leben in Zweidimensionalität, zu dem die Schule die Kinder verurteilt, wird bezahlt mit allen Ausfällen, die im Gefolge des Abbruchs der kategorisch raumhaften Entwicklungs-Gestik, die bis mindestens ins siebente Lebensjahr die Ausreifung bedingt (das Kind ist sogar bis an die Grenze der Pubertät noch ein extrauterer Fötus), eintreten müssen. Die vordergründigsten sind atrophische Bildungen im Skelett-Muskel-System (Haltungsschäden), psychosomatische Ausfälle. Durch ihre Zweidimensionalität übertrifft das Neu-Isenburger Modell als eines von inzwischen zahllosen, die sich heftig weitervermehren, die Harlemer Negativbilanz gravierend. In Harlem konnten die Kinder wenigstens noch die Treppen rauf- und runter-laufen.

Der Boden
Eine unaustauschbare Rezeptorenfläche des vegetativen Nervensystems ist die Fußsohle, besonders für einen noch in der Entwicklung befindlichen Organismus. Alle Kinder laufen deswegen so gerne barfuß, weil die höchst komplexen, auf der Fußsohle lokalisierten Reizzonen dieser Dauermassage bedürfen. Die Zonentherapie des amerikanischen Arztes H. Fitzgerald beruht auf der Wiederentdeckung und Ernstnahme uralter Heilkunde (verwandt mit der auf einen energetischen Leib bezogenen Akupunktur), wonach Druck und Massage spezifischer Punkte an gewissen Zonen der Körperoberfläche eine physiologische Wirkung auf entlegene Binnenorgane und deren Funktion ausüben. Fuß und Fußsohle nehmen in dieser Grenzzonenwirksamkeit des Organismus dadurch einen besonderen Rang ein, daß die Fußsohle das Grenzorgan ist, mit dem der Mensch sich von der Erde durch sein Darübergehen in aufrechter Haltung abhebt. Hier — wenn man so will — beginnt er, Mensch zu sein. Das Ritual der Fußwaschung bedeutet Menschwaschung. Die Lebens- und Erlebensvorgänge verlaufen in inniger Wechselbeziehung zum Fuß. Das gilt spezifisch für die Lernfähigkeit des Kindes. Überhaupt: das Kind lernt nicht durch den Kopf. Sondern entsprechend dem Verhältnis des Zentralnervensystems zum autonomen Nervensystem als dessen Potential und entsprechend der Ausformung des Gehirns in innigstem Wachstumszusammenhang mit dem Herzen und den Händen lernt das Kind durch die Haut (einschließlich der Sinne als Hautorgane) und durch die Raumgestik seines Gliedmaßensystems — plus Kopf.

Konkretere Folgerung: die Fuß-Böden vornehmlich der durch die Öffentliche Hand gebauten Kindwelt sind als dreidimensionale Greifzonen auszubilden. Erforderlich ist eine entsprechende Klimatisierung. Bioklima. Strahlungswärme vom Boden her. Die raumbildende Durchformung des Baukörpers hat ihr dreidimensionales Programm zu erfüllen durch die Anlage von Schwellen, Stufungen und Treppentrakten, diese nicht nur als Verkehrsfaktoren und Feuerleitern, sondern als Treppen-Häuser, amphitheatrisch mit Sitzmöglichkeiten auf Stufen.

Perlon-Velours nach dem Typ Neu-Isenburg als Bodenbespannung, noch dazu weich unterfüttert, ist absolut ruinös. Ein Problem für sich sind die elektrostatischen Verhältnisse.

Die Wände

Die Wand erfüllt ihre biogenetisch bestimmte Funktion, mittels Raumgliederung Raum erzeugen, nicht dadurch, daß sie als Trennelement Flächen nach einem Effektivitätsschema rastert, noch dazu „variabel". Sondern dadurch, daß sie in der Funktion einer Grenze, die wir uns methodisch zur Erfahrung brachten, Raumfolgen nicht trotz, sondern kraft und vermöge der Verschiedenheit ihrer Leistungsansprüche zu einem Leistungsganzen vereint, und daß sie nicht trotz, sondern vermöge dessen, daß sie unbeweglich und unverändert an ihrem Grundrißort verharrt, als eine bewegende und verwandelnde Energie wirksam wird. Dieses Ergebnis wird im Rahmen der vorbestimmten Beanspruchung durch die Erfüllung von drei Bedingungen erreicht: Durch biorhythmische Proportionierung der Räume mittels Moduln. Durch die Behandlung der Wände als Körper mit Konstruktionsprinzipien, in denen sich ersichtlich körperbildende Verfahren spiegeln. Gemacht von Menschen, die Gewißheit über ihr inneres Wesen dadurch erlangen, daß sie das äußere Wesen als ihresgleichen, als gesetzlich anerkennen (Goethe). Für sie ist es kein Können, sondern ein Sein; nicht Leistung, sondern Verfassung. Die Behandlung der Wände als strukturlose Trennflächen entzieht den Sinnesverrichtungsorganen des Sehens, Hörens, Tastens und dem Gleichgewichtssinn die Bedingung, entsprechend der körperhaften Verfassung der Wände körpergemäße Prozesse zu vollziehen.

Schattenlose Helligkeit durch Leuchtstoffröhren

Im physiologischen Bereich ist konstante Helligkeit nicht identisch mit Licht. Organologisches Licht ist ein räumlich bewegtes, instabiles Hell-Dunkel-Gefälle. Prozesse bedürfen konstitutiv der Herausforderung durch sich verändernde Zustandsunterschiede. Der Sehprozeß ist sowohl ein ganzheitlicher als auch signifikant ein ganzpersonaler. Totalaushellung ist Dauerschädigung des Organismus und der Personalität. Im juristischen Sinne ist sie Körperverletzung.

Akustik

Analoges gilt für die Echolosigkeit. Das Gehör benötigt entsprechend der physikalischen Vorgänge im Innenohr Reflexion der Schallwellen.

Klimatisierung
Gleichförmige Auswärmung des Luftraumes oder thermische Konstanz (sofern sie klimatechnisch angesteuert wird) ist dem Organismus als einem thermoelektrischen Gewebemosaik absolut zuwider. Der Organismus – besonders des Kindes – braucht ein wohlproportioniertes, veränderliches Warm-Kühl-Gefälle: Strahlungswärme von 23° C zu einer Luftkühle von 16° C. Zum Vergleich für die Wirkweise dieses Gefälles denke man daran, als wie wohltuend im Hochgebirge Temperaturen von minus-Graden vereint mit Sonnenstrahlung empfunden werden.

Der Baukörper
Wie die methodisch erwirkte Erfahrung von der Grenze als einem Austausch-Organ lehrt, benötigen Bauten, die wie die Bildungsstätten vom Kindergarten bis zur Universität menschliches Leben hegen und Entwicklung fördern sollen, eine Hüllzone, die als architektonisches Element des Baukörpers selbst aufzufassen ist. Zu realisieren durch Überdachungen, Bogengänge, Säulengalerien, Kreuzgänge, Vorhöfe, Innenhöfe, Pergolen und gestufte Um- und Zugänge.

Die angeführten Entgegnungen zu den sieben besonders hervorstechenden Fehlregulationen, die in letzter Konsequenz aus Schulen statt Erfahrungsräume Entlebungsanstalten machen, beziehen sich in erster Linie auf deren Verursacher: eine Pädagogik auf dem Rücken eines durch Blockierung aller Organprozesse, die nicht in direkter Beziehung zur Begrifflichkeit des Lernstoffes stehen, in seiner Ausreifung gestoppten Kindes. [...]"

Auch wenn wir nicht alle anthropologischen Vorläufigkeiten dieser Aussagen teilen, weil wir eine Architektur, die sich auf sie allein gründen würde, so problematisch fänden wie eine entsprechende Pädagogik, wären ihre Ergebnisse doch unvergleichbar humaner als die des real existierenden Unsinns.

88 In der Literatur zu einem erfahrungsbezogenen Unterricht findet auch die Bedeutung der „Schulumwelt" wieder „Raum" (siehe Anmerkung 72). Dazu:
H. Kasper (Hg): Vom Klassenzimmer zur Lernumgebung
Die Autoren beziehen sich auf eine anthropologische Bedeutung des Raumes. Dabei berufen sie sich auf Autoren wie Bollnow, Langeveld oder Heidegger. Sie sehen im selbstgestalteten Raum eine Bedingung „humaner Bildung".
Zur Pausengestaltung:
P. Kraft: Der Schulhof als Ort sozialen Lernens, Braunschweig 1977;
K. Burk/D. Haarmann (Hg): Wieviele Ecken hat unsere Schule? (Arbeitskreis Grundschule e. V., Frankfurt/M.)
In der Reformpädagogik wurde dem Raum eine große pädagogische Bedeutung zugemessen. In der Landschulheimerziehung war die Bautä-

tigkeit der Schüler an ihren Häusern und Räumen Bestandteil der Pädagogik (Geheeb; Odenwaldschule).
In heutigen Reformschulen wird das ebenso gesehen. Die Waldorfschulen haben eine eigene „Raumpädagogik", die sich an der Wirkung der Häuser auf die Menschen orientiert. (s. Schleicher, Architektur als Welterfahrung)

89 Besonders die Freinet-Pädagogen und die Praktiker eines offenen Unterrichts haben sich um die Umgestaltung der Klassenräume in der öffentlichen Schule bemüht.
Die Abbildungsseiten zeigen bescheidene, aber mögliche Umgestaltungen und eine kleine „Utopie", die sich Lehrer und Architekten ausgedacht haben. Text und Abbildungen S. 184: Weber, M./Schäfer, N.: Wo sind die Ecken im Klassenzimmer?, in: Burk, K./Haarmann D. (Hg.): Wieviel Ecken hat unsere Schule?, Bd. 1 (Arbeitskreis Grundschule, Frankfurt/M.); Abbildungen S. 185 f. von den Lehrern J. Kirsch und G. Seidel sowie den Architekten J. Goedert und C. Schmitz aus Luxemburg, in: Beck, J./Boehncke, H. (Hg.): Jahrbuch für Lehrer 5, Reinbek 1980

90 P. Freire: Der Lehrer ist Politiker und Künstler; W. Zacharias (Hg): Gelebter Raum, darin bes. R. Günther.

ABBILDUNGSNACHWEIS

Fotos:

Lars Beck: 78, 176
Katrin Beck: 58, 59, 106, 122, 133, 172
Karsten Schlüter: 11
Svante Wellershoff: 8, 36, 93, 107, 111, 124, 125, 132, 143, 173
Die Autoren: 63, 153, 188, 192

S. 21: Zeichnung von Doris Lerche, aus: Keiner versteht mich. Fischer Taschenbuch Verlag, Frankfurt/Main 1984; S. 42 f.: Turnvorschrift für die Infanterie vom 3. Mai 1910; S. 72 f.: Ventilhörner, aus: Das Buch der Erfindungen, Gewerbe und Industrien, Bd. II. Berlin, Leipzig [8]1885; S. 89: Corbin, (s. Literaturverzeichnis), S. 85; S. 90: Kükelhaus/Lippe (s. Literaturverzeichnis) S. 128; S. 108: Kükelhaus 1984 (s. Literaturverzeichnis); S. 120: Perpetuum mobile mit Zambonischer Säule, aus: Das Buch der Erfindungen, a. a. O.; S. 146 f.: Info-Material der Bundesgartenschau Berlin 1985; S. 159 ff.: Phänomena-Katalog (s. Literaturverzeichnis); S. 166, 169: Zitat und Abbildungen aus: Aicher/Krampen (s. Literaturverzeichnis); S. 171: Abdruck mit freundlicher Genehmigung von Paul Flora; S. 238: Zitty. Berliner Stadtillustrierte, Nr. 22/1985

LITERATUR

*Einige Titel, die für besondere Aspekte
wichtig waren, sind nur in den
Anmerkungen verzeichnet.*

ADORNO, T. W.: Minima Moralia, Frankfurt/M. 1962
ders.: Negative Dialektik, Frankfurt/M. 1966
ders.: Ästhetische Theorie, in: Gesammelte Schriften, Bd. 7, Frankfurt/M. 1970
AICHER, O./KRAMPEN, M.: Zeichensysteme der visuellen Kommunikation Stuttgart 1977
ANDERS, G.: Die Antiquiertheit des Menschen, 2. Band: Über die Zerstörung des Lebens im Zeitalter der 3. industriellen Revolution, München 1980
ARIÈS, PH.: Geschichte der Kindheit, München 1975
ARIÈS/BÉJIN/FOUCAULT u. a.: Die Masken des Begehrens und die Metamorphosen der Sinnlichkeit. Zur Geschichte der Sexualität im Abendland, Frankfurt/M. 1984
AUERBACH, L.: Hören lernen — Musik erleben, Wolfenbüttel 1971

BAAKE, D., HEITMEYER, W. (Hg): Neue Widersprüche. Jugendliche in den achtziger Jahren, München 1985
BAAKE, D./SCHULZ, T. (Hg): Pädagogische Biographieforschung, Weinheim--Basel 1985
BACHELARD, G.: Poetik des Raumes, Berlin 1975
BAIER, L.: Zur Geschichte der niederen Sinne, in: Ästhetik und Kommunikation, Heft 57/58: Intimität
BAILLET, D.: Freinet — praktisch. Beispiele und Berichte aus Grundschule und Sekundarstufe, Weinheim 1983
BARAVALLE, H.v.: Geometrie als Sprache der Formen, Freiburg 1957
ders.: Darstellende Geometrie nach dynamischer Methode, Freiburg 1959
ders.: Physik als reine Phänomenologie (3 Bände), Bern, o. J. Troxler-Verlag
BARTHES, R.: Mythen des Alltags, Frankfurt/M. 1964
ders.: Das Reich der Zeichen, Frankfurt/M. 1981
BATESON, G.: Geist und Natur. Eine notwendige Einheit, Frankfurt/M. 1982
BAUDRILLARD, J.: Kool Killer oder der Aufstand der Zeichen, Berlin 1978
BAUER, K. W./HENGST, H.: Wirklichkeit aus zweiter Hand. Kindheit in der Erfahrungswelt von Spielwaren und Medienprodukten, Reinbek 1980
BECK, J./BOEHNCKE, H. (Hg): Jahrbuch für Lehrer (7 Bände), insb. Bd. 5, Kap. „Körperlichkeit", S. 215—239, Reinbek 1976—1982

BECK, J.: Emilè R., Irrfahrten. Reisebilder aus der pädagogischen Provinz, Reinbek 1982

BECK/DAUBER/GRONEMEYER/u. a.: Das Recht auf Ungezogenheit, Reinbek 1983

BEERMANN, M.: Wiederverzauberung der Welt, Reinbek 1985

BENJAMIN, W.: Über Kinder, Jugend und Erziehung, Frankfurt/M. 1969

ders.: Illuminationen. Ausgewählte Schriften, Frankfurt/M. 1977

ders.: Aufklärung für Kinder. Rundfunkvorträge, Frankfurt/M. 1985

BERENDT, J.-E.: Das Dritte Ohr. Vom Hören der Welt, Reinbek 1985

BERNFELD, S.: Sisyphos oder die Grenzen der Erziehung, Leipzig, Wien, Zürich 1925; Wiederauflage Frankfurt/M. 1967

BERGER, J.: Sehen. Das Bild der Welt in der Bilderwelt, Reinbek 1974

BETTELHEIM, B.: So können sie nicht leben. Die Rehabilitierung emotional gestörter Kinder, Stuttgart 1973

ders.: Kinder brauchen Märchen, München 1982

BLOCH, E.: Subjekt—Objekt. Bemerkungen zu Hegel, Frankfurt/M. 1968

BÖHME, H. und G.: Das Andere der Vernunft, Frankfurt/M. 1985

BOEHNCKE, H./BERGMANN, K.: Galerie der kleinen Dinge, Zürich 1988

BOLLNOW, O. F.: Mensch und Raum, Stuttgart 1963

BOURDIEU, P.: Zur Soziologie der symbolischen Formen, Frankfurt/M. 1970

ders.: Die feinen Unterschiede, Frankfurt/M. 1982

ders.: Für eine Realpolitik der Vernunft, in: Müller-Rolli, a. a. O., S. 229 ff

BROOKS, V. W.: Erleben durch die Sinne, Paderborn 1979

BROWN, N. O.: Love's Body. Wider die Trennung von Geist und Körper, Wort und Tat, Rede und Schweigen, Frankfurt, Berlin, Wien 1977

CANETTI, E.: Die Stimmen von Marrakesch, München, Wien 1978

ders.: Der Ohrenzeuge, München 1974

ders.: Das Gewissen der Worte, München 1975

CLARKE, J. u. a.: Jugendkultur als Widerstand, Frankfurt/M. 1979

Collège de France: Vorschläge für das Bildungswesen der Zukunft, in: Müller-Rolli a. a. O., S. 253 ff

COMENIUS, J. A.: Orbis sensualium pictus, (Reprint) Dortmund 1978

CORBIN, A.: Pesthauch und Blütenduft. Eine Geschichte des Geruchs, Berlin 1984

„Das Auge schläft, bis es der Geist mit einer Frage weckt", Katalog zur Ausstellung, Berlin 1984 (Synanon V.)

DAUBER, H. (Hg): Bildung und Zukunft, Weinheim 1989; darin ders.: Leibhaftige Bildung, S. 185 ff

DICK, L. v.: Alternativschulen, Reinbek 1980

DUDEN, B.: Geschichte unter der Haut, Stuttgart 1987

DÜRCKHEIM, K.: Transzendenz als Erfahrung, Weilheim 1966

DUERR, H. P.: Traumzeit. Über die Grenze zwischen Wildnis und Zivilisation, Frankfurt/M. 1978

ders. (Hg): Der Wissenschaftler und das Irrationale, 2 Bände, Frankfurt 1981

DYCHTWALD, K.: Körper Bewußtsein, Essen 1981

Eberwein, H. (Hg.): Fremdverstehen sozialer Randgruppen. Ethnographische Feldforschung in der Sonder- und Sozialpädagogik, Berlin 1987

Eco, U.: Zeichen. Einführung in einen Begriff und seine Geschichte, Frankfurt 1981 (2. Aufl.)

ders.: Der Name der Rose, München, Wien 1982

Elias, N.: Der Prozeß der Zivilisation, 2 Bände, Bern 1969

Enzensberger, H. M.: Plädoyer für den Hauslehrer. Ein Bißchen Bildungspolitik, in: Trans Atlantik. Juni 1982

ders.: Mittelmaß und Wahn, Frankfurt 1988

Erikson, E. H.: Kinderspiel und politische Phantasie, Frankfurt/M. 1978

Fauser/Fintelmann/Flitner: Lernen mit Kopf und Hand – Berichte und Anstöße zum praktischen Lernen in der Schule, Weinheim, Basel 1983

Feldenkrais, M.: Bewußtheit durch Bewegung. Der aufrechte Gang, Frankfurt/M. 1978

Feyerabend, P.: Wider den Methodenzwang. Skizze einer anarchistischen Erkenntnistheorie, Frankfurt/M. 1976

ders.: Erkenntnis für freie Menschen, Frankfurt/M. 1979

Flitner, W.: Die Erziehung – Pädagogen und Philosophen über die Erziehung und ihre Probleme, Bremen 1961 (3. Aufl.)

Flitner, W./Kudritzki, G. (Hg): Die deutsche Reformpädagogik, 2 Bände, München, Düsseldorf 1961/62

Foucault, M.: Überwachen und Strafen, Frankfurt/M. 1977

ders.: Die Ordnung der Dinge, Frankfurt/M. 1971

Freinet, C.: Die moderne französische Schule, Paderborn 1979 (2. erw. Aufl.)

ders.: Pädagogische Texte. Mit Beispielen aus der prakt. Arbeit nach Freinet, hrsg. v.: H. Boehncke und Chr. Hennig, Reinbek 1980

Freire, P.: Der Lehrer ist Politiker und Künstler, Reinbek 1981

ders.: Pädagogik der Unterdrückten, Reinbek 1973

ders.: Dialog als Prinzip, Wuppertal 1980

Fröbel, F.: Ausgewählte Schriften, 2 Bände, Godesberg 1951 (hg. v. E. Hoffmann)

Funke, J.: Sportunterricht als Körpererfahrung, Reinbek 1983

Gay, P.: Erziehung der Sinne. Sexualität im bürgerlichen Zeitalter, München 1986

„Gefühle", Themenheft von: Ästhetik und Kommunikation. Heft 53/54. Berlin 1984

Gehren, F. v. u. a.: Museum von Sinnen, in: Zacharias 1988, S. 201 ff

Geisler/Scholz/Schweim (Hg): Projektorienterter Unterricht – Lernen gegen die Schule? Weinheim 1976

Gibson, J. J.: Die Sinne und der Prozeß der Wahrnehmung, Stuttgart, Bern, Wien 1973

Ginzburg, C.: Spurensicherung. Der Jäger entziffert die Fährte, Sherlock Holmes nimmt die Lupe, Freud liest Morelli – die Wissenschaft auf der Suche nach sich selbst, in: Freibeuter 3 und 4, Berlin 1980

GLAS, N.: Gefährdung und Heilung der Sinne, Stuttgart 1984 (3. Aufl.)
GOETHE, J. W. V.: Farbenlehre, 3 Bände, Stuttgart 1979
ders.: Wilhelm Meisters Lehrjahre (Jubiläumsausgabe, Band 18)
ders.: Wilhelm Meisters Wanderjahre (Jubiläumsausgabe, Band 19)
GRONEMEYER, M.: Die Macht der Bedürfnisse. Reflexionen über ein Phantom, Reinbek 1988

HABERMAS, J.: Erkenntnis und Interesse, Frankfurt/M. 1968
ders.: Theorie des kommunikativen Handelns, 2 Bde, Frankfurt/M. 1981
HACK, L.: Subjektivität im Alltagsleben, Frankfurt/M. 1977
HALL, E. T.: Die Sprache des Raums, Düsseldorf 1976
HARNISCH, G.: Erziehung der Gefühle, mit Unterrichtsbeispielen, Essen 1983
HARTWIG, H.: Sehen lernen, Köln 1976
ders.: Jugendkultur. Ästhetische Praxis in der Pubertät, Reinbek 1980
HEER, H./ULLRICH, V. (Hg.): Geschichte entdecken, Reinbek 1985
HELLER, A.: Theorie der Gefühle, Hamburg 1980
HELMHOLTZ, M.: Über das Sehen des Menschen (1855)
ders.: Die neueren Fortschritte in der Theorie des Sehens (1868), beide in: Vorträge und Reden, Braunschweig 1903
HENSEL, W.: Allgemeine Sinnesphysiologie. Hautsinne, Geschmack, Geruch, Berlin, Heidelberg, New York 1966
HENTIG, H. V.: Schule als Erfahrungsraum, Stuttgart 1979
ders.: Das allmähliche Verschwinden der Wirklichkeit, München, Wien 1984
ders.: Wie frei sind freie Schulen? Gutachten für ein Verwaltungsgericht, Stuttgart 1985
ders.: Ergötzen, Belehren, Befreien. Schriften zur ästhetischen Erziehung, Frankfurt/M. 1987
HERDER, J. G.: Ueber den Ursprung der Sprache, (1770), bes. 1. Teil
ders.: Erkennen und Empfinden der menschlichen Seele. Bemerkungen und Träume (1778), Suphan-Gesamtausgabe, Bd. 5 und 8
HEYDORN, H. J.: Bildungstheoretische Schriften, 3 Bände, Frankfurt/M. 1980, darin bes.: Zur bürgerlichen Bildung (Bd. 1); Über den Widerspruch von Bildung und Herrschaft (Bd. 2); Zur Neufassung des Bildungsbegriffs (Bd. 3)
HOFFMANN-AXTHELM, D.: Sinnesarbeit. Nachdenken über Wahrnehmung, Frankfurt 1984
ders.: Brauchbare Sinnlichkeit − kurzer Problemkatalog zu Kükelhaus, in: Arch 78, S. 56−58, Dez. 84, Aachen
HOLZKAMP, K.: Sinnliche Erkenntnis. Historischer Ursprung und gesellschaftliche Funktion der Wahrnehmung, Frankfurt/M. 1973
HORKHEIMER, M./ADORNO, Th.: Dialektik der Aufklärung, Amsterdam 1947
HORVÀTH, Ö. V.: Von Spießern, Kleinbürgern und Angestellten, Frankfurt/M. 1971
HOVEN, M. V. D./SPETH, L.: Motorik ist mehr als Bewegung, Berlin 1980 (3. Aufl.)

HUMBOLDT, W. V.: Schriften zur Anthropologie und Bildungslehre, Düsseldorf 1956, hrsg. v.: A. Flitner
HUSSERL, E.: Die Idee der Phänomenologie. Fünf Vorlesungen, hg. von W. Biemel, Haag 1958

ILLICH, I.: Selbstbegrenzung, Reinbek 1975
ders.: Fortschrittsmythen, Reinbek 1978
ders.: Vom Recht auf Gemeinheit, Reinbek 1982
ders.: Genus. Zur historischen Kritik der Gleichheit, Reinbek 1983
ders.: Schule ins Museum. Phaidros und die Folgen, Bad Heilbrunn 1984
„Intimität", Themenheft von: Ästhetik und Kommunikation, Heft 57/58, Berlin 1985

JAKOBY, H.: Jenseits von „Begabt" und „Unbegabt" (Schlüssel für die Entfaltung des Menschen), 2. Aufl., Hamburg 1983
JEGGE, J.: Dummheit ist lernbar. Erfahrungen mit „Schulversagern", Bern 1976
ders.: Angst macht krumm. Erziehen oder Zahnrädchenschleifen, Bern 1979
JEGGLE, U.: Der Kopf des Körpers, Weinheim 1986

KÄSTNER, ERH.: Aufstand der Dinge, Frankfurt/M. 1973
KAMPER, D./RITTNER, V.: Zur Geschichte des Körpers. Perspektiven der Anthropologie, München, Wien 1976
KAMPER, D./WULF, CHR. (Hg): Die Wiederkehr des Körpers, Frankfurt/M. 1982
dies.: Das Schwinden der Sinne, Frankfurt/M. 1984
KANT, I.: Anthropologie in pragmatischer Hinsicht (1798), Insel-Ausgabe Bd. 6
KASPER, H.: Vom Klassenzimmer zur Lernumgebung – Bausteine für eine fördernde Grundschule, Ulm 1979
KEIL, A.: Rekonstruktion von Gesundheit aus Leidensbildern, in: Scholz/Schubert, Körpererfahrung, Reinbek 1982
KERBS, D.: Historische Kunstpädagogik. Quellenlage – Forschungsstand – Dokumentation, Köln 1976
KLEWITZ/MITZKAT (Hg): Wir und unsere Körper. Wir entdecken Farben, Stuttgart 1976
KLOOSS, R./REUTER, T.: Körperbilder. Menschenornamente in Revuetheater und Revuefilm, Frankfurt/M. 1980
KRAUS, K.: Schriften, hrsg. von C. Wagenknecht, Frankfurt/M., bes. Bd. 7 „Die Sprache" 1986
KÜKELHAUS, H.: Unmenschliche Architektur. Von der Tierfabrik zur Lernanstalt, Köln 1973
ders.: Hören und Sehen in Tätigkeit, Zug 1978
ders.: Organismus und Technik. Gegen die Zerstörung der menschlichen Wahrnehmung, Frankfurt/M. 1979

ders.: Eine mitzuteilende Methode, in: Arch 78, S. 46−54, Dez. 1984, Aachen

KÜKELHAUS, H./LIPPE, R. Z.: Entfaltung der Sinne − Ein „Erfahrungsfeld" zur Bewegung und Besinnung, Frankfurt/M. 1982

LAING, R. D.: Phänomenologie der Erfahrung, Frankfurt/M. 1969

LANGEVELD, M. J.: Die Schule als Weg des Kindes, Braunschweig 1963

LANNERS, E.: Illusionen, München, Luzern 1985 (6. Aufl.)

LAUER, H. E.: Die zwölf Sinne des Menschen, Basel 1953

LEITHÄUSER, T.: Formen des Alltagsbewußtseins, Frankfurt/M. 1976

LENZEN, D.: Mythologie der Kindheit, Reinbek 1985

ders. (Hg): Pädagogik und Alltag, Stuttgart 1980

LEONARD, G. B.: Erziehung durch Faszination. Lehren und Lernen für die Welt von morgen, München 1971

LEONTJEW, A. N./GALPERIN, P. J.: Probleme der Lerntheorie, Berlin 1973

LEROI-GOURHAN, A.: Hand und Wort. Die Evolution von Technik, Sprache und Kunst, Frankfurt/M. 1984

LIEBICH, H./ZACHARIAS, W. (Hg.): Vom Umgang mit Dingen, München (Päd. Aktion) 1987

LINDENBERG, CHR.: Waldorfschulen: angstfrei lernen, selbstbewußt handeln, Reinbek 1975

LIPPE, R. Z.: Naturbeherrschung am Menschen, 2 Bände Frankfurt/M. 1974

ders.: Am eigenen Leibe: Zur Ökonomie des Lebens, Frankfurt 1979, hier 3. Aufl. 1983

ders.: Sinnenbewußtsein. Grundlegung einer anthropologischen Ästhetik, Reinbek 1987

LIPPITZ, W./PFLAUM, J.: Tasten, Gestalten, Genießen, Königstein/Ts. 1981

LIPPITZ, W./MEYER-DRAWE, K. (Hg.): Kind und Welt. Phänomenologische Studien zur Pädagogik, Königstein/Ts. 1984

LIPPITZ, W./RITTELMEYER, Chr. (Hg.): Phänomene des Kinderlebens. Beispiele und methodische Probleme einer phänomenologischen Pädagogik, Bad Heilbrunn 1989

LOCH, W.: Phänomenologische Pädagogik, in: Lenzen/Mollenhauer (Hg.): Enzyklopädische Erziehungswissenschaft, Bd. 1, Stuttgart 1983, S. 155−173

MALAGUZZI, L.: Thesen und Kommentare zur Ausstellung „Das Auge schläft, bis der Geist es mit einer Frage weckt", Berlin 1984

MANN, I. (Manske, C.): Lernen durch Handeln. Modell des handelnden Unterrichts. Alltagserfahrungen und Schülerinteressen als didaktische Prinzipien, München 1977

dies.: Schlechte Schüler gibt es nicht, 3. erw. Aufl., München 1981

dies.: Die Kraft geht von den Kindern aus, Bensheim 1982

MARCUSE, H.: Kultur und Gesellschaft, 2 Bände, Frankfurt/M. 1965, darin bes.: Das Verhalten der Psychoanalyse, Bd. 2, S. 85 ff

ders.: Triebstruktur und Gesellschaft, Frankfurt/M. 1967

ders.: Versuch über die Befreiung, Frankfurt/M. 1969

MATTENKLOTT, G.: Der übersinnliche Leib. Beiträge zur Metaphysik des Körpers, Reinbek 1982

MARX, K.: Ökonomisch — philosophische Manuskripte (1844), in Marx-Engels Gesamtausgabe, Bd. 3, S. 39—149, Berlin 1932

MARX/ENGELS: Über Erziehung und Bildung, Berlin 1968

MAYRÖCKER, F.: Das Herzzerreißende der Dinge, Frankfurt/M. 1985

MENSEL, H.: Johann Heinrich Pestalozzi über Körperbildung, Studientexte zur Leibeserziehung, Bd. 10 (Hg: F. Fetz), Frankfurt/M. 1973

MERKEL, J./NAGEL, M.: Erzählen. Die Wiederentdeckung einer vergessenen Kunst, Reinbek 1982

MERLEAU-PONTY, M.: Phänomenologie der Wahrnehmung, Berlin 1966

MEYER, H.: Unterrichtsmethoden, 2 Bde., Frankfurt 1987

MOLLENHAUER, K.: Vergessene Zusammenhänge. Über Kultur und Erziehung, München 1983

ders.: Die Dinge und die Bildung des Menschen, in: Liebich, Zacharias, a. a. O.

MONTESSORI, M.: Selbsttätige Erziehung im Kindesalter, Leipzig 1913

dies.: Mein Handbuch, Stuttgart 1922

MÜLLER-ROLLI, S. (Hg): Das Bildungswesen der Zukunft, Stuttgart 1987

NEGT, O.: Schule als Erfahrungsprozeß, in: Ästhetik und Kommunikation, Heft 22—23, 1975/76, S. 36—53

NEGT, O./KLUGE, A.: Geschichte und Eigensinn, Frankfurt/M. 1981

NEUTRA, R. u. D.: Bauen und die Sinneswelt, 2. erw. Aufl., Hamburg 1980

NIETHAMMER, L.: Lebenserfahrung und kollektives Gedächtnis. Die Praxis der „Oral History", Frankfurt/M. 1980

OTTO, G. u. M.: Auslegen. Ästhetische Erziehung als Praxis des Auslegens in Bildern und des Auslegens von Bildern, 2 Bde., Velber 1987

OTTOMEYER, K.: Ökonomische Zwänge und zwischenmenschliche Beziehungen, Reinbek 1977

PARIN/MORGENTHALER/PARIN-MATTHEY: Die Weißen denken zuviel. Psychoanalytische Untersuchungen in West-Afrika, Zürich 1973

PASOLINI, P. P.: Gennariello (Fragment eines breit angelegten „Erziehungstraktates"), in: Freibeuter 3 und 4, Berlin 1980

ders.: Freibeuterschriften, Berlin 1979

PAZZINI, K.-J.: Die gegenständliche Umwelt als Erziehungsmoment, Weinheim-Basel 1980

PERLS/HEFFERLINE/GOODMAN: Gestalt-Therapie, 2 Bände, Stuttgart 1979

PESTALOZZI, J. H.: Über den Sinn des Gehörs, in Hinsicht auf Menschenbildung in Ton und Sprache (1805), in: Pestalozzis' sämtliche Werke, hg. v. L. W. Seyffarth, Liegnitz 1899—1902, Band 10

PETZOLD, H.: Psychotherapie und Körperdynamik, Paderborn 1977

„Phänomena" — Eine Dokumentation zur Ausstellung über Phänomene und Rätsel der Umwelt (Katalog), Zürich 1984

PIAGET, J.: Psychologie der Intelligenz, Zürich 1970

PIAGET, J./INHELDER, B.: Die Psychologie des Kindes, Frankfurt/M. 1977

PLATON: Symposion (Gastmahl), in: Platon, Sämtliche Werke, S. 201–250, Reinbek 1957

PLESSNER, H.: Philosophische Anthropologie, Frankfurt 1970, darin bes.: Anthropologie der Sinne; oder Gesammelte Schriften, Bd. 3, Frankfurt/M. 1980

„Poiesis", hrsg. von R. z. Lippe und G. Selle, Zeitschrift für „Praktisch-theoretische Wege ästhetischer Selbsterziehung", Oldenburg

PÖRKSEN, U.: Plastikwörter, Stuttgart 1989

POSTMAN, N.: Das Verschwinden der Kindheit, Frankfurt/M. 1983

ders.: Wir amüsieren uns zu Tode, Frankfurt/M. 1985

PRENGEL, A.: Gestaltpädagogik. Therapie, Politik und Selbsterkenntnis in der Schule, Weinheim, Basel 1983

RAMSEGGER, J.: Offener Unterricht in der Erprobung. Erfahrungen mit einem didaktischen Modell, München 1977

RATH, C.-D.: Reste der Tafelrunde. Das Abenteuer der Eßkultur, Reinbek 1984

RAUSCHENBERGER, H.: Die Bildung der Wirklichkeit, in: Dauber (Hg), 1989, S. 15 ff

REICH, W.: Charakteranalyse, Frankfurt/M. 1973

REISER, H.: Die themenzentrierte Interaktion als pädagogisches System im Vergleich zur Gestaltpädagogik, in: A. Prengel, Gestaltpädagogik, S. 253–277

RIEMER, C.: Neue Spiele ohne Sieger, Ravensburg 1987

ROUSSEAU, J.-J.: Émile oder Über die Erziehung, Paderborn 1981

ders.: Lettre à M. d'Alembert sur son article Genève, Paris 1967 (Garnier-Flammarion)

RUMPF, H.: Die übergangene Sinnlichkeit. Drei Kapitel über die Schule, München 1981

RUTSCHKY, K. (Hg.): Schwarze Pädagogik, Frankfurt/M. 1977

SCHAFER, R. M.: Klang und Krach. Eine Kulturgeschichte des Hörens, Frankfurt/M. 1988

SCHELER, M.: Die transzendentale und die psychologische Methode, Leipzig 1900

SCHELLER, I.: Erfahrungsbezogener Unterricht, Kronberg/Ts. 1981

SCHERER, R.: Das dressierte Kind. Sexualität und Erziehung, Berlin 1975

SCHILLER, F.: Über die ästhetische Erziehung des Menschen in einer Reihe von Briefen, Gesammelte Werke, Bd. 12, Ausg. reclam, Leipzig 1872

SCHIVELBUSCH, W.: Das Paradies. Der Geschmack und die Vernunft. Eine Geschichte der Genußmittel, München 1980

ders.: Geschichte der Eisenbahnreise. Zur Industrialisierung von Raum und Zeit im 19. Jahrhundert, München 1977

SCHLEICHER, H.-J.: Architektur als Welterfahrung, Frankfurt/M. 1987

SCHLEIERMACHER, F. D.: Pädagogische Schriften, 2 Bände, Düsseldorf 1957 (hrsg. v.: E. Weniger u. Th. Schulze)

SCHMIDT, H. M.: Sinnlichkeit und Verstand, München 1982

SCHMIDT, R. F. (Hg): Grundriß der Sinnesphysiologie, Berlin, Heidelberg, New York 1980

SCHOLZ, R./SCHUBERT, P. (Hg): Körpererfahrung – die Wiederentdeckung des Körpers: Theater, Therapie und Unterricht, Reinbek 1982

SCHRAAG, M.: Spielformen für den Unterricht, in: Zeitschrift für Heilpädagogik, 34. Jg., Heft 10/1983

SCHWENK, T.: Das sensible Chaos, Stuttgart 1962

SELLE, G.: Kultur der Sinne und ästhetische Erziehung, Köln 1981

ders.: Gebrauch der Sinne. Eine kunstpädagogische Praxis, Reinbek 1988

SEUME, J. G.: Prosaschriften, Neuauflage, Darmstadt 1974

SEVE, L.: Marxismus und Theorie der Persönlichkeit, Berlin 1973 (2. Aufl.)

SHERRINGTON, G.: Körper und Geist. Der Mensch über seine Natur, Bremen 1964

SILBERMAN, C. D. (ed.): The Open Classroom Reader, New York 1973 (Vintage Books)

SIMMEL, G.: Schriften zur Soziologie, Frankfurt/M. 1983, darin: Soziologie des Raumes, S. 221 ff

SOHN-RETHEL, A.: Geistige und körperliche Arbeit. Zur Theorie der gesellschaftlichen Synthesis, Frankfurt/M. 1972

SPITZ, R.: Die Entstehung der ersten Objektbeziehungen, Stuttgart 1973

ders.: Nein und ja. Die Ursprünge der menschlichen Kommunikation, Stuttgart 1959

STEINER, R.: Allgemeine Menschenkunde als Grundlage der Pädagogik. 14 Vorträge für Waldorflehrer, Dornach 1973

STRAUSS, E.: Vom Sinn der Sinne, Berlin 1956

SÜSKIND, P.: Parfum. Die Geschichte eines Mörders, Zürich 1985

THIESSEN, R.: Mit den Ohren denken, mit dem Körper hören (Anmerkungen zu H. Plessner, in: Ästhetik und Kommunikation, Heft 53/54, S. 129–134, Berlin 1983)

TOLSTOJ, L. N.: Die Schule von Jasnaja Polnaja, in: Leo N. Tolstoj: Ausgewählte pädagogische Schriften, hrsg. von Th. Rutt, Paderborn 1960

TÖNNIES/OVERBECK: Einige Effekte meditativer Übungen bei lernbehinderten Sonderschülern, in: Heilpädagogische Forschung, Bd. 12, Heft 1/1985

VARELA, F.: Der kreative Zirkel. Skizzen zur Naturgeschichte der Rückbezüglichkeit, in: Paul Watzlawik (Hg), Die erfundene Wirklichkeit, München 1981

ders.: Die Biologie der Freiheit, in: Psychologie heute, Heft 9/1982, S. 82–93

VASQUEZ, A./OURY, F. u. a.: Vorschläge für die Arbeit im Klassenzimmer. Die Freinet-Pädagogik, Reinbek 1976

VESTER, F.: Denken, Lernen, Vergessen, München 1978

ders.: Neuland des Denkens. Vom technokratischen zum kybernetischen Zeitalter, Stuttgart 1984

VINNAI, G.: Die akademische Psychologie als Veranstaltung zur Zerstörung

237

psychologischer Reflexionsfähigkeit, in Beck/Boehncke: Jahrbuch für Lehrer 7, Reinbek 1982, S. 53 ff

ders.: Das Elend der Männlichkeit, Reinbek 1980

VIRILIO, P.: Ästhetik des Verschwindens, Berlin 1986

WAGENSCHEIN, M.: Zum Begriff des exemplarischen Lernens, Weinheim 1951

ders.: Ursprüngliches Verstehen und exaktes Denken, Stuttgart 1970

WATZLAWIK, P.: Wie wirklich ist die Wirklichkeit? Wahn-Täuschung-Verstehen, München 1976

ders. (Hg): Die erfundene Wirklichkeit. Beiträge zum Konstruktivismus, München 1985

WEIZENBAUM, J.: Die Macht der Computer und die Ohnmacht der Vernunft, Frankfurt/M. 1977

ders.: Kinderspiele im künstlichen Forst, in: Dauber (HG), 1989, S. 127 ff

WEIZSÄCKER, V. v.: Der Gestaltkreis. Theorie der Einheit von Wahrnehmen und Bewegen (Leipzig 1940), Neuaufl. Frankfurt/M. 1973

WELLENDORF, F.: Schulische Sozialisation und Identität, Weinheim 1973

WERTHEIMER, M.: Produktives Denken, Frankfurt/M. 1957

WESTPHAL, E.: Didaktik der Lernbehindertenschule, III. Teil: Entwicklung der Theorie lebensproblemzentrierter Unterrichtsgestaltung, Oldenburg 1980

ders.: Die Wissenschaft (wieder) menschlich machen. Vorlesungen zur Pädagogik, Oldenburg 1982

WILLIS, P.: Spaß am Widerstand. Gegenkultur in der Arbeiterschule, Frankfurt/M. 1979

WOLF, C.: Kassandra, Darmstadt-Neuwied 1983

dies.: Voraussetzungen einer Erzählung: Kassandra. Frankfurter Poetik-Vorlesung, Darmstadt-Neuwied 1983

WÜNSCHE, K.: Die Muskeln, die Sinne, die Reden: Medien im pädagogischen Bezug, in: Kamper/Wulf, Die Wiederkehr des Körpers, Ffm 1982, S. 97−108, auch in: Westermanns Päd. Beiträge, Heft 6/81, S. 241−247

WYGOTSKI, L. S.: Denken und Sprechen, Frankfurt/M. 1969

ders.: Das Spiel und seine Rolle für die psychische Entwicklung des Kindes, in: Ästhetik und Kommunikation, Heft 11/1973

ZACHARIAS, W. (Hg): Gelebter Raum. Beiträge zu einer Ökologie der Erfahrung, München (Päd. Aktion) 1989

ZIEHE, T.: Pubertät und Narzißmus. Sind Jugendliche entpolitisiert? Frankfurt/M. 1975

ZIEHE, T./STUBENRAUCH, H.: Plädoyer für ungewöhnliches Lernen, Reinbek 1982

ZINNECKER, J. (Hg): Der heimliche Lehrplan: Untersuchungen zum Schulunterricht, Weinheim, Basel 1975

ZULLIGER, H.: Heilende Kräfte im kindlichen Spiel, Frankfurt/M. 1970

Deutschunterricht:
Modelle und Materialien

Heinz Dörfler
Moderne Romane im Unterricht
Modelle und Materialien
1988. 256 Seiten, 24 Abb., Paperback
ISBN 3-589-20853-8

Der Autor beschreibt detailliert und materialreich unterschiedliche Modelle zur Erschließung von sechs Romanen: *Tauben im Gras* von Wolfgang Koeppen, *Horns Ende* von Christoph Hein, *Das Parfum* von Patrick Süskind, *Kassandra* von Christa Wolf, *Das Treffen in Telgte* von Günter Grass, *Brandung* von Martin Walser.

Karl Stocker
Vom Lesen zum Interpretieren
Texte, Anleitungen, Beispiele für den Deutschunterricht
1988. 332 Seiten, 54 Abb., Paperback
ISBN 3-589-20856-2

Karl Stocker möchte mit diesem Band den Spaß am Lesen, die Freude am Interpretieren und das Entdecken von Texten fördern. Seine exemplarischen Analysen von mehr als 70 motivgleichen, motivähnlichen und kontrastiven Beispielen und Textsequenzen eröffnen neue und anregende Wege der Interpretation.

Harro Müller-Michaels
Deutschkurse
Modell und Erprobung angewandter Germanistik
in der gymnasialen Oberstufe
1987. 296 Seiten, Paperback
ISBN 3-589-20842-2

Zum ersten Mal wird in der didaktischen Literatur der Versuch gemacht, einen Grundkurs Deutsch in der Oberstufe in seinem konkreten Ablauf über die drei Jahre bis zum Abitur, seinen Voraussetzungen und Ergebnissen zu beschreiben. Dem Unterricht liegt ein neues Konzept zugrunde, das mit der Entfaltung produktiver Vernunft zu Allgemeinbildung und Wissenschaftspropädeutik zugleich führen will. Dabei spielt der selbständige, im Denken fundierte, mitschaffende Umgang mit wissenschaftlichen Modellen und literarischen Werken eine wesentliche Rolle.

Josef Fliegner
Grammatik verstehen und gebrauchen
Grundbegriffe – Übungen – Erfolgskontrollen
1986. 176 Seiten, Paperback
ISBN 3-589-20835-X

Der Band führt zum verständigen Gebrauch grammatischer Grundbegriffe – vom Text bis zum Laut. Die Kenntnis aller wesentlichen Bereiche der Schulgrammatik wird angestrebt. Dabei werden Textverständnis, Stil, Rechtschreibung und Zeichensetzung mitgeübt und begründet.

Esther Everling
Ein Hörspiel produzieren
Aneignung sprachlicher und technischer
Gestaltungselemente in der Sekundarstufe I
1988. 105 Seiten mit Arbeitsblättern, Paperback
ISBN 3-589-20864-3

Dieser Band gibt eine Vielzahl praktischer Hilfen für die Vorbereitung und Durchführung einer Hörspielproduktion im Deutschunterricht. Die Autorin dokumentiert außerdem eine erprobte Unterrichtseinheit mit vielen Beispielen, Arbeitsblättern, Anregungen und Tips.

Helwig Kuhl
Ermutigung zum Schreiben
Theorie und Praxis in den Klassen 5–10
1988. 164 Seiten mit zahlreichen Abbildungen,
Paperback
ISBN 3-589-20860-0

In welchem Sinne kann Schreiben für 10- bis 16jährige heute noch interessant erscheinen? Wie hängt die Entwicklung der Schreibfähigkeit mit der Identitätsfindung und mit dem Erwerb sozialer Einstellungen zusammen? Auf diese Fragen gibt Helwig Kuhl gleichermaßen theoretisch begründete und schülerorientierte Antworten. Er zeigt zunächst, was das Besondere am Schreiben ist und was Schüler daran interessieren könnte. Dann führt er Schreibhaltungen, Lernmöglichkeiten und konkrete Aufgaben für die verschiedenen Jahrgangsstufen vor. Überlegungen zur Entwicklung einer lesergerechten, verbindlichen Schreibhaltung mit einem Vorschlag zu einem dialogischen Korrekturverfahren runden den Band ab.

scriptor